안동 풍수 기행,
돌혈의 땅과 인물

동양문화산책 16

안동 풍수 기행, 돌혈의 땅과 인물
Poong-soo Traveling in Andong, The Land and People on 'Dolhyul'

지은이 이완규
펴낸이 오정혜
펴낸곳 예문서원

편집   명지연, 조영미
인쇄 및 제책   상지사

초판 1쇄   2001년 7월 28일
초판 2쇄   2002년 5월 20일

주   소   서울시 동대문구 용두 2동 764-1 송현빌딩 302호
출판등록   1993. 1. 7. 제5-343호
전화번호   925-5914 · 929-2284 / 팩시밀리 929-2285
Home page   http://www.yemoon.com
E-mail   yemoonsw@unitel.co.kr

ISBN 89-7646-141-X   03150

ⓒLee Yan Gyu 2001 Printed in Seoul, Korea

YEMOONSEOWON 764-1 Yongdu 2-Dong, Dongdaemun-Gu Seoul KOREA 130-824
Tel) 02-925-5914, 02-929-2284 Fax) 02-929-2285

값 9,500원

| 동양문화산책 16 |

안동 풍수 기행,
돌혈의 땅과 인물

이완규 지음

예문서원

시작하는 말

안동, 그 오래도록 아름다운 땅

어느 날 불현듯이 고향으로 돌아가고 싶었다. 아무런 이유도 없었다. 그냥 고향에서 살고 싶은 생각이 들었을 뿐이다. 여전히 의구依舊한 산천, 이제는 흔적마저 희미해진 돌담과 고샅길이 눈앞에 어른거렸다. 무엇보다도 추억 속의 사건들에서 어릴 적 친구들이 하나, 둘 옛날 모습 그대로 생생하게 다시 살아나기 시작했다. 처음에는 그냥 그러려니 했다. 하지만 귀향歸鄕의 꿈이 점점 더해 가는 지금은 분명히 안다. 타향에서 고향을 그리워하는 것이야말로 늙어 가는 뚜렷한 증거임을.

우리들 각자의 고향은 저마다의 가슴속에 어떤 의미를 띠고 있을까? 나의 고향이 다른 이의 고향과 다른 것은 무엇 때문일까? 누군들 고향이 없겠는가마는, 절절한 그리움으로 회상할 만한 고향을 가진 사람은 그리 많지 않을 것이다. 그러나 안동이 고향인 사람들은 안동을 절절한 그리움의 고향으로 회상한다. 더구나 물 속에 잠긴 고향일진대…….

안동은 예로부터 창성한 고을이라 고창古昌인데, 신라 경순왕 3년인 929년에 세 분 태사太師*가 고려 태조 왕건王建을 도와 후백제 견훤甄萱의 군사를 무찔러 삼천리 금수강산의 동쪽을 편안히 하였으니 이에 '안동安東'이라 이름하게 되었다. 또한 낙강과 반변천의 두 물이 합쳐져 그냥 그렇게 오래도록 아름다우니 이름하여 '영가永嘉'요, 누구나 복 받고 살아온 고을이라 '복주福州'요, 착한 사람과 상서로운 조짐이 가득한 땅이라 '길주吉州'다. 그러한즉 이 땅 안동을 고향으로 가진 자, 그 어찌 행복하지 않겠는가?

  내게 안동은 친척 하나 없는 타향이다. 그러나 내 삶의 터전이 된 지 벌써 스무 해가 넘었고, 어쩌면 이 땅에서 남은 생을 마감해야 할지도 모른다. 나는 그동안 몇 가지 이유에서 열심히 안동을 살펴보았다. 그리고 이 땅의 모습과 이 땅에 살았던 사람들과, 그들이 남긴 삶의 자취를 하나씩 알아나갈 때마다 정이 점점 깊어졌다. 이제 풍수학인風水學人의 입장에서 안동 땅에 얽힌 이야기들을 살펴보고자 한다.

풍수의 길

  아직까지 풍수는 학문의 장에서 공개적으로 토론된 바 없으며, 체계적으로 정리되지 못한 채 갖은 주장이 난무하는 분야이므로 구구한 논란을 줄이기 위해서라도 필자의 견해를 미리 분명히 밝혀 두고자 한다.

  첫째는 풍수를 공부하는 자세다. 풍수의 핵심은 지기地氣, 즉 땅의 기운을 느끼는 것이다. 만물을 기르는 것은 땅과 물이다. 썩은 물에 생명이 깃들여 살 수 없듯이 썩은 땅에서 생명이 자라날 수 없다. 풍수는 살아 있는 땅을 더욱 생기 있게 하고 죽어 가는 땅을 살리려는 마음이다. 그러므로 옛사람이 사랑한 땅의 모습이 어떤 것인지를 이해하고, 그러한 땅의 형세를 보고 익혀 마침내 '함부로 땅을 대해서는 안 된다'는 것을 깨닫게 된다면 그 순간 진정한 풍수의 길로 들어섰다 할 것이다.

둘째는 풍수 공부의 방법이다. 풍수를 공부하는 사람들이 겪는 어려움 중의 하나가 어디에 중점을 두고 어떤 방법으로 공부해 나갈 것인지를 알기 어렵다는 것이다. 초심자가 풍수를 이해하는 데 도움이 될 만한 안내서도 많지 않다. 또 풍수는 책만 보아서는 이해하기가 어렵다. 책에 적힌 내용을 현장에서 어떻게 적용해야 할지 난감할 때가 많다. 풍수의 목표인 지기地氣를 느끼기 위해서는 나루를 건널 때 배를 타듯 몇 가지 풍수적 방법을 원용援用해야 한다. 나는 혈형穴形(穴象)을 중심으로 안동 땅을 살필 것이다.

셋째는 풍수 용어다. 용어 사용의 부적절함은 개념의 혼란과 생각의 불명확성에서 기인한다. 불행히도 풍수 용어는 무슨 주문처럼 비밀스럽게 전해져 온 경향이 있어 여러 책이나 사용자에 따라 제각각 달리 쓰이는 경우가 많다. 더구나 그 말이 무슨 뜻이라는 설명도 부족하고 풍수와 어떤 관련이 있는지도 밝히지 않은 채 그냥 한문으로만 나열한 책이 많아 어려움을 더하고 있다. 이는 풍수를 공부하고자 하는 초심자들에게는 대단히 곤란한 문제다. 이에 필자는 새로운 풍수 용어를 사용할 때마다 그 뜻을 가능한 한 명확히 밝힐 것이며, 또 그것을 일관되게 사용하도록 노력할 것이다.

마지막은 무덤이다. 말도 많고 탈도 많은 것이 음택陰宅이지만 거론할 수밖에 없는 두 가지 이유가 있다. 하나는 그곳이 바로 이 땅의 선현들이 계신 곳이며, 그 분들의 뜻을 기리는 자손들이 모여 자신의 정체성을 깨닫고 삶의 자세와 방향을 가다듬는 경배의 땅이기 때문이다. 이 땅에서 올곧은 뜻을 지키며 살았던 선인先人의 행적과 뜻을 지금에 돌이켜 생각하는 자리로서 선인의 무덤보다 더 좋은 곳이 어디 있겠는가? 다른 하나는 그곳이 보국保局, 즉 일정한 형태를 갖춘 땅의 국면이 좁아서 공부하는 사람이 풍수의 제반 용어, 형세 및 주변의 모습을 한

눈에 조망할 수 있는 좋은 장소이기 때문이다.

이제 산을 만나러 가는 풍수학인은 최창조崔昌祚의 금옥 같은 가르침을 화두로 삼아야 하리라.

먼저 산을 본다. 풍수학인은 산에 오르고 물을 건너는 수고(登涉之勞)를 마다해서는 안 된다. 그리고 무엇보다도 산에 대한 깊은 애정을 가지고 살아 있는 생명체로서 산을 대해야 한다. 간산看山의 경험이 쌓이고 마음이 태고의 평정을 찾으면 산은 한갓 흙과 돌무더기가 아니라 풍운조화를 일으키는 용으로 보이게 되는 것이다.……마음을 비우고 사심 없이 산을 대하면 산은 살아나서 말을 해준다. 그것이 풍수의 출발이다. 겸손하라! 그리고 자신에 침잠하여 땅이 주는 소리를 듣도록 노력하라. 그리하여 땅과 일체를 이루었을 때 땅은 말할 것이다. 내 너를 받아들인다.**

---

* 權幸, 金宣平, 張吉이 고려 건국에 이바지한 공으로 三韓壁上功臣三重大匡太師亞父에 봉해지고 나란히 '안동'을 姓으로 받아 각각 안동 권씨, 안동 김씨, 안동 장씨의 시조가 되었다. 이들을 삼태사라 한다.
** 최창조, 『땅의 논리 인간의 논리』(서울: 민음사, 1992)

안동 풍수 기행,
돌혈의 땅과 인물

시작하는 말 · 4

1. 하회 — 산과 물이 만나 꽃으로 피어난 땅 · 11

음양을 넘어 태극으로 · 12   하회의 별칭 그 하나, '산태극수태극' · 16   인걸지령 · 20
백두대간 · 22   과협 · 26   낙동강 · 28   화산과 부용대 · 29   안동 기맥 · 31
일월 기맥 · 33   〈하회 산수경〉 · 35   하회의 물길 · 37   풍산들이 생긴 까닭 · 40
서출동류 · 42   만송정과 파구 · 43   설화 · 45   풍산 유씨 하회 입향 설화 · 46
물형론 · 53   하회의 별칭 그 둘, '행주형' · 54   돌혈 · 57   돌혈 당판 · 59
하회의 별칭 그 셋, '연화부수' · 61   하회의 별칭 그 넷, '사선기국' · 64
하회는 어떤 땅인가? · 65   용행지현 · 66   의성포 · 68   풍수학인의 하회 구경법 · 71
겸암정과 옥연정 · 73   삼신당 · 76   양진당 · 78   연당못 설화 · 81   충효당 · 84
북촌댁 · 88   연좌루 · 90   남촌댁 · 92   하회를 돌아나오며 · 93   '인법지' · 95
하회청풍 · 96

2. 병산서원 — 건축, 그 영원한 풍수의 주제 · 99

병산서원 · 100   처음 병산에 간 날 · 102   김용옥이 본 병산 · 106   건축 · 107
서원 건축 · 110   〈병산서원 배치도〉 · 113   〈병산서원 지형도〉 · 115   건축과 풍수 · 116
병산서원 건축 · 117   병산서원과 풍수 · 119   만대 · 122   만대루 찬가 · 122
만대루의 문제점 · 125   아, 만대루여! · 127

3. 삼구정 — 이 땅에서 거북처럼 오래도록 사소서! · 131

성씨 · 132　선안동 김씨 · 133　김방경 · 134　상락대 · 135　김방경 산소 · 137
김구와 이만도 · 141　후안동 김씨 · 144　소산 · 145　소산리 · 147
소산리의 고인돌 · 150　소산리 혈처, 삼소재 · 152　소산 김씨 · 155　김계권 산소 · 157
정자 · 160　복거 · 162　삼구정 지은 뜻은? · 165　왜 삼구인가? · 168
삼구정과 풍산들 · 171　신비한 동오 · 174　금귀입수 · 179　오성과 형국 · 180
김번 산소 · 181　김상용 · 186　삼구정 편액 · 187　삼구정팔경 · 190
신흠의 삼구정팔경 · 192　청원루 · 194　김상헌 · 197　서미동 가는 길 · 198　서미동 · 201
은자암 · 202　서간사 · 206　중대 · 208　청음유허비 · 211　목석거 · 213　삼구정 유감 · 215

4. 돌성묘 — 더도 덜도 말고 딱 이만큼만 · 217

그래, 오월 · 218　의성 김씨 · 220　오토산 가는 길 · 222　오토산 · 222
오토산과 주변 마을 · 225　김용비 산소 · 227　괘등혈 · 229　의성 김씨 안동 입향조 · 232
김천 · 233　퇴계로 · 238　와룡 · 242　가느실 · 244　더도 덜도 말고 딱 이만큼만 · 245
현침사 · 248　석물동 산소 · 251　늙은 무덤 · 253

5. 이해 산소 — 온전한 거북 한 마리 · 255

온계 · 256　예안길 · 258　도산길 · 260　『도산잡영』 · 265　도산 제일 · 268　온혜리 · 271
진보 이씨 · 272　신기리 · 274　감람묘 · 275　감람묘 설화 · 280　이자수 · 283
진보 이씨 온혜 입향조 · 285　국망봉 · 287　퇴계태실 · 290　성림문 · 295　노송정 · 296
추로낙민 · 300　이식 · 303　춘천 박씨 · 305　이우 · 307　애련정 · 310　수곡 · 312　이해 · 313
이해 산소 · 316　내롱 · 319　〈도산 산수경도〉 · 322　온혜 주변 · 323　하늘강 · 324

이 책에 나오는 인물을 호가 아닌 이름으로 지칭한 것은
예문서원의 편집 원칙에 따른 것입니다.

1. 하회
— 산과 물이 만나 꽃으로 피어난 땅

음양을 넘어 태극으로

하회는 태극 모양의 땅이며 태극의 땅이다. 우리 나라 국기國旗에서도 알 수 있듯이 태극은 우리에게 친숙한 개념이다. 하지만 태극의 의미를 제대로 이해하고 있는 사람은 그리 많지 않다. 태극은 몹시 거대한 것에서부터 아주 미세한 것에 이르기까지 적용되는 폭넓은 개념槪念(concept)[1]이기 때문이다.

태극(☯)의 모습을 가만히 들여다보고 있노라면 그 이미지의 바다에 푹 잠기게 된다. 태극의 상징象徵(symbol)은 한마디로 경이롭다. 태극은 인간의 위대한 창작품 중에서도 가히 백미白眉라 이를 만하다. 그것은 하늘과 땅이며 우리가 보는 일체 만물을 압축하여 형상화한 기호記號이자 동시에 의미意味이다. 태극은 세상을 둘로 구분하여 이해한 것으로, 이런 방법을 이분법이라고 한다. 이것은 흑과 백의 두 가지 색으로만 세상을 그리는 것으로, 세계를 아주 손쉽고 간단명료하게 이해하게 해준다는 장점이 있다.

세상이 엄청나게 복잡한 것이 사실이지만 둘로 구분하여 이해한다고 해도 별 무리는 없다. /낮/:/밤/, /밝음/:/어둠/, /하늘/:/땅/,

---

[1] 개념이란 개개의 사물들에서 공통적인 속성을 추출하여 추상화한 觀念(Idea, Image)을 말한다. 예를 들어 '이완규'는 특정한 한 사람을 가리키는 고유 명사이지만, '남자'는 이완규와 비슷한 사람들을 통칭하는 일반 명사이므로 개념이 된다. 그러므로 개념은 폭넓은 의미를 포함하고 있고, 엄밀하게 정의하기 힘들다. 지식은 구분과 통합의 반복으로 이루어진다. 구분하지 않으면 대상의 차이를 이해할 수 없고, 통합하지 못하면 지리멸렬하여 체계를 세울 수 없다. 지식의 대부분은 개념으로 이루어지며, 개념은 구분(種槪念)과 통합(類槪念)을 동시에 가지고 있다. 일체의 공부는 개념을 해독하고 창조하는 것이라고 보아도 된다. 다시 말하면 사람이 대상을 이해하는 것은 대상 그 자체를 파악하는 것이 아니라 관념으로서의 언어 즉 개념을 이해하는 것이다.

▲ 중당에서 내려다본 하회 마을. 오른쪽으로 보이는 절벽이 부용대이다

/남자/:/여자/, /선/:/악/ 등과 같이 세계를 이분법으로 이해하는 것을 '음양론陰陽論'이라고 한다. 인간이 세계를 이해하는 가장 기본적이고 원초적이며 하나의 완전한 인식 패턴이 바로 음양이다.

  음양은 모든 것을 의미하므로 말로 설명하자면 매우 복잡해진다. 그래서 음양의 의미를 기호로 상징한 것이 태극(☯)이다. 그러나 원은 음양을 함께 표현할 수 있는 장점이 있는 반면, 그리기가 힘들고 음양을 분리해서 표현할 수 없다는 약점이 있다. 그래서 음양을 표시하는 기호로 만든 것이 음의陰儀(--)와 양의陽儀(—)인데, 이 둘을 합하여 '양의兩儀'라고 한다. 그리고 이러한 기호를 '효爻'라고도 하는데, 효를 중첩하여 음양의 조화를 나타내고 나아가 천지만물의 상태와 변화를 표현한 것이 역易의 괘상卦象이다.

만물을 구분하기 시작하면 끝이 없다. 그러나 만물을 단지 둘로 구분하는 것은 복잡한 사물의 변화와 상태를 충분히 설명하지 못한다는 생각에 자꾸만 가지를 치게 된다. 그 첫 번째 가지가 2개의 효를 아래위로 붙여 만든 사상四象으로서 태양太陽(⚌)·소음少陰(⚍)·소양少陽(⚎)·태음太陰(⚏)이 그것이며, 이것은 2개로 변화할 수 있는 최대치이다. 거기에 다시 1개의 효를 더하여 3개로 표현한 것이 소성괘小成卦인 팔괘八卦 즉 건乾(☰, 하늘)·태兌(☱, 못)·이離(☲, 불)·진震(☳, 우레)·손巽(☴, 바람)·감坎(☵, 물)·간艮(☶, 산)·곤坤(☷, 땅)이다. 이 가운데 태극기에 있는 것은 건·곤·이·감 4개이며, 이것들은 각기 다양한 의미를 내포하고 있다. 그리고 팔괘에서 더 나아가 팔괘를 중첩한 6개의 효 즉 대성괘大成卦로 세계와 인간사를 이해하고 그 변화의 추이를 미리 알고자 노력한 것이 바로 『주역周易』이다.

　가지가 뻗어나가 복잡해지면 사물을 자세히 설명할 수 있다는 이점은 있다. 하지만 필연적으로 포용성과 함축성이 떨어지게 되어 근본에서 벗어나기 쉽다. 『주역』의 64개 괘상은 지나치게 복잡하고 변화가 너무 많아 그 의미를 해독하는 데 어려움이 있다. 『주역』은, 그 안에 세상의 모든 진리가 담겨 있다고 주장하는 사람들에 의해 지나치게 신비화되어 온 경향이 강하다. 그러나 『주역』의 가르침은 간단하다. 천지天地의 진실한 모습은 '변화變化 속의 조화調和'라는 도가의 자연 철학을 바탕으로 하여 천지의 성실함을 인간이 본받아야 할 궁극적 목표로 삼은 유가의 윤리 사상이 결합된 것이다.

　역易의 원래 뜻을 살리면서 난해함을 극복하고자 한 것이 태극이다. 태극의 형상(☯)은 이분법을 초월한 이분법이며, 간단한 형상에

역의 메시지를 고스란히 담은 불멸의 창작이다. 비록 자연의 모습에 서로 대립되고 모순되는 것이 섞여 있다 하더라도 그 섞임은 상대를 침해하거나 상대와 투쟁하는 것이 아니다. 즉 물과 불은 서로 대립하여 투쟁하고 극복하는 관계가 아니다.[2] 조화로운 전체를 구성하는 일부분이며 전부이다. 조화는 항상 그러하며 또한 동시에 그러하다. 그러므로 역은 대대待對의 조화를 가르친다.

음양은 분리되지 않으며 언제 어느 곳에서나 동시에 작동하는 역동적 움직임일 뿐이다. 역은, 천지의 한 부분이면서도 서로 반목하는 인간들에게 역동적 조화의 삶을 가르친다. 군자는 조화로운 천지의 균형이 무너지지 않도록 변화의 중간을 잡아 지키고,[3] 천지가 만물을 낳아 기르는 바른 자리에 서야한다[4]는 '중정의 도'(中正之道)를 가르친다.

태극은 그 가르침을 형상화한 것이다. 대립적으로만 보이는 음양(◐)의 양끝을 당기고 밀어서 음양이 함께하여 떨어지지 않음을 보이고, 자리에 따라 음양의 크기가 달라지게 함으로써 음양소장陰陽消長의 변화와 추이를 절묘하게 드러내었다. 태극(☯)은 음양의 단순 명료함에서 역의 복잡한 변화를 수용하고, 음양의 평이함 속에 천지의 조화를 담아내는 데 성공했다. 보면 볼수록 신묘하기 짝이 없다. 우리 민족은 이 천지의 형상에 사람을 추가하여 삼재三才 즉 '삼태극三太極'의 형상과 의미를 완성했다. 이에 대해 노자老子는 다음과 같이 말하였다.

---

2) 『周易』, 「說卦傳」, "水火不相射."
3) 『書經』, 「大禹謨」, "允執厥中."
4) 『孟子』, 「滕文公」下, "立天下之正位."

이 세상의 모든 것은 음을 지고 양을 안아 혼연渾然히 아우른 기운으로 조화를 이룬다.[5]

선사禪師들께서도 누누이 말씀하셨다. "이제 산이 곧 산임을 알았으니, 다시 저자에 들어 두 손 드리우네."(山是山, 入廛垂手)

하회의 별칭 그 하나, '산태극수태극'

〈하회 태극〉에서 뚜렷이 보이듯이 하회 마을과 부용대芙蓉臺가 이루어 내는 형태는 '하회河回'라는 말 그대로 '물이 도는 땅'이며 산과 물이 태극의 모양을 하고 있는 곳이다. 그래서 하회를 아는 사람들은 '산태극수태극山太極水太極'이라는 말을 즐겨 쓴다. 이는 태극이 주는 좋은 이미지가 땅을 보는 데 투영된 것으로, 이런 방식을 '물형론' 또는 '형국론'이라고 한다. 하회 땅을 형용하는 여러 용어 중에 먼저 '산수태극山水太極'이라는 말이 의미하는 바를 살펴보자.

태극은 하늘과 땅이다. 태극은 '거대 우주' 즉 매크로코즘(macrocosm)이다. 이 거대한 패턴은 미세한 것으로 수렴되며 미세한 패턴은 다시 거대한 것으로 발산된다. 그러므로 매크로(macro)한 곳에 마이크로(micro)함이 있고, 동시에 마이크로함 속에 매크로함이 있어 이 둘은 분리되거나 모순되지 않는 변화와 조화의 두 축이다. 그 축은 또한 어둠(달)과 밝음(해)이다.

이러한 천지일월의 조화造化의 실체는 무엇인가? 하늘과 땅이 가

---

5) 『老子』 42장, "萬物負陰而抱陽, 冲氣以爲和."

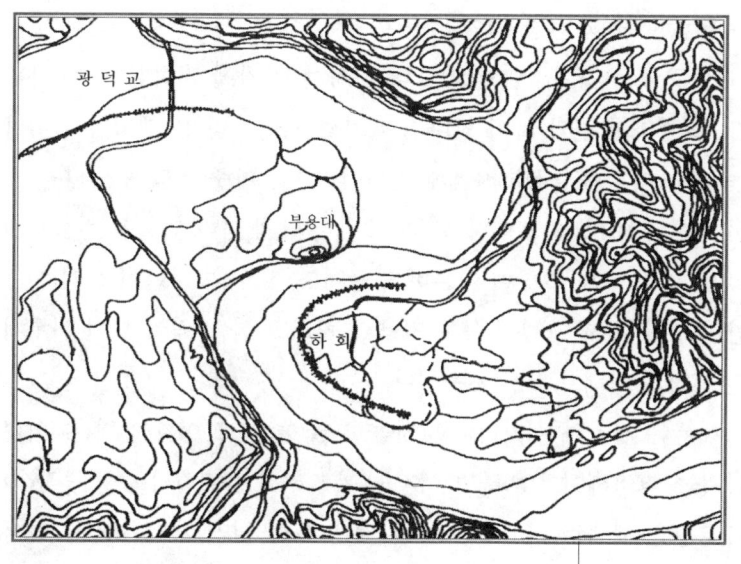

▲ 〈하회 태극〉

지고 있는 무수한 공능功能과 효용의 핵심은 무엇인가? 그것은 '창조의 힘'이다. 천지는 끊임없이 생생生生한다. 즉 천지는 만물을 낳아 기른다. 그러므로 해와 달의 조화는 궁극적으로 만물을 낳아 기르는 것에서 성취된다. 또한 만물은 각기 '천지가 만물을 낳아 기르는 마음'(天地生物之心)을 본받는다. 그리하여 만물 속에 천지가 담겨 있으며, 천지는 만물 그 자체이다. '하나가 곧 전부이며 전부가 곧 하나'(一卽一切, 一切卽一)인 것이다. 이것이 태극의 원리이다.

태극은 음양이다. 산은 음이고 물은 양이다. 산은 움직이지 않아 정靜하므로 음이며, 물은 움직여 동動하므로 양이다. 음과 양이 만

1. 하회 17

나지 않으면 생성(창조)의 덕을 이룰 수 없다. 산과 물이 만나지 못하는 곳에는 생기生氣가 없으니 사람이 살기에 적합한 곳이 아니다. 그렇다고 산과 물이 만나기만 하면 저절로 좋은 생기가 일어나는 것은 아니다. 서로 정답게 만나야 한다. 아주 정답게 만나는 것이 산수유정山水有情이다. 산과 물이 정답게 만나 만물을 건강하게 낳고 기르는 곳, 그곳이 이른바 명당이다. 또한 옛사람이 생기가 충만한 땅을 찾고 그렇지 못한 땅을 고치려고 한 노력이 모여 이루어진 생활의 지혜가 바로 풍수이다.

태극은 남자와 여자다. '남자는 하늘(乾)이고 여자는 땅(坤)이니 남자는 씩씩하여 강剛하며 여자는 부드러워 유柔하다'는 『주역』의 가르침을 제대로 이해하지 못한 것은 유사 이래로 남자였다. 남자들은 엉덩이의 뿔이나 키운 못돼먹은 무리이며, 『주역』이 성립되기 전부터 지금에 이르기까지 『주역』을 잘못된 지배 구조의 이데올로기로 비틀어 가지고 자신들을 합리화한 곤란한 존재이다. 남녀 관계와 삶의 양태는 남자들에 의해 심각하게 비뚤어지고 말았다. 인간 사회의 대부분의 결정적인 문제점은 그 심각한 잘못을 깨닫지 못한 남자들이 초래한 것이다. 그럼에도 불구하고 이 남자 파시스트들은 아직까지도 그들이 '매크로/마이크로 파시스트'라는 분명한 사실을 인식하지 못하고 있다. 모름지기 이 땅의 남자는 진중권의 『네 무덤에 침을 뱉으마!』(개마고원, 2000)를 땅의 가르침으로 각골 명심하여 깊이 반성할 것이며, 여자는 반드시 그것을 하늘의 계시로 영접하고 경배하여 더러운 파시스트들을 소리 높여 꾸짖을지어다!

『주역』을 보고 나는 말한다. "남자인 하늘이 위에 있고 여자인 땅이 아래에 있는 모습의 비괘否卦를 뽑으면 이는 하늘과 땅이 만나지 못하여 만물을 낳고 기르는 길이 서로 소통하지 못하는 형상으로 네

가 사는 세상이 참으로 어지러움을 나타내니 모름지기 정신을 차리고 하려고 계획한 일을 중지할 것이며, 여자가 위에 있고 남자가 아래에 있는 모습의 태괘泰卦를 만나면 만사가 네 뜻대로 되리라."

땅이 자신의 기운을 하늘로 올리고 하늘이 자신의 기운을 땅으로 내려[6] 천지가 서로 자리를 바꾸어 만날 때[7] 땅 위의 모든 것들이 형상을 갖추나니,[8] 남녀가 그러하고 만물 또한 그러하다. 그러므로 나는 다시 한번 말한다. "불같은 남자가 위에 있고 물같은 여자가 위에 있는 괘(未濟)를 뽑았다면 네 일은 볼장 다 본 것이며, 물이 위에 있고 불이 아래에 있는 괘(旣濟)를 뽑았다면 너는 초생달처럼 희망차리라."

태극은 음양(남녀)이 조화롭게 어울려 새로운 생명을 낳고 기르는 모습(天地交泰, 雲雨之情)을 나타낸다. 그래서 일반인들은 땅과 물이 태극의 모습을 하고 있는 곳에 생기와 활력이 넘치는 기운이 있을 것이라고 생각한다. 즉 하회처럼 산과 물이 휘감아 도는 곳을 명당이라 여기고, 많이 감아 돌면 돌수록 더욱 좋은 땅이라고 판단하기 쉽다.

그러나 천만의 말씀이다. 물이 감아 돌아서 태극의 형상을 하고 있는 땅들은 대부분 사람이 살 만한 곳이 못된다. 그러므로 하회처럼 물이 감아 돌아 길지吉地가 되는 곳은 드물다. 하회는 특별한 땅이므로 우선 넓은 관점에서 하회를 조망해 보고 하회의 독특한 물길은 그 뒤에 살피기로 하겠다.

---

6) 『周易』, 「乾卦」, "雲行雨施."
7) 같은 책, 「泰卦」, "天地交泰."
8) 같은 책, 「乾卦」, "品物流形."

인걸지령

당나라 태원太原 사람 왕발王勃(650~679)은 스물아홉의 젊은 나이에 요절했지만, 양형楊炯·노조린盧照隣·낙빈왕駱賓王과 함께 시명詩名을 나란히하여 '초당사걸初唐四傑'이라 일컬어진다. 홍주洪州의 태수太守 염백서閻伯嶼가 등왕각滕王閣을 중수한 뒤 사위의 문재文才를 자랑하기 위해 짜고 치는 고스톱 판에 왕발이 스무 살의 어린 나이로 철딱서니 없이(?) 뛰어들어 시를 읊었으니, 그것이 절창絶唱 등왕각시滕王閣詩이며 그 서문에 '인걸지령人傑地靈'이 언급되고 있다.

정채精彩로운 홍주洪州는 하늘의 보배이니 그 옛날 용천검광龍泉劍光이 견우와 북두성 사이를 가른 곳이며, 인물은 걸출하고 대지는 신령하여 태수 진번이 특별한 자리로 서유를 맞이하던 곳이다.[9]

약관의 왕발이 읊은 이 노래는 '진짜 보배'가 되어 천년이 지난 지금까지 쟁쟁하다. 홍주의 걸출한 인물들이 그 땅의 신령스러운 정기를 받아 태어났다는 '인걸지령' 사상은 오늘날까지 광범위한 사람들에 의해 지지를 받고 있다. 자신들이 사는 땅이 신령하다고 여기는 것은 좋은 생각이며 정신 건강에도 좋다. 훌륭한 인물이 뛰어난 땅의 정기를 받아 태어난다는 것은 인류의 보편적이고 일반적인 사유 가운데 하나다. 이때의 땅은 대개 산을 의미한다. 『시경詩經』에서도 이러한 사실을 노래하고 있다.

높고 높은 저 산이여! 하늘까지 닿았도다.

· 9) 『古文眞寶』, 「滕王閣序」, "物華天寶, 龍光射牛斗之墟, '人傑地靈,' 徐孺下陳蕃之榻."

저 산이 신령함을 내리시어 보(甫侯)와 신(申侯)을 낳으시도다.[10]

'아무개가 훌륭하게 된 까닭은 어떤 산의 정기를 받아 태어났기 때문이다. 누군가가 훌륭한 자손을 낳기를 바란다면 어느 산에 가서 기도를 해야 한다'[11]는 주장에 나는 동의한다. 멀리갈 것도 없다. 『춘향가』중의 한 대목, 「산세를 이를게 네 들어라」를 보자.

[아니리] …… "여보소? 춘향이. 오늘 이 기회가 시호시호부재래時乎時乎不再來라. 아, 남편을 얻어도 뚜렷한 양반을 얻을 것이지 시골 무지렁이를 얻으랴는가?" "미친 녀석! 남편도 시골 남편 서울 남편이 다르단 말이냐?" "그렇지야. 인걸은 지령이라! 사람이 나도 산세 따라 나는 법이니 내 이를게 들어 보소."
[잦은모리] "산세를 이를게 네 들어라. 산세를 이를게 네 들어라. 경상도 산세는 산이 웅장하기로 사람이 나면 정직허고 전라도 산세는 산이 촉허기로 사람이 나면 재주 있고 충청도 산세는 산이 순순허기로 사람이 나면 인정 있다. 경기도를 올라 한양터 보면 천운봉 높고 백운대 섰다. 삼각산 세 각이 북주北柱가 되고 삼각산이 떨어져 인왕산이 주산이요. 종남산이 안산인디 동작이 수구水口를 막기로 사람이 나면 선할 때 선하고 악하기로 들면 별악지상別惡之像이라. 양반 근본을 네 들어라……"[12]

산은 기氣의 생산지이자 공급처이다. 산소는 산에 있는 나무가

---

10) 『詩經』, 「大雅·蕩」, '崧高', "崧高維嶽, 駿極于天. 維嶽降神, 生甫及申."
11) "많은 초등학교 교가에는 'ㅇㅇ산의 정기를 받은 터전 위에 학교가 세워졌다'는 대목이 등장한다. 서울·대전·경기·전북 등 4개 지역의 80여 개 초등학교 교가를 수집 분석한 결과 'ㅇㅇ산'이 들어간 교가가 전체의 절반이 넘었다." 이에 대한 자세한 내용은 김두규, 「일제의 풍수 침략」, 『신동아』 1999년 8월 호를 참조할 것.
12) 동편제 명창 쥔仁三(1962~) 口述.

만들어내는 것이고 물은 산이 갈무리하고 정화하여 필요에 따라 흘려보내는 것이다. 산의 원기元氣는 맥을 따라 퍼져나가 대지의 구석구석을 적셔 만물을 낳고 기른다. 도대체 산이 없으면 사람이 어디에 기대어 산단 말인가? 그러므로 산의 신령스러움을 인식하고 산의 기운과 사랑을 받고자 하는 것은 아주 당연한 자연적인 현상이다. 우리 나라 원기의 공급처이자 우리에게 신령함을 내리는 산은 어느 산인가? 우리 모두 알고 있다. 그 산이 바로 '백두산' 임을!

백두대간

백두산白頭山(2,744m)은 자신의 신령한 기氣를 한반도 삼천리 금수강산에 골고루 공급한다. 그 공급로의 가장 큰 줄기(山經)가 '대간大幹'이며, 작은 줄기가 정맥正脈이다. 한반도의 지세는 백두산에서 시작하여 지리산에서 끝나는 백두대간白頭大幹을 척추로 하여 장백정간長白正幹 하나와 13개 정맥의 흐름에 따라 결정된다. 이 1대간, 1정간, 13정맥이 한반도의 뼈대이다.

백두산에서 시작되는 대간은 동해를 바라보고 달리다가 삼수·갑산으로 유명한 함경남도 갑산군의 두류산頭流山(2,309m)에서 방향을 틀어 동해안을 따라 마치 국토의 척추처럼 힘차게 뻗어 내리고, 이어서 금강산金剛山(1,638m)을 뒤로하고 태백산太白山(1,567m)에 다다라 반도의 깊숙한 내륙으로 몸을 돌린다. 대간이 기를 모아 몸을 트는 태백산 부근에는 1,000미터가 넘는 산들이 우람하게 서 있다.

일제 강점 35년이 남기고 간 피해는 헤아릴 수 없이 많은데, 우리 땅에 대한 심각한 왜곡도 그 중 하나다. 일제는 우리 조상들이 우리

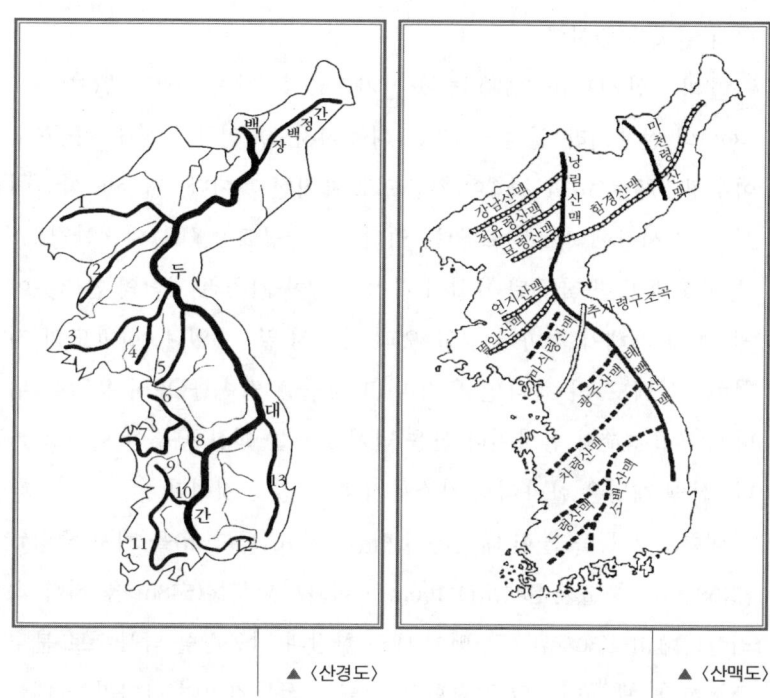

▲ 〈산경도〉　　　　　　　　　　　▲ 〈산맥도〉

땅을 이해하고 파악하던 산줄기와 물의 흐름을 완전히 왜곡시켰다. 그런데 지금까지도 그 잘못을 시정할 기미조차 보이지 않고 있다. 아니, 잘못을 인정조차 않고 있다. 요즈음 학교에서 배우고 있는 '산맥'은 땅속의 지질을 근거로 분류한 것이지만, 대부분 엉터리일 뿐이며 실제로 우리가 보는 산의 흐름과는 무관하다. 우리 나라 산의 실제 흐름은 여암旅菴 신경준申景濬(1712~1781)이 저술한『산경표山經表』에 있다. 의사이자 전문 산악인인 조석필이『태백산맥은 없다』(사람과 산, 1997)에서 이 사실을 정확히 밝혀 놓았으니, 독자 제

1. 하회 23

현의 일독을 권한다.

앞의 〈산경도山經圖〉는 고산자古山子 김정호金正浩(1804~1866)의 환생이라 일컬어지는, 〈대동여지도〉 연구가 광우당匡友堂 이우형李祐炯(1934~)[13]이 처음으로 제작한 것이다. 지금도 학교에서 지리 시간에 가르치고 있는 엉터리 〈산맥도山脈圖〉와 〈산경도〉를 비교해 보면 잘못된 사실이 자리를 잡아 기득권 세력의 밥그릇이 될 때 그 폐해가 얼마나 깊고 오래 가는지 알 수 있다. 한반도의 지형이 〈산맥도〉와 같다면 우리 나라 강들은 땅속을 흘러 용출한 뒤 다시 본류本流와 합하거나 산을 넘어 흐르는 희한한 물이 되어야 한다. 산맥 개념은 한마디로 가소롭기 짝이 없는 것이다.

내륙으로 몸을 돌린 대간은 소백산小白山(1,421m)을 거쳐 죽령竹嶺(689m)·주흘산主屹山(1,106m)·이화령梨花嶺(548m)을 지나 속리산俗離山(1,508m)으로 뻗어 내려 한강과 낙동강을 남북으로 분수分水한다. 백두대간의 절묘함은 이렇듯 꿈틀거리며 나아가는 데에 있다. 살아 있는 용은 힘차게 요동하는 법이다. 산행을 즐기는 사람이라도 대간의 기본 구도에 대한 지식이 없으면 자기가 오르는 산의 계보를 파악하지 못하고 그냥 올라가기만 하는 것일 뿐이다.

백두대간의 흐름을 직접 눈으로 보기는 쉽지 않다. 안동에서 5번

---

13) 이우형은 중·고등학교 지리 교과서를 편찬한 바 있는 지도 전문가로서 〈대동여지도〉 연구에 평생을 바친 인물이다. 그는 김정호 사후 최초로 〈대동여지도〉를 복간했으며 〈대동여지도〉의 오류를 바로잡아 현대 지도에 옮기는 작업을 완료했다. 그간의 연구 성과를 담은 『우리 땅 산줄기 물줄기』의 출간을 서두르고 있는데, 그 책이 출간되면 우리 나라의 산줄기와 물줄기를 일목요연하게 정확히 파악할 수 있을 뿐만 아니라 한국 지리학을 비롯한 관련 분야의 연구에 보배가 될 것이다. 나는 이우형 선생을 직접 만나 뵙고 안동의 산줄기와 물줄기에 대한 가르침을 받을 기회가 있었다. 이 자리를 빌려 선생의 가르침에 감사드린다.

국도를 따라 영주 시내가 훤히 내려다보이는 고갯마루에 올라서면 북쪽 하늘에 솟은 소백연봉을 볼 수 있다. 영주 시내를 통과하여 순흥順興으로 가는 915번 지방도의 몇 곳과 단산丹山, 그리고 봉화 못 미쳐 부석사로 가는 999번 지방도에서 하늘에 닿을 듯이 흐르는 백두대간의 위용을 조금이나마 느낄 수 있다. 그곳에서 언뜻언뜻 보이는 대간의 장대한 기상을 일찍이 우리 선인은 '창천수성漲天水星'이라 불렀다.

속리산에서 다시 남쪽으로 머리를 돌린 대간은 추풍령秋風嶺(221m)·황학산黃鶴山(1,111m)·삼도봉三道峰(1,177m)을 지나 덕유산德裕山(1,614m)을 일으킨 뒤 육십령六十嶺(734m)·영취산靈鷲山(510m)까지 금강의 동쪽 분수 산맥을 형성하고, 끝으로 섬진강의 동쪽 분수령인 지리산智異山(1,915m) 영봉의 천왕天王이 되어 이 나라를 수호한다.

우리 나라의 모든 산줄기는 백두대간으로 이어지며 따라서 어떤 산이든 전부 백두산으로 이어진다. 다시 말하면 우리 나라의 모든 산들은 백두산의 정기를 받고 있는 것이다. 이것은 말뿐이 아니라 실제 상황이 그러하다. 백두산과 백두대간으로 우리 땅을 이해하던 조상의 슬기가 바로 우리의 지리학인 풍수이다. 비록 나의 견문이 부족하지만, 세계의 어떤 나라도 우리 나라의 땅처럼 신묘한 곳은 없다고 확신할 수 있다. 풍수에 눈을 뜬 뒤 보이는 산과 물은 그 전과는 완전히 다르다. 풍수는 내 나라 내 땅에 대한 가없는 사랑의 마음이다. 그러므로 이 시대의 진정한 풍수사風水師 최창조崔昌祚는 언제나 땅을 '어머니'라 부른다.

〈산경도〉 1번부터 13번까지의 정맥 이름을 차례로 대면, 청북·청남·해서·임진북예성남·한북·한남·금북·한남금북·금남·호남·금남호남·낙남·낙동 정맥이다.

과협

　산은 살아 있는 용이며 변화무쌍한 존재이다. 대간의 흐름을 상상할 때마다 나는 '용행호보龍行虎步'라는 말 외에 달리 표현할 수 있는 말을 알지 못한다. 용행무애龍行無碍니 무슨 걸림이 있으랴마는 용도 때론 쉬면서 힘을 모으기도 하고, 질풍노도처럼 치달리다가도 또 때로는 산들바람이 되는 법이다. 용이 쉬는 곳이 '혈'이며, 힘을 모으는 곳이 '과협過峽'이다. 치달리는 곳이 산줄기이고, 산들바람 어리는 땅이 명당이다.

　과협처過峽處는 '산줄기의 잘록한 부분'을 가리키는데, 용의 생사진가生死眞假를 판정하는 중요한 부분이기도 하다. 『인자수지人子須知』에는 과협에 관한 설명이 매우 많은데, 이를 간단히 요약해 보면 다음과 같다.

　땅을 살피는 것은 용을 보는 데 그 묘미가 있으며 용을 보는 기술은 협峽을 찾는 것에 있으니 협은 용이 자신의 모습을 드러내는 곳이다. 용행이 길면 반드시 과협이 많다. 그러면 기맥이 참되기 때문에 박환剝換이 바르고 깨끗하며 역량이 온전하게 되므로 참된 용은 과협이 많은 것을 말한다. 과협처는 '지기가 묶여 모이는 곳'으로 맥을 바르게 진행시키고자 함이다. 그러므로 협을 살피는 것이 지리학의 관건이 되며 길흉선악이 협에서 결정된다.

　과협은 산줄기의 한 부분이 '장구 허리'처럼 잘록한 곳으로 용이 힘차게 나아가기 위해 힘을 모은 곳이다. 마치 고무 호스로 물을 멀리 뿌리고자 할 때 끝 부분을 꾹 눌러 잘록하게 만드는 것과 같다. 과협은 이렇게 기가 묶인 곳이기 때문에 '속기束氣'라고도 한다. 산줄기가 이어지면 반드시 능선과 계곡이 형성되고, 능선에는 산마루와 안부鞍部와 고개가 있다. 일차적으로 고개 부분이 과협처가 되지만 다 그런 것은 아니다. 고개가 과협일 가능성은 높지만 다른 부분의 능선에 비해 상대적으로 단순하게 낮기만 한 곳은 과협이 아니다. 완만한 경사를 그리면서 비교적 직선으로 올라갈 수 있는 고개는 안부일 가능성이 높다. 대간을 넘는 많은 고개 중에 우리에게 익히 알려진 한계령·죽령·이화령·추풍령 등이 대부분 과협이다.

과협은 산의 밑 부분 즉 평지가 깊은 계곡을 이루면서 거의 산의 중심부 가까이까지 먹어 들어간다. 산의 능선 부근만이 낮은 것이 아니라 산의 아래쪽이 산의 중심 부근으로 압축되어 있다. 장구를 수평으로 이등분하여 놓아 둔 상태를 연상하면 된다. 이화령을 예로 들면, 문경 쪽에서 터널로 들어갈 때나 정상에서 내려가면서 왼쪽의 연풍延豊 쪽을 내려다보면 이 사실을 확인할 수 있으며, 대축척 지도의 등고선을 보면 더욱 간명하게 드러나 있다.

과협은 어느 산줄기에나 있다. 크고 작은 차이가 있을 뿐 그 형태는 같다. 낮은 능선이나 작은 언덕, 특히 혈장 뒤의 내룡 부분에 있는 것은 일목요연하다. 이렇게 속기된 곳이 짧을 때는 '봉요蜂腰'(벌 허리)라 하고, 조금 길 때는 '학슬鶴膝'(학 다리)이라고 한다. 물론 봉요와 학슬은 일반적 속기와는 구별된다.

내룡 부분의 변화에는 여러 가지가 있다. 나중에 실제 현장에서 다시 한 번 자세히 살펴보기로 하고, 우선은 대간의 흐름을 설명할 때 왜 높은 산을 놓아두고 고개를 말하는지 이해하기 바란다. 고개는 함부로 깎아 훼손해서는 안 된다. 그곳은 과협이며 용이 속기로 힘을 모아 다시 전진하는 병참 기지와 같은 곳이기 때문이다.

낙동강

백두대간은 우리 나라의 울타리이다. 강의 울타리요, 생활과 문화의 울타리다. 대간과 정맥이 강의 분수계分水界가 되고 그 안쪽이 유역 면적이 되며 그 사이에 우리 나라의 10대 강이 다 흐르고 있다. 우리 나라 강 중 유역 면적이나 길이로 보아 가장 큰 강은 압록강鴨綠江(790km)이다. 낙동강洛東江(525km)은 두번째로 긴 강으로, 유역 면적은 한강에 비해 조금 작지만 남한의 $\frac{1}{4}$, 영남의 $\frac{3}{4}$에 해당하는 큰 강이다. 낙동강을 이루는 울타리는 대간과 낙동洛東 및 낙남洛南 정맥이다. 〈산경도〉의 점선이 강을 나타내므로 유역과 흐름을 쉽게 알 수 있다. 이것이 바로 우리 나라 지형을 백두대간으로 이해함으로써 얻을 수 있는 장점이며, 아울러 이렇게 이해하는 것이 옳다는 증거가 된다.

백두대간은 태백산에서 내륙으로 몸을 틀면서 동해를 따라 새로운 산줄기를 만든다. 이 산줄기가 낙동 정맥으로, 태백산 줄기인 구봉산九峰山에서 남쪽으로 갈라져 태백시의 백병산白屛山(1,259m)·청송의 주왕산周王山(907m)·경주의 단석산斷石山(829m)·언양의 가지산加智山(1,240m)·울산의 취서산鷲棲山(1,059m)·부산의 금정산金井山(802m)을 거쳐 송도 해수욕장 옆 다대포의 몰운대沒雲臺에서 끝나며, 그 길이는 약 370킬로미터에 달한다.

낙남 정맥은 지리산의 영신봉靈神峰(1,652m)에서 시작하여 하동의 옥녀산玉女山(614m)·함안의 여항산餘航山(744m)·창원의 구룡산九龍山(434m)・불모산佛母山(694m)을 지나 김해시의 분성산 盆城山(360m)에서 끝나는 약 200킬로미터의 산줄기이다.

'낙동강 칠백리'라고 할 때, 그것은 안동에서 부산까지를 가리키는 말이다. 안동에서 발원지인 황지黃池까지가 600리이므로 낙동강의 총 길이는 약 1,300리가 된다. 낙동강의 특징 중에 눈여겨볼 만한 것은 강의 경사도가 극히 완만하여 급류나 폭포가 없다는 것이다. 특히 낙동강 하구인 부산과 상류인 안동의 하상고도河床高度가 비슷하여 과거에는 안동까지 배가 올라올 수 있어 영남 내륙 수로 교통의 동맥이 되었다. 또한 유로流路의 경사가 완만하기 때문에 강의 흐름이 느리고 굴곡이 심하여 마치 뱀이 기어가는 것 같은 사행천蛇行川이 되었으며, 강의 전 지역에 하회와 비슷한 태극 모양의 땅이 많이 생겨났다.

화산과 부용대

1999년 초에 민음사에서 발간한 서수용의 『안동 하회마을을 찾아서』는 '하회 종합 보고서'라 부를 만하다. 그러나 「마을의 내력」으로 시작하는 책의 첫머리에 나오는 "동쪽으로는 태백산맥인 해발 271미터의 화산이 평지에서 솟아 있고 남쪽에는 일월산맥인 남산南山과 서쪽으로는 화산 너머로 역시 일월산맥의 지맥인 원지산遠志山이 나지막하게 솟아 있으며 그 뒤로는 마늘봉(蒜峰)이 드리워져 있다"라는 것은 잘못된 내용이다. 이 책만 그러한 것이 아니다. 내가 본 책과 글들은 모두 화산과 부용대芙蓉臺 내룡의 흐름을 잘못 파악하고 있다.

하회의 주산인 화산花山(321m)은 흔히 소백산小白山(1,439m)에

▲ 하회마을 안에서 바라본 남산

서 시작된다고 한다. 그렇게 보아도 큰 무리는 없지만 정확하게 알아둘 필요가 있다. 우리 나라 산줄기의 정확한 흐름을 알려면 〈대동여지도〉를 보면 된다.

〈대동여지도〉는 가로 4미터, 세로 8미터에 이르는 거대한 지도이다. 〈대동여지도〉와 김정호에 대해서는 『태백산맥은 없다』에 자세한 설명이 되어 있다. 현재 우리가 쓰는 일반적인 지도에 표현된 산맥은 엉터리다. 우리 나라의 산줄기에 대해서는 『산경표』와 〈대동여지도〉가 정확하다. 그러므로 나는 『산경표』와 〈대동여지도〉에 근거하여 화산의 내룡을 서술하도록 하겠다.

〈대동여지전도〉는 가로 76.4센티미터, 세로 115.2센티미터의 지도로 김정호가 〈대동여지도〉를 판각한 1861년에 완성되었다. 〈대동여지도〉를 완성한 뒤 내용을 간략히 하고 크기를 줄인 것인지, 아니면 먼저 〈대동여지전도〉를 완성한 뒤 내용을 추가하여 〈대동여지도〉를 제작한 것인지는 불분명하다. 〈대동여지도〉의 낙동강 부분을 축소하여 하회의 내룡을 제시하고자 해도 작게 줄이면 판독이 불가능하다. 비록 〈대동여지전도〉가 소략하다고는 하나 낙동강과 산줄기의 흐름을 이해하는 데는 많은 도움이 된다.

안동 기맥

백두대간과 13개의 정맥 사이에는 많은 산줄기들이 있다. 그것들은 주로 강江과, 강으로 들어오는 강보다 작은 물줄기 즉 천川으로 표기되는 물줄기 사이를 흐르는 산줄기들이다. 이 산줄기들을 '기맥岐脈'이라고 부르는데 기맥에는 아직까지 이름이 없다. 아마도 이우형의 『우리 땅 산줄기 물줄기』가 출간되면 기맥들의 이름을 보게 될 수 있을 것이다. 그러나 아직은 이름이 없으므로 나는 편의상 안동으로 들어오는 기맥을 '안동 기맥'으로 명명하겠다. 안동 기맥은 〈대동여지전도〉 ㉮에서 ㉯까지의 산줄기로 낙강의 서쪽과 내성천乃城川의 동쪽을 흐르는 산줄기이다.

안동 기맥은 백두대간의 태백산과 소백산 사이에 있는 박달령 아래의 옥돌봉(1,242m)에서 문수산文殊山(1,206m)으로 내려와 봉화의 동쪽을 지나 명호의 만리산(792m)·도산의 용두산龍頭山(661m)을 거쳐 녹전의 봉수산烽燧山(570m)·북후의 불로봉不老峰(482m)으로 이어진 뒤 안동의 조운산朝雲山(630m)과 조골산照骨山(870m)에 이르는데, 〈대동여지도〉에 조골산으로 표기된 산이 학가산鶴駕山이다.

▲ 〈대동여지도〉

　학가산 근방에 사는 사람들은 조골산이 학가산 아래에 따로 있다고 한다. 하지만 그 산은 북후면北後面 신전리新田里에 있는 조운산이다. 조운산은 학가산 중계소에서 동쪽을 바라보면 눈 아래로 보이는 오똑한 바위산이다. 학가산으로 이어지는 안동 기맥은 조운산에 이르기 전에 다시 한 갈래를 이루어 봉정사鳳停寺가 있는 명산 천등산天燈山(574m)을 만들어 놓는다.
　그러나 안동 기맥의 원 흐름은 학가산에서 보문산普門山(643m)으로 이어진 뒤 풍천의 검무산劍舞山(331m)을 거쳐 예천군 지보리의 연화산蓮花山(267m)을 지나 내성천과 금천이 낙동강과 만나는 삼강리三江里를 돌아 예천의 명물로 잘 알려진 의성포義城浦의 맞은편 절벽인 회룡대回龍臺에서 끝난다.

일월 기맥

 산은 물을 건너지 않는다. 산줄기는 산에서는 보이지 않는다. 그러므로 산에서는 산줄기를 볼 수 없다. 산줄기를 보는 요체는 물길을 보는 데 있다. 물길은 알기 쉽다. 하나의 물줄기를 사이에 두고 두 개의 산줄기가 형성된다. 다시 말하면 두 개의 산줄기 사이에 하나의 물줄기가 이루어지는 것이다.
 '모든 물의 시작에는 산이 있고, 모든 물의 끝에는 바다가 있다.' 즉, 모든 산과 모든 물은 연결되어 있다. 물은 처음에는 산 속을 흐른다. 산과 한 몸인 것이다. 그러나 물이 산을 벗어나게 되면 산줄기는 좌우에 있는 산들을 가르며 물줄기를 따라 흐른다.
 안동으로 들어오는 물줄기는 두 개이다. 하나는 태백산 황지에서 발원하여 남쪽으로 흐르는 낙동강의 본류인 낙천洛川 즉 '낙강洛江' 이며, 다른 하나는 영양英陽의 일월산日月山(1,219m)에서 시작하여 동쪽으로 흐르다가 청송군 현서면의 방각산方覺山(605m)에서 발원한 길안천吉安川을 받아들여 낙강과 합류한 '반변천半邊川' 이다. 안동은 낙강과 반변천이 만나는 합수처이며, 명실공히 낙천이 낙동강으로 바뀌는 지점이다.
 나는 낙천의 동쪽과 반변천의 북쪽을 흐르는 산줄기를 '일월日月 기맥' 이라 부르겠다. 대다수의 안동 사람들이 하회를 돌아나가는 낙동강 즉 화천花川[14] 너머로 화산花山을 둘러싸고 있는 남산·원

---

14) 화산과 하회 마을을 감아서 돌아 흐르는 낙동강을 특별히 '화천' 이라고 한다.

지산·부용대를 일월산 줄기라고 이해하고 있는데, 사실은 그렇지 않다. 일월 기맥은 영양군 수비면首比面에 있는 낙동 정맥의 검마산劍磨山과 울련산蔚蓮山에서 갈라져 청기면靑杞面의 장갈령長葛嶺과 구룡재를 거쳐 안동 임동면의 두름산(485m)과 영양 입암의 영등산(507m)으로 이어진 뒤, 가랫재를 통과하여 임동의 고산(529m)을 거쳐 봉황사가 있는 아기산鵝岐山(591m)에서 반변천을 만나 끝나는 산줄기다.

일월 기맥은 다시 두 개의 작은 산줄기를 분맥分脈한다. 하나는 장갈령 위에서 청량산淸凉山(870m)으로 들어가는 산줄기로 산성산山城山(845m)을 거쳐 안동시 예안면의 정산鼎山에서 끝난다. 다른 하나는 일월 기맥의 장갈령에서 갈라져 안동 시내로 들어오는 산줄기로 예안의 동쪽과 임동을 거쳐서 무협巫峽에서 끝나는 산줄기다. 무협은 안동 시내 법흥동에 있는 임청각臨淸閣 맞은편의 절벽이며, 낙강과 반변천의 합수合水 지점이다.

안동의 다른 이름으로 '영가永嘉'가 있다. '영永'은 '일一'자와 '수水'자가 합해진 글자로서 '두 개의 물이 만나는 곳'이란 뜻을 가지고 있다. 두 개의 물이 만나면 그 물은 길게 흐른다. 따라서 '영'자에 길다는 뜻이 있게 되었다. 두 개의 큰 물이 만나는 지점인 합수처는 대체로 경치가 뛰어나다. 남한강과 북한강의 합수처인 양수리를 연상하면 될 것이다. 그리하여 '영가'라는 지명이 생겨난 것이다. 즉, 안동은 두 개의 큰 물이 만나는 아름다운 고장 곧 '영가'이다.

⟨하회 산수경⟩

　⟨하회 산수경⟩은 아직 출간되지 않은 이우형의 『우리 땅 산줄기 물줄기』의 기본 지도 중 하회 부분을 옮긴 것으로 채 완성되지 않은 것이다. ⟨하회 산수경⟩을 참고하면 하회를 둘러싸고 있는 물길과 산줄기의 흐름을 손쉽게 짐작할 수 있다. 하회의 주산인 화산은 안동 기맥의 검무산劍舞山(332m)에서 내려온 용맥이 가일佳日의 정산井山(300m)을 거쳐 풍산들에서 모습을 감춘 뒤 마지막으로 힘을 모아 불끈 솟구쳐 놓은 산이다. 화산의 내룡來龍은 풍산들에서 모습을 감추는데, 이런 상태의 용을 '은룡隱龍'이라고 한다. 은룡은 자칫 용맥龍脈이 끊어진 것으로 판단하기 쉬우니, 세심한 주의가 요구된다.

　산줄기는 물을 만나면 그 흐름을 멈추며 당연히 물을 건너지 않는다. 그러므로 강과 내를 마주하고 있는 산들은 그 계보가 완전히 다른 산들이다. 화천 너머 남산과 부용대는 영천에 있는 낙동 정맥의 모자산母子山 즉 지금의 보현산普賢山(1,124m)에서 북쪽으로 치달려 온 산줄기의 끝이다.

　보현산에서 출발한 산줄기는 세 개로 나뉜다. 그 가운데 북동쪽으로 치달리는 산줄기를 나는 '응봉鷹峰 기맥'이라 부르겠다. 응봉 기맥은 보현산에서 응봉(800m)을 거쳐 의성군 춘산면의 구무산(676m)을 지나 사곡면의 북쪽과 옥산면의 남쪽을 경계지으며 치달리다가 의성읍의 북쪽 천제봉(359m)을 거쳐 안동시 일직면의 산표당(444m)에 다다른다. 산표당에서 남쪽으로 방향을 튼 응봉 기맥은 의성군 안계면의 해망산(400m)・곤지봉(328m)・문암산(460m)을 지나 다인면의 독점산(311m)을 거쳐 비봉산飛鳳山(579m)에서 끝난다.

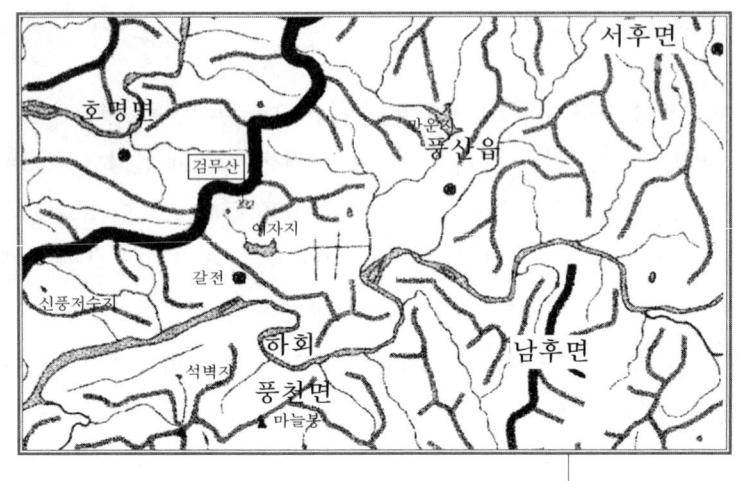

▲ 〈하회 산수경〉

　부용대는 산표당에서 갈라져 나온 산줄기가 안동시 남후면으로 들어오다가 서쪽 풍천면으로 방향을 틀어 하회의 남산과 마늘봉을 일으킨 뒤 부용대에서 낙동강을 사이에 두고 하회와 만나는 산줄기의 끝이다. 이상에서 서술한 안동 기맥·일월 기맥·응봉 기맥과 부용대로 들어오는 산줄기는 우리가 일상적으로 사용하는 1:250,000 지도에서 손쉽게 확인할 수 있다.
　풍수에서는 산을 용이라 부른다. 우리 조상들이 땅의 신령함을 알아보았기 때문이다. 신령한 사람이 그러하듯이 하회와 같이 밝은 터전 즉 '명기明基'는 저 혼자 이루어지지 않는다. 반드시 호위하는 용들이 따라와 혈장穴場을 위호衛護한다. 나는 주룡인 화산과 함께 하회 혈장을 위호하는 사방의 산들을 보면서 '용행천리지척상

봉룡행천리지척상봉逢龍行千里咫尺相逢'이라는 말을 떠올리곤 했다. 그리고 부용대에서 화천을 사이에 두고 서로 힘껏 포옹하면서 이마를 맞비비고 있는 화회를 내려다보다가 어떤 때는 주체하기 힘든 질투를 느꼈다. 아, 이놈들은 이리도 다정하거늘!

하회의 물길

부용대 위에 앉아서 오랫동안 하회를 내려다보면 여러 사실을 알 수 있다. 하회의 유적과 집의 위치, 그 땅에 어린 전설과 인물의 행적을 많이 알면 알수록 부용대에서 하회를 조망하는 맛은 더욱 각별하다. 휘영청 보름달이 뜨는 밤이나 눈발 속으로 잦아드는 하회를 부용대에서 바라보는 느낌은 무어라 형용할 방법이 없다.

〈하회 지형도〉를 참고하여 하회를 감아 흐르는 '화천'의 특별한 물길을 살펴보자. 물이 흐르는 곳에는 물의 공격을 받는 공격사면攻擊斜面(浸蝕斜面)과 공격사면의 반대쪽에 물이 운반해 온 것들이 쌓이는 퇴적사면堆積斜面이 있다. 공격을 받는 곳이 약할 경우 물은 그쪽으로 흐르게 되며 반대로 암반처럼 강하다면 침식되어 절벽을 이루고 물길은 반대편을 향하게 된다. 풍수에서는 물이 공격하는 것을 가리켜 '충衝'(冲)이라고 표현한다. 물이 '충'한 곳은 사람이 거처할 곳이 아니다. 그런 곳은 잠시 머물며 구경하는 자리일 뿐이다. 현장이나 지도에서 물길을 보는 것은 조금도 어려울 것이 없다. 유심히 보지 않고 깊이 생각하지 않은 채 그냥 스쳐보기 때문에 모를 뿐이다.

〈하회 지형도〉의 A, B, C, D, E, F, G, I 부분은 조밀한 등고선으로 표현되어 있는 데서 알 수 있듯이 침식사면의 절벽이다. A는 화산의 등이며 B, C는 병풍을 치듯 수직으로 깎인 병산屛山의 절벽이

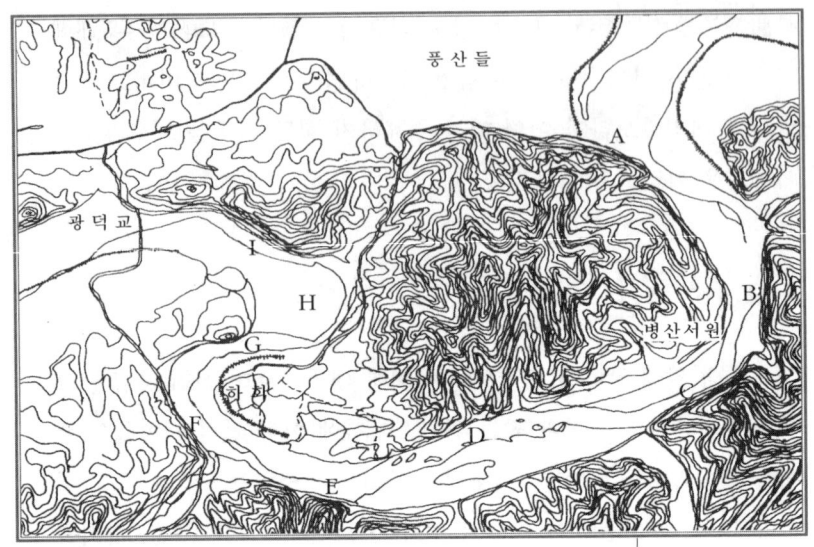

▲ 〈하회 지형도〉

며, C의 맞은편에는 병산서원이 있다. E는 남산 밑의 절벽인 팔선대八仙臺이고, F는 유성룡이 자신의 아호로 삼은 서애西厓이며, G는 부용대이다. 하회 물길의 절묘함은 E, F, G, H 부분에서 확연히 드러나는데 그 정점은 G와 H 부분이다.

    G와 H 부분의 물길이 특별하다고 하는 이유는 마을을 감아 도는 물이 혈장의 중심부인 마을 쪽으로 흐르지 않고 멀리 바깥을 향해 흐르기 때문이다. 다시 말하면 마을 쪽은 물의 공격을 전혀 받지 않는다. 이렇게 물이 혈의 바깥을 향하면서 둥글게 흐르는 것을 풍수에서는 시위를 당긴 활과 같다 하여 '궁수弓水'라 부른다. 궁수가

흐르는 안쪽은 음택이든 양택이든 명당이 된다.

궁수가 흐른다고 하여 그 안쪽이 모두 명당이 되는 것은 아니다. 궁수는 혈의 생성을 암시하는 하나의 증거일 뿐이며 궁수 그 자체가 혈을 의미하는 것은 아니기 때문이다. 하회 궁수의 백미는 부용대의 위치 및 그 크기와 높이에 있다. 〈하회 지형도〉를 보면서 부용대의 위치를 그 지점이 아닌 곳으로 이동시켜 물의 흐름을 상상해 보면 부용대의 가치를 쉽게 짐작할 수 있다. 만약 부용대가 F 쪽으로 치우치면 물은 마을을 휩쓸면서 진행할 것이 분명하다. 또한 H 방향으로 길게 나와 있다면 하회는 상습적 수해 지역이 될 것이다. 부용대 위에서 화천의 물길을 관찰하고 있으면 생각하면 할수록 부용대의 절묘함에 놀라움을 금할 수 없다. 땅은 신령할 따름이다.

남산과 서애를 치고 나오는 물은 부용대 아래의 깊은 소沼에 이르러 그 기세가 꺾인다. 부용대가 그만한 크기와 힘과 높이를 가지지 않았다면 벌써 침식되어 하회 땅과 함께 사라졌을 것이다. 또한 부용대가 있는 곳이 북쪽이기 때문에 그만한 크기와 높이가 아니라면 차가운 북풍이 몰아쳐 하회 땅은 추운 곳이 되었을 것이며 아울러 연화부수의 아름다운 돌혈도 형성하지 못하였을 것이다. 그랬다면 하회 명당도 존재하지 않았을 것이며 천리를 날아와 하회를 호위하는 청룡도 물을 만나 승천하는 기세를 잃고 한 마리 물뱀에 그치고 말았을 것이니, 어찌 부용대가 한낱 바위 덩어리일 뿐이겠는가!

부용대 아래에서 기세가 꺾인 물이 마을을 침범하지 못하게 하려면 물이 빠져나가는 곳이 넓어야 한다. 더구나 낙동강은 하상고도의 차가 작아 물의 흐름이 느리므로 빠른 유속으로 배수할 수 없으므로 물이 나가는 길이 넓어야 한다. 따라서 H 부분의 광활함이 어떻게 하회를 보호하는지 짐작하는 것은 어렵지 않다.

낙동강은 우리 나라의 대표적인 사행천이기 때문에 하회처럼 물이 감아 도는 곳이 많다. 그러나 이곳처럼 마을이 물가에 바짝 붙어 있는 곳은 아주 드물다. 더욱이 태극의 중심점인 황극皇極(有極)이 뚜렷이 형성된 곳은 거의 없다. 〈하회 지형도〉를 보면 부용대 근처를 중심으로 감아 도는 '산수태극山水太極' 형상에 황극점이 선명함을 알 수 있다.

이 정도면 화천의 흐름이 눈에 들어오고도 남음이 있다. 물길을 알고 나서 보는 하회 땅의 신묘함은 물길을 알기 전과 비교하면 그야말로 하늘과 땅 차이다. 그러나 하회 물길의 신묘함은 절대로 이 정도에서 그치지 않는다. 큰 강가에 명당이 만들어지기 위해서는 또 다른 안전 장치가 필요한 법이다. 하회는 간단한 땅이 아니다.

풍산들이 생긴 까닭

나는 산 밑 마을에서 청소년 시절을 보냈기 때문에 홍수의 위력을 몸으로 느껴 본 적이 거의 없다. 그러다 안동에 부임한 1980년 중반에 반변천의 홍수를 보았다. 당시에 낙강은 안동댐으로 막혀 있었지만 아직 임하댐은 없었다. 따라서 반 쪽짜리 홍수라 불러도 될 것이다. 그러나 반 쪽짜리 홍수이기는 하지만 낙동강 강둑에서 보는 물 구경은 정말로 대단했다. 그 넓은 강폭을 꽉 채우고 강둑에 넘실대는 황톳물의 위용은 참으로 무시무시하였다. 편안히 등을 기대고 앉아 TV에 나오는 한강의 홍수를 보는 것과는 차원이 달라도 한참 다른 것이었다.

그런 홍수가 낙동강을 휘돌아 더욱 세력이 커진 뒤 화천으로 흘러든다면 과연 하회는 무사할 수 있을까? 화천의 물길이 〈하회 지형도)의 E, F, G, I 부근을 흐르면서 드러내는 몇몇 특징만으로 큰 홍수를 견딜 수 있을까? 다시 말해 화천의 굽이 및 화천 정도의 강폭과 깊이로 낙동강의 홍수에서 하회를 완벽하게 보호할 수 있을까?

안 된다. 하회를 보호하는 것은 화천의 물길만으로는 부족하다. 낙동강은 화천의 물길만으로 감당하기에는 세력이 큰 강이다. 결국 홍수가 질 때 하회가 침수되지 않기 위해서는 화천으로 들어오는 강물의 양을 화천 상류에서부터 조절해야 한다는 결론에 이르게 된다. 그렇다면 그것은 가능한가? 물론 가능하다.

〈하회 지형도〉를 다시 한번 살펴보자. 화천으로 들어오는 낙동강 강물이 어디에서 저지되는가? 바로 B 지점으로, 병산의 입구이다. 그곳은 정확하게 '병목'을 하고 있으며 깎은 듯한 절벽을 이루고 있어 어떤 물의 침입도 막을 수 있는 지세이다. 그 병목이 홍수에서 하회를 보호한다. 즉 처음부터 화천으로 들어오는 물의 양을 조절하는 것이다. 게다가 A 지점에서 들어오는 물이 B에 이르면 거의 90도 가깝게 꺾이기 때문에 자연히 화천으로 들어오는 물은 급류가 되지 않는다. 그러므로 병목이 바로 하회를 홍수에서 보호하는 첨병尖兵이자 풍산들을 만드는 일등 공신인 것이다.

안동은 산악 지대이기에 넓은 들이나 평야가 없다. 그런데 풍산들은 산악 지방에 형성된 들치고는 아주 넓다. 어떻게 풍산에 그와 같은 넓은 들이 형성될 수 있었을까? 대체로 평야는 강물이 운반해 온 퇴적물이 쌓여 이루어진다. 풍산들로 들어오는 물은 두 줄기인데, 상리천上里川과 매곡천梅谷川이 바로 그것이다. 모두 학가산鶴駕山(870m)에서 발원하는데, 상리천은 대두서리와 상리하리를 거쳐 낙동강으로 들어가고, 매곡천은 만운리와 소산리를 거쳐 풍산들의 가운데를 통과하여 낙동강으로 들어간다. 그러나 이 두 내는 모두 세력이 약하여 운반해 온 퇴적물만으로는 풍산들처럼 큰 들을 만들 수 없다. 결국 풍산들은 낙동강이 풍산에서 범람하여 만들어진 들이다.

낙동강이 풍산에서 범람하는 이유는 바로 병산의 병목 때문이다. 낙강과 반변천의 홍수가 안동 시내에서 합쳐져 호호탕탕하게 병산에 다다르면 화천의 수문장인 병산에 막혀 풍산들로 역류한다. 역류하면서 상류에서 쓸려 온 돌과 자갈은 강바닥에 가라앉고 유기질이 풍부한 퇴적물만이 쌓이게 되므로 풍산들은 그야말로 옥토沃土가 된다. 이처럼 강물의 범람은 피해만 주는 것이 아니라 동시에 엄청난 혜택도 준다. 세상은 음양의 대대待對로 이루어지는 법이다.

안동의 유수한 가문들이 풍산들을 경제적 기반으로 하여 풍산들 주위에 포진하고 있으니, 풍산들의 남쪽을 막고 있는 화산과 화천이 주는 혜택은 하회만의 것이 아니다. 어찌 한 마을이나 한 가문만을 위하는 땅이 천하의 명당이 될 자격이 있겠는가? 화산花山은 하회만의 산이 아니다.

서출동류

하회의 물길이 특별하다는 점을 나타낼 때에 흔히 하는 이야기가 '낙동강 700리 중에서 오직 이곳 화천만이 서쪽에서 동쪽으로 흐른다' 는 것이다. 간혹 어떤 풍수가들은 명당수란 서쪽에서 동쪽으로 흐르는 물이라고 간주하여 명당수의 조건을 '서출동류西出東流' 라 표현한다. 우리 나라의 대표적 명당수로 꼽히는 것이 서울의 청계천이다. 청계천은 객수客水인 한강의 역수逆水이면서 또한 동류하는 물이므로 더욱 그 가치가 높다고 할 수 있다. 그래서 혹자는 약수

藥水도 산의 서쪽에서 솟는 물보다는 동쪽에서 용출하는 물이 더 효력이 있다고 여긴다. 방위와 관련된 물길에 관해서는 뒤에 상술하기로 하고 우선 서출동류란 크게 믿을 만한 것이 못 된다는 점만을 간단히 밝히고 가자.

우리 나라의 전체적 지형을 설명할 때 '경동지괴傾動地塊'란 말을 쓴다. 나도 학교에서 그렇게 배웠다. 경동지괴란 땅덩이의 한쪽이 단층면을 따라 솟아올라 가파른 단층애를 이루고, 반대쪽은 완만한 비탈로 되어 있는 지형을 말한다. 우리 나라 지형은 동쪽이 솟아오르고 서쪽은 완만한 경사를 이루는 경동지괴형이다. 그러므로 대부분의 강이 동쪽에서 서쪽으로 흐르게 된다. 따라서 우리 나라 강 중에는 서출동류하는 것이 드물다.

그런데, 중국의 강은 우리 나라 강과는 반대로 흐른다. 중국은 서쪽이 높고 동쪽이 낮은 경동지괴이므로 중국의 큰 강들 거의 전부가 서쪽에서 동쪽으로 흐른다. 황하가 그러하고 양자강이 그러하다. 두 강으로 흘러드는 지류들도 대개는 동쪽으로 흐른다. 당연히 중국인은 물이란 서쪽에서 동쪽으로 흐르는 것이라고 인식하게 되었고, 그런 상태의 물이 자연스럽고 좋다고 여겼기 때문에 '명당수는 서출동류한다'고 판단하였던 것이다. 이처럼 중국인이 생각하고 있는 자연스러운 물의 흐름을 우리가 받아들인 것일 뿐, 서출동류와 명당수는 무관하다. 역수逆水와 궁수는 대표적인 명당수이다. 하지만 서출동류한다고 해서 더 좋은 명당수인 것은 아니다.

만송정과 파구

부용대에서 하회를 볼 때, 바로 눈 아래로 보이는 소나무 숲이

'만송정'이다. 이 숲은 유운룡이 조성했다고 전해지며, 한때 '만송정萬松亭'이라는 이름의 정자가 있었다고 한다. 하회가 퇴적 지형은 아니지만 만송정 솔밭이 이루어지기 전까지, 그곳은 분명 모래땅이었을 것이다. 계곡이 아닌 강가에 더구나 모래사장에 소나무를 가꾸는 것은 엄청난 관심과 노력이 없으면 불가능한 일이다. 소나무는 그렇게 빨리 자라는 나무가 아니므로 그것이 숲을 이루기까지 기울인 정성이 어떠했으리라는 것은 짐작하기 어렵지 않다.

왜, 거기에 그토록 엄청난 노력을 기울여 숲을 만들었을까? 오래 생각할 것도 없다. 화천의 물길을 보면 된다. 숲은 홍수 때 범람을 막고 겨울의 북서풍까지 막아내는 역할을 겸했으리라. 그러나, 단지 그 뿐일까? 여기에도 풍수적 의미가 담겨 있다.

사람의 삶에 있어서 물은 땅 이상으로 필수불가결한 것이다. 그러므로 물의 상태와 물길을 보는 것은 풍수에서 가장 중요한 일 중의 하나다. "들어오는 물은 보여야 하고, 나가는 물은 보이지 않아야 한다." 이것이 물길에 관한 첫 번째 풍수 격언이다. 물이 들어오는 것을 볼 수 있어야 미리 방비를 할 수 있다. 물론 쏘는 듯이 들어오는 물은 나쁘다. 정이 있어야 한다. 들어오는 물과 나가는 물은 다르다. 나가는 물을 오래 그리고 자주 보고 있으면 마음이 허전해지고 정신을 가누기 어려워진다. 그러기에 나가는 물은 보이지 않는 것이 좋다.

수구水口는 내명당이나 외명당의 물이 만나는 곳으로 합수처合水處·합수머리·두물모지 등으로도 불린다. 합수하든 그렇지 않든 명당의 바깥으로 물이 빠져나가는 것이 보이는 마지막 지점을 '파破' 또는 '파구破口'라 한다. 수구나 파구가 허할 때 인위적으로 보충하는 것을 '수구막이'라 한다. 비보裨補 중 가장 흔한 것이

동수洞藪와 수구를 막는 수구막이이다. 봉정사 조탑이 바로 이 수구막이에 해당한다. 또한 만송정 솔숲도 파구의 허함을 막은 수구막이 비보 숲이다. 그 기능은 임하면 천전리川前里 서쪽 반변천 가, 지금의 임하댐 역조정지댐 안에 있는 개호송開湖松과 같다. 리기풍수理氣風水와 관련된 물길과 수구 그리고 파구에 대해서는 나중에 상술하기로 하고, 먼저 하회 땅을 살펴보자.

설화

설화說話는 이야기다. 숱한 이야기 가운데 오랜 세월 동안 생명력을 유지하며 지금까지 전해오고 있는 옛날 이야기가 설화다. 설화는 한 민족 안에서 꾸준히 이어져 온 이야기로 신화·전설·민담을 포함하므로 거기에는 그 민족의 가치관과 생활상이 담겨 있다.

안동대학교 민속학과의 임재해林在海 교수는 「설화에 나타난 자연 친화적 성격과 한국인의 자연관」[15]에서 "설화는 인간이 그려낼 수 있는 창조적 상상력을 아무런 막힘 없이 자유롭게 펼칠 수 있는 열린 세계이다. 설화의 세계가 제멋대로 상상력을 펼치더라도 설화로서 존재하고 살아 있게 하는 것은 그 설화를 이야기하고 듣는 사람들이 서로 공감하기 때문이다. 설화와 같이 구비口碑 전승되며 공동작으로 형성된 구비 문학 작품에는 전승 공동체 전체의 공통된 생각이 담겨 있어 쉽게 한국인의 보편적 생각으로 받아들일 수 있다"고 설화의 성격을 설명하였다.

우리 나라 전래의 설화 가운데 상당 부분을 차지하는 것이 '풍수

---

15) 『인간과 자연이 함께하는 국학』(안동대학교 국학부, 1999)

설화'다. 이는 풍수적 사고가 우리 민족의 일반적이고 공통적인 사고 방식이었음을 증명한다. 장장식張長植은 『한국의 풍수설화 연구』(민속원, 1995)에서 "행복은 모든 인간이 추구하는 것인데, 이를 실현하기 위하여 민중은 풍수설을 깊게 믿고 적극적으로 활용하였다. 그리하여 풍수 논리가 우리 민족의 신앙과 생활사에 절대적인 영향을 끼치게 되었다"고 하였다.

풍수는 무속·점복 신앙과 함께 우리 나라 민간 신앙의 3대 축이다. 설화를 연구하는 사람들, 나아가 우리 민속에 관심을 갖는 사람들은 절대로 풍수를 도외시할 수 없다. 양量과 재미, 도덕적 교훈과 공감대 형성에 있어서 풍수 설화만큼 영향력 있는 이야기가 별로 없기 때문이다. 이에 대해 신월균은 『풍수설화』(밀알, 1994)에서 "우리 나라의 대표적 설화는 풍수 설화이다. 풍수지리설은 고대로부터 오늘에 이르기까지 우리 민족 의식의 기층을 이루어 온 사상이며 속신俗信이다. 현세의 구복을 궁극의 목적으로 한다는 점에서 민간 신앙의 측면이 두드러지나 신비 체험이 아닌 음양 오행의 논리와 직관을 바탕으로 한다는 점에서 무속·점복보다는 과학적인 것으로 인식되어 왔다"고 밝히고 있다.

풍산 유씨 하회 입향 설화

하회는 절지絕地이다. 강이 삼면을 빙 둘러싸고 있어 배를 타야만 오갈 수 있으며, 예전에는 풍산 쪽으로 나가는 길도 절벽 위의 오솔길뿐이었다. 또한 많은 사람이 살면서도 농사를 지을 만한 크기의 경작지는 없다. 그러므로 하회의 자연 조건은 자급자족의 농경 생활을 영위하기에는 매우 불리하였으며, 그것은 오늘날에도 마찬

가지다. 다시 말하면 하회는 피난지나 은둔처로서는 알맞지만 생활 공간으로서는 적합하지 않다는 것이다. 즉 하회는 생활의 터전으로서는 명당이라고 할 수 없다.

그런데 하회는 600여 년의 역사를 가진 매우 유서 깊은 마을이다. 또한 많은 인물을 배출하여 어느 모로 보나 안동의 대표적 반촌 가운데 하나이다. 그만한 역사와 인물을 낳은 곳에는 항용 그만한 신이한 이야기들이 함께하는 법이다. 하회에도 많은 이야기들이 그 땅의 세월만큼이나 얽혀 있다. 부용대 위에서 하회 마을을 내려다보면서 그 땅에 깃들인 설화를 음미해 보자.

하회와 관련된 설화 가운데 가장 널리 알려진 것이 풍산 유씨 하회 입향 설화인데, 이 이야기는 늘 "허씨 문전에, 안씨 터전에, 유씨 배판杯盤"이라는 말로 시작된다. 배판에 대해 임재해는 '잔치판'이라 해석했고, 서수용은 배반胚盤이라고 보아 배아胚芽·배자胚子에서처럼 '알눈'으로 간주했는데 누구의 견해가 맞는 것인지는 모르겠다. 어떻게 해석하든 결과는 비슷하다. 설화에 따르면 하회에는 처음 허씨가 정착했는데 그 시기는 대략 고려 중엽이라고 한다. 그 뒤 다시 안씨가 터전을 잡았으나 영광을 보지 못하다가 유씨가 덕을 베풀어 땅을 차지한 후에는 하회 명당의 모든 발복을 누리게 되었다고 한다. 현재의 풍산 유씨들이 이곳에 정착하게 되는 과정을 잘 알려진 이야기를 통해 차근차근 살펴보자.

하회의 입향 시조는 공조전서工曹典書 유종혜柳從惠이다. 그가 하회 마을에 자리잡기 전까지 유씨들은 풍산읍 상리上里에 살았다. 상리 어디쯤인지는 모르겠지만 7대를 사는 동안 인구가 증가하여 살기에 적합하지 않다고 판단하고 후손을 위해 새로운 곳을 찾게 되었다.

고려 초에는 최고 행정 기관으로 여섯 관아를 두었으며, 이를 '육관六官' 또는 '육부六部'라 불렀다. 그 뒤 고려 말에 이르러 육조六曹로 개명하였는데 조선조에서는 거의 육조로 통용되었다. 전서典書는 고려 말 충렬왕 때 상서尙書를 고친 이름으로 육조의 책임자를 일컫는 벼슬이다. 그러니까 공조전서는 지금의 건교부 장관에 해당한다. 하회의 입향 시조인 전서공의 행적과 생몰 연대 등은 잘 알려져 있지 않다. 벼슬 이름으로 미루어 고려 말의 인물로 추정할 뿐이다.

현재 살고 있는 곳이 여러 이유로 적합하지 않아 삶터를 옮긴다는 이야기는 거의 모든 이주설화移住說話에 등장한다. 한 가지 이해하기 힘든 이야기는 풍산이 살기에 적합하지 않아 이주하였다는 것이다. 풍산은 안동 부근에서 가장 넓은 들판이 있는 곳으로서 경제적 부를 누릴 수 있는 최적지 중의 하나이다. 그런데도 불구하고 풍산에서 이주했다는 것은 당시 풍산들에 아직 생산 기반이 갖추어지지 않았던 것이 아닌가 추측하게 한다. 그러나 유종혜는 이미 풍산의 대부호였다는 것이 정설이고, 뒤에 나오는 적선설화積善說話를 보면 상당한 경제적 기반이 없으면 할 수 없는 일을 했음이 드러나니, 이주를 하게 된 동기가 경제적 이유에서만은 아니었던 듯하다.

전서공은 3년 동안 매일같이 하회 마을 뒤에 있는 화산을 오르내리면서 터가 좋은 곳을 찾았다. 홍수가 날 때 마을이 얼마나 잠기는지, 논밭은 충분한지, 산에 땔감은 충분히 있는지 등을 자세히 관찰한 뒤 현재의 하회 마을에 정착했다. 화산의 중턱에는 이미 허씨와 안씨가 살고 있었는데, 전서공은 일반적으로 마을이 많이 자리잡은 산중턱보다는 강가의 조그만 언덕을 택했다. 그곳은 원래 절터였는데 폐허가 되어 다래 넝쿨로 덮여 있었다.

화산에 올라서서 사방을 살펴보면 풍산들을 제외하고 사람이 살 만한 곳은 하회뿐이다. 이미 허씨와 안씨가 살고 있는 하회에 다시 많은 사람들이 이주하여 풍요로운 삶을 일구며 살기에는 하회 땅이 너무 작다. 하회에는 부농이 경영할 만한 논밭이 없다. 비록 갑술년 甲戌年(1934) 대홍수 때 상당량의 농경지가 유실되었다고는 하지만, 그런 경작지는 어차피 만수 때 수몰되는 댐 주변의 논밭처럼 믿을 것이 못 되는 것이다. 그러므로 허씨와 안씨만 살기에도 좁은 땅이다. 그곳에 다시 유씨들이 비집고 들어갔다는 것은 은둔이나 피난이 아니라면 '풍수 명당 발복 사상' 이외의 다른 논리로는 설명할 길이 없다. 더군다나 작은 언덕이라고는 하나 누구나 선뜻 살기를 꺼려하는 강가에 삶터를 정한 것은 실로 획기적인 사건이다.

일반적인 마을 형태는 배산임수背山臨水이다. 이러한 형태는 마을 뒤에 산이 있고 앞으로는 농경지가 펼쳐지며 그 멀리 바깥으로 물이 감아 흐르는 것이 기본이다. 보통의 경우라면 당연히 허씨나 안씨가 자리잡은 산 중턱에 집을 지었을 것이다. 하지만 하회 마을은 이러한 일반적인 터 잡기 방식을 무시한 채 강가에 바짝 붙어 이루어졌으며 농경지도 마을 뒤쪽 산에 있다.

3년 동안 살피는 것만으로는 홍수로 강이 범람하여 생명과 삶터를 몽땅 잃어버릴지도 모르는 위험에서 벗어날 수 없다. 강가는 사람이 살 곳이 못 된다. 그럼에도 불구하고 유종혜가 강가에 삶터를 정한 뒤 수백 년 동안 마을이 잠기는 수해를 입지 않은 것은 앞에서 살펴본 부용대와 화천의 절묘한 물길 때문이다. 하지만 그보다 더 중요한 사실은 그 강가의 언덕이 바로 풍수학상 '돌혈突穴'의 명당이라는 것이다. 그리고 그 사실이야말로 '하회다움'의 백미이다.

전서공이 절터 옆에 나무를 베고 집을 짓기 시작했는데 집이 거의 완성되었을 때 아무 이유 없이 집이 무너졌다. 다시 집을 지었으나 같은 일이 여러 번 반복되었다. 이에 전서공이 고심하였는데, 어느 날 꿈에 할머니 한 분이 나타나 "이런 좋은 터의 임자가 되기 위해서는 2년 동안 사람들에게 공덕을 쌓아야 한다"고 일러주었다. 그 할머니의 가르침대로 전서공은 고개 밖의 마을로 나가 원두막을 짓고 오가는 사람들에게 밥도 주고, 신발도 주고, 잠도 재워 주며 적선을 하였다. 그러기를 3년, 다시 할머니가 꿈에 나타나 "이제 되었으니 가서 집을 지어라"고 하니 비로소 진서공이 지금의 종가인 양진당養眞堂을 완성했다.

『주역』의 「곤괘」에 보면 "착한 일을 많이 한 집안은 반드시 앞날에 경사스러운 일이 있다"는 구절이 나온다. 그 구절의 일부분을 옮겨 보았다.

땅의 길이 진실로 유순하도다! 하늘의 베풂을 받들어 철 따라 알맞게 쓰도다. '착한 일을 오래하는 집안은 반드시 앞날에 경사스러운 일이 있으며', 모진 일을 많이 하는 집안은 반드시 미래에 재앙을 입는다. 신하가 임금을 죽이고 자식이 어버이를 해치는 것은 어느 날 갑자기 일어나는 변고가 아니라 그 일이 일어난 연유가 점점 쌓였기 때문이거늘 밝히기를 일찍 하지 않았기 때문이다. 역에 '서리를 밟으면 곧 단단한 얼음이 어는 철이 온다'고 하였으니 이는 그 점점 나아가게 됨을 말한 것이다.[16]

그렇다. '적선지가積善之家, 필유여경必有餘慶'이며 '바늘 도둑이 소 도둑' 되는 법이다. 착한 사람이 복을 받아야 한다는 이 명제

---

16) 『周易』, 「坤卦」, "坤道其順乎! 承天而時行. '積善之家, 必有餘慶.' 積不善之家, 必有餘殃. 臣弒其君, 子弒其父, 非一朝一夕之故, 其所由來者, 漸矣. 由辨之不早辨也. 易曰, 履霜堅氷至, 蓋言順也."

는 당위로서 사람 사는 세상 어디에서나 공통적인 기본 도덕이다. 비록 그렇지 않다고 믿는 사람이 있을지라도 그 사실이 예나 지금이나 진리임에는 변함이 없다. 유종혜가 좋은 땅을 차지하기 위해 3년 동안 선행을 베풀었다는 이 이야기는 땅이 스스로 사람을 가려 뽑았다는 뜻이다. 아무나 좋은 땅을 차지할 수는 없는 법이다.

그렇게 하는 사이에 산 중턱의 안씨와 허씨 마을은 없어졌지만 전서공이 좋은 터를 잡은 덕분에 유씨는 이곳의 정기를 받아 집을 지은 지 8대째에 훌륭한 인물을 낳았으니, 겸암謙巖 유운룡柳雲龍(1539, 중종 34~1601, 선조 34)과 동생인 문충공文忠公 서애西厓 유성룡柳成龍(1542, 중종 37~1607, 선조 40)이 그 분들이다.

결국 '좋은 터를 잡은 덕분에 훌륭한 인물이 나왔다'는 것이 하회 설화의 결론이며, 그것은 정확하게 풍수의 명당 발복 사상이다. 이런 종류의 다양한 풍수 설화는 '선행→명당 획득→명당 발복' 이라는 공통된 구조를 갖고 있다. 이야기의 무게 중심을 명당 획득으로 인한 발복에 두기 쉽지만, 사실 이런 종류의 설화에 내포된 가치는 선행에 있다. 요즘은 선행과 발복의 인과 관계를 믿는 사람이 적다. 하지만 풍수 설화가 사실로 인식되어 성행하던 시절에는 분명 풍수 사상이 일정 부분 사회적 도덕을 고양시키는 순기능을 담당하고 있었다. 물론 풍수에는 역기능도 있다. 순기능을 살리고 역기능을 버리면 풍수의 가르침은 지금도 여전히 유효한 삶의 지침이 된다.

언제 어느 사회에나 '금기禁忌'는 있다. 금기는 곧 그것을 믿는 사람들의 행동 지침이며, 윤리와 도덕의 실체이다. 이는 공동체의 결속을 다지고 안녕을 추구하기 위한 방법이다. 그러므로 금기는 그것을 준수하는 자에게는 복이, 어기는 자에게는 벌이 따른다고 가르친다. 풍수 설화에는 우리 민족의 뿌리깊은 금기가 들어 있다.

예를 들어 풍수 설화에는 자연을 해치는 일이야말로 가장 큰 죄악이라는 농경 사회의 금기가 담겨 있다. '혈穴을 지른 자리에서 피가 나왔다'는 숱한 이야기는 객관적 사실의 문제가 아니라 그렇게 이해하면서 사는 사람들의 의식 구조를 나타낸 것이다. 하회의 형국 이름에서 그와 같은 자연 동화의 금기와 희망을 읽어내지 못한 채 사실 여부를 따지는 사람은 하회 땅을 볼 자격이 없다. 아니, 어쩌면 땅 위에서 살 자격이 없다. 사람이 어디에서 나와 살다가 어디로 돌아가는가? 금기를 미신으로 몰아내고 그 자리를 차지한 이성理性과 과학이 일군 현대 문명의 편리함은 과연 우리의 삶을 얼마나 인간답게 만들었는가? 임재해의 깨달음을 들어보자.

> 나는 사람을 죽이는 합리성이나 인류를 멸망하게 하는 과학보다 오히려 사람을 살리는 주술 또는 인류를 지속 가능하게 하는 미신이 더 바람직한 문화라고 판단한다. 따라서 풍수지리설이 미신이라고 해도 나는 좋다. 풍수지리설에 의한 자연 이해 방식은 나에게 명당 고르는 법이 아니라, 자연과 더불어 공생하는 지속 가능한 삶의 철학을 일깨워 주었다. 다시 말하면 풍수지리설은 명당 잡는 법이 아니라 자연 친화적 삶의 방법이며, 좋은 터를 발견하는 술법적 이치가 아니라 생명 윤리에 맞게 성숙한 삶을 실천하게 하는 생태학적 이치이다.[17]

풍수를 하는 사람이든 아니든 많은 사람들이 갖고 있는 수수께끼 중의 하나는 진짜로 명당에는 발복의 힘이 있어 훌륭한 인물이 태어

---

17) 임재해, 「풍수지리설의 생태학적 이해와 한국인의 자연관」, 『韓國民俗學報』 제9집 (한국민속학회, 1998).

나는가, 아니면 훌륭한 인물이 태어났기 때문에 그곳이 명당이 되는 가 하는 것이다. 이 두 가지 의문은 상호 보완적이며 상관 관계가 아주 밀접하다. 이것이 바로 '인걸지령' 이라는 말로 대변되는 지인상 관론地人相關論과 인물풍수론人物風水論이다.

그러나 그것을 명확하게 입증할 수는 없다. 다만 훌륭한 인물이 땅을 명당으로 만들지만 훌륭한 인물의 배출과 무관하게 명당이 그 자체로 존재한다는 사실을 염두에 둘 필요가 있다. 더욱이 훌륭한 인물이란 역사에 이름을 남기고 뛰어난 능력을 발휘한 사람만을 의미하지 않는다. 건강한 땅에서 건전한 생활을 영위하는 대다수 민중이 바로 '뛰어난 인물' 이고 보면 어쩌면 명당은 그렇게 귀한 것이 아닐지도 모른다.

물형론

풍수 물형론物形論은 형국론形局論과 같은 뜻이다. 물형은 산천의 형세를 사물의 형태에 유비類比하는 것이다. 만물은 하늘과 땅의 기운을 나누어 가지고 있다. 그러므로 어떤 곳의 모양이 그렇게 된 데에는 그렇게 된 까닭이 있으며, 또한 그 모양은 모양과 유사한 기운을 가지고 있다. 좋은 모양(形, 象) 속에는 좋은 힘(氣, 精)이 있으므로 그 힘을 나에게 유리한 쪽으로 유도하여 생활의 활력과 위안을 찾고자 하는 것이 바로 '물형론' 이다.

좋은 모양(명당)은 분명히 있다. 명당 발복의 심리는 자연 숭배 사상이며 정령精靈 신앙(Animism)이며 또한 주술呪術(Magic)이다. 정령 신앙은 자연계의 모든 존재가 힘과 영혼을 가지고 있다는 믿음이다. 파도가 치는 것은 그냥 제멋대로 치는 것이 아니라 그렇게

치는 뜻이 있는 것이며, 그 힘은 인간의 능력을 벗어난 것이다. 그러므로 사나운 파도를 달래기 위해 심청沈淸이 인당수에 몸을 던진 것이다.

주술은 자연이 가지고 있는 초인적 힘이나 불가사의한 초자연적 현상을 자기 편으로 유도하고 조작함으로써 복을 빌고 재앙을 물리쳐 자연의 노여움으로부터 자신을 지키려는 노력이다. 이는 아주 단순하고 소박한 믿음이며 그 종류는 헤아릴 수 없을 만큼 다양하다. 또한 주술은 인류의 기원과 함께 출발하여 인간이 존재하는 한 지속될 기본적이고 공통적인 믿음이며 모든 종교적 사유의 원형이다.

풍수 형국론은 '유감주술類感呪術'(Homeopathic magic)의 일종이다. 유감주술은 '모방주술模倣呪術'(Imitative magic)이라고도 하는데, 유사한 것은 유사한 것을 발생시키고 그 결과는 원인과 유사하다는 원리에 바탕을 두고 있다. 가뭄이 심할 때 민간에서 병에 물을 넣고 솔잎으로 주둥이를 막아 대문 곁에 거꾸로 매달아 두고 한 방울씩 물이 떨어지게 하여 빗방울을 상징함으로써 비가 오기를 기원하는 것도 일종의 유감주술이다.

하회의 별칭 그 둘, '행주형'

강이나 내를 따라 형성된 지세를 형국론에서는 흔히 '행주형行舟形'이라고 한다. 부용대에서 오른쪽으로 하회를 내려다보면 하회를 가리켜 왜 행주형이라고 부르는지 금방 알 수 있다. 하회는 항구에서 이제 막 물살을 헤치며 나아가려는 뱃머리 모양이 분명하다.

배는 어떤 것과 유사한가? 항구에 정박했다가 떠나가려는 배에는 사람과 재물이 가득 실려 있다. 그러므로 배는 자손의 번성함과 재

▲ 하늘에서 본 하회

물의 풍요로움을 상징한다고 볼 수 있다. 행주형의 땅은 대개 배가 진행하는 방향 쪽으로 발전하는 법이다. 화산 중턱에서 시작된 허씨와 안씨의 정착이 실패로 끝나고 뱃머리에 터를 잡은 유씨에 이르러 그 땅의 소응昭應이 꽃을 피웠다는 하회 설화는 행주行舟 형국과 어울려 묘한 울림을 갖는다.

　행주 형국의 땅에 빠지지 않고 등장하는 이야기가 바로 '우물을 파지 말라'는 것이다. 배 모양의 땅에 우물을 파는 것은 배 밑창을 뚫는 것과 마찬가지다. 배에 타고 있는 사람의 입장에서는 선박의 바닥이 뚫려 물에 가라앉게 되는 것보다 더 큰 재앙은 없다. 실제로 행주형의 땅은 퇴적 지형이 많기 때문에 그런 땅에서 나는 물은 대체로 맛이 없고, 때로는 그 물 때문에 병을 얻기까지 한다. 이러한 경험적 사실은 현대의 자연 과학적 지식으로도 충분히 설명이 가능하다.

앞에서 살펴본 대로 강이나 하천에 접한 땅은 반드시 물의 공격(衝)에 노출된 침식 사면과 물이 운반해 온 것들이 쌓이는 퇴적 사면을 갖게 된다. 침식 사면에는 사람이 거처할 수 없으므로 퇴적 사면에서 살아야 하는데 하천에 의해 운반되어 낮은 곳에 쌓여 만들어지는 충적토沖積土는 자갈·모래·진흙 등으로 이루어지는 경우가 대부분이기 때문에 부드러운 땅의 성질상 농토로 많이 이용된다. 하지만 퇴적되었다는 말은 곧 물이 범람하여 만들어진 땅이라는 것과 같은 뜻이므로 항상 수해의 위험이 도사리고 있어 사람이 살기에는 아주 부적합하다. 또한 그런 땅은 유기물이 풍부하여 물맛도 없고 또 물이 부패하기 쉽기 때문에 식수로 사용하면 자칫 병을 부르기 쉽다. 그러므로 제방을 쌓아 홍수의 피해를 다소 벗어났다 하더라도 강가의 퇴적 지형은 사람이 살 만한 곳이 못 된다. 우리 나라의 집중 호우는 사람의 힘으로 어떻게 할 수 있는 성질의 것이 아니다.

그러나 하회는 다르다. 무엇보다 하회에는 범람의 위험이 없다. 이는 곧 그곳이 하천의 운반에 의해 퇴적되어 이루어진 땅이 아니라는 뜻이다. 낮고 평평하거나 우묵한 땅이 아니라 가운데가 사방 어느 곳보다도 높아서 불룩한 땅 즉 산이다. 강가의 하회 혈처는 주산인 화산이 자신의 기운을 흘려 보내 강가에서 지기를 응결시킨 명당이다. 그곳은 엄연한 '산山'이다. 이 사실이야말로 하회가 '천하 명당'의 반열에 오르게 된 소이연所以然의 핵심이다. 이렇게 사방이 낮고 가운데가 불룩하며 평평한 땅이 '혈형사대격穴形四大格' 중의 '돌혈突穴'이다.

돌혈

무수한 혈穴의 모양은 크게 와窩·겸鉗·유乳·돌突의 네 가지 형태로 구분된다. 와혈과 겸혈은 형제 사이이며 유혈과 돌혈은 자매 사이라는 것이 내 느낌이다. 즉, 와와 겸이 서로 비슷하고 유와 돌이 서로 비슷하다. 물론 여기에는 나름의 엄격한 구분 기준이 있다. 그러나 기본적으로 와는 겸과, 유는 돌과 그 형태가 서로 비슷하다. 다음은 『인자수지』의 돌혈 그림과 그 설명이다

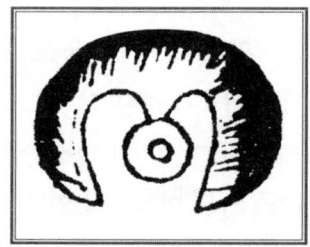
▲ 돌혈1

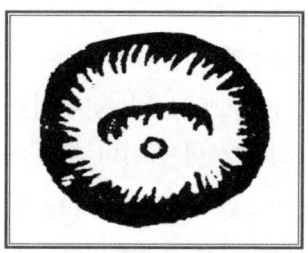
▲ 돌혈2

돌혈은 솥을 뒤집어 놓은 것 같으니 그 산마루가 혈처이다. 돌혈의 다른 이름은 아란鵝卵(거위 알)·용주龍珠·자미紫微(북두칠성)·왕룡旺龍 등인데, 모두 혈성穴星이 평탄한 중에서 돌기突起한 것을 말한다. 땅에 상서로운 기운이 있기 때문에 흙을 일으킨 것이다. 이 혈형은 평지나 고산高山에 다 있는데 평지에 더 많다. 높은 산의 돌혈은 장풍藏風을 요하므로 반드시 좌우를 싸주어야 하며 홀로 노출되어 바람을 맞아 생기가 흩어지는 것을 대단히 꺼린다. 평지의 돌혈은 홀연히 솟은 것이니 무엇보다도 득수得水가 중요하다. 수계水界가 명백하고 내맥來脈이 분명하며 물이 모이고 둘러싸 좌우가 다 평탄하면 더욱 좋다. 대개 평지의 바람은 지면을 따라 불기 마련이므로 바람은 걱정하지 않아도 된다. 솟아오른 돌혈은 정기가 가운데에 엉켜 모이고 나머지 기운은 밖으로 널리 가득 차는 것이다. 중요한 것은 얼굴(面)이 크고 둥글어야 하며 형체가 빼어나야 한다는 것이다.

위의 그림과 설명을 10년 동안 들여다보아도 돌혈을 이해할 수는 없다. 반복되는 말이지만 혈형을 그리고 설명할 때 다른 방법이 없는 것이 안타까울 뿐이다. 모형을 만들면 어느 정도는 근접하겠지만 역시 현장의 복잡 다기한 모습을 표현할 수는 없다. 그러므로 현장을 열심히 다니는 수밖에 없다.

위의 설명을 부연하면 돌혈은 가마솥을 뒤집어 놓은 것처럼 '가운데가 높고 사방으로 점차 낮아지는 지형' 이다. 그러므로 돌혈은 당판의 중앙이 가장 높아 당판의 가운데가 우묵한 와혈窩穴과는 서로 반대가 된다.

하회는 배 모양의 땅이므로 배를 가라앉게 만드는 우물을 파서는 안 된다고 한다. 우물을 파서는 안 되는 이유가 하나 더 있는데, 하회 땅의 형상이 다리미 형태이기 때문이라는 것이다. 다리미에 물이 들어오면 불이 꺼진다는 것은 삼척동자도 아는 사실이다. 예전에는 다리미에 숯불을 담아 그 열로 옷을 다렸다. 당시의 다리미에는 조금 긴 손잡이가 달려 있었는데 그 모양이 마치 북두칠성과 흡사하기 때문에 돌혈을 달리 '자미' 라 부른 것이다. 돌혈의 땅 모양은 북두칠성이나 다리미를 엎어놓은 것처럼 중앙이 높고 평평한 특징을 나타낸다. 부용대에서 하회를 자세히 관찰해 보면 화산에서 내려온 내룡이 다리미의 손잡이 같고 강가의 하회 마을이 다리미를 엎어놓은 것처럼 평평하다는 것을 알 수 있는데, 혈처穴處인 중앙이 조금 볼록한 형태라는 것을 느낄 수 있다. 그래서 화회의 풍수형국명 중에 '금두형金斗形' 이란 것이 나오게 된 것이다. 금두란 다리미의 별칭이다.

'높은 산의 돌혈은 반드시 장풍을 필요로 한다' 는 말은 고산은 바람을 맞기 쉬운데다가 돌혈 또한 중앙이 높으므로 장풍이 되지 않으면 풍살風殺을 맞을 위험이 크다는 뜻이다. 반면, '평지 돌혈은 바람을 걱정할 필요가 없다' 는 말은 평지에 부는 바람은 그 기세가 사납지 않고 오히려 시원한 느낌을 주고 또 지면을 따라 불기 때문에 사방보다 더 높은 돌혈에 미치는 영향이 크지 않다는 뜻이다.

하회는 득수를 한 돌혈이며 동시에 주위의 산으로 둘러싸여 있어 장풍까지 겸비했다고 할 수 있다. 부용대에서 하회를 오랫동안 내려다보면 풍남 초등학교 건물 뒤쪽이 가장 높다는 것을 알 수 있다.[18] 그러나 하회에 들어가면 그 사실을 알아채기란 어렵다. 그것은 돌혈의 당판이 위가 심하게 불룩한 것이 아니라 거의 평탄하다고 느낄 정도로 경사가 완만하기 때문이다. 더군다나 하회는 아주 큰 대돌大突이다. 작은 돌혈, 예를 들어 정자나 산소 자리 같으면 한눈에 전체의 모습을 파악할 수 있지만 하회처럼 넓은 땅에서는 그 안에서 전체적 형태를 파악하기 어렵다. 부용대가 하회에 있다는 것은 마을 사람들에게뿐 아니라 풍수학인에게는 하늘이 주신 선물이다.

돌혈 당판

돌혈의 중심부 즉 당판이 어떤 형태인지 조금 더 자세히 알아보기 위해 김두규의 『한국풍수의 허와 실』(동학사, 1995)에 있는 〈돌혈 당판도〉와 그 설명을 살펴보겠다.

---

18) 2000년 여름에 풍남 초등학교가 철거되었다. 학교 터는 아직 비어 있는데 부용대 바로 아래로 보이는 燕坐樓 옆의 공터이므로 쉽게 찾을 수 있다.

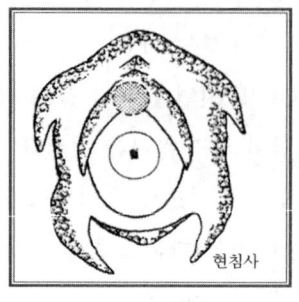

'돌突'이란 평지 돌출로서, 혈의 중심 부분이 사방 주변보다 높고 평평하다. 거북의 등이나 엎어놓은 가마솥 형상이다. 돌유현침突有懸針이니 거북이의 다리처럼 사방에 지각肢脚이 뻗어 있으면 더욱 확실하다.

▲ 〈돌혈 당판도〉

    현침이란 '침처럼 작게 달려 있다'는 뜻으로 현침사懸針砂를 말한다. 혈이 이루어지면 그곳이 혈이라는 여러 증거가 나타난다. 증거의 종류는 매우 다양하다. 일정한 시간이 지나서 혈을 보는 눈이 뜨이게 되면 그런 증거들을 한눈에 판단할 수 있게 된다. 하지만 그렇게 되기 전까지는 혈의 주변을 세심하게 관찰하는 습관을 길러야 한다. 실제의 땅은 그림이나 손 안의 장난감처럼 조그마하지도 않으며, 그렇다고 그림처럼 단순하고 선명하지도 않다. 그러므로 현장에서 땅의 모양을 파악하기 위해서는 상당히 오랫동안의 훈련 과정이 필요하다.

    돌혈 당판에는 당판을 지지하는 다리 즉 '지각肢脚'이 있다. 그 다리가 전체 땅의 크기에 비해 그다지 크지 않기 때문에 '침'이라고 표현한 것이다. 거북이의 몸 전체에서 네 개의 다리가 차지하는 비중을 연상하면 왜 '현침'이라 표현하였는지 쉽게 이해할 수 있을 것이다. 그러나 실제 땅이 침처럼 생긴 것은 아니다. 현침사의 위치는 당판의 모퉁이에 있다. 모퉁이란 동서남북의 정방正方이 아니라 북동쪽에 있다는 뜻이다. 물론 이 방향은 실제의 방향을 가리키는 것이 아니라 당판의 중심에서 볼 때 지각이 뻗어 있는 방향을 가리킨다. 현침사가 네 개 다 있는 곳은 아주 드물고 대개는 두 개 정도가 있는데, 하나도 없는 곳도 많다. 높은 산에 형성되는 유혈乳穴에도 지각이 있는데 돌혈의 현침과는 다르다. 그것을 구별하기는 매우 까다로우므로 조심해야 한다. 하회에는 현침사가 없다.

거듭 말하거니와 앞의 돌혈 그림과 〈돌혈 당판도〉를 아무리 보고 있어도 돌혈을 이해할 수는 없다. 실재하는 돌혈의 땅을 찾아다니면서 느낌이 올 때까지 쉬지 않고 답산을 하는 수밖에 없다. 실제의 땅을 이해하게 되면 그림도 이해할 수 있게 될 것이다. 유혈도 돌혈과 비슷한데 돌혈이 유혈에 비해 조금 평탄한 편이고, 유혈은 돌혈에 비해 동글동글한 느낌이 강하다. 그러나 그 차이를 아는 것은 상당한 경험을 필요로 하니, 말로 설명할 수 있는 일이 아니다. 언제나 그렇듯이 내가 체험하지 않은 진리는 진리가 아니다.

하회의 별칭 그 셋, '연화부수'

하회의 풍수적 형국을 이야기할 때 가장 많이 거론하는 것이 '연화부수蓮花浮水'이다. 그 이유는 아마도 이름이 주는 느낌이 좋기 때문일 것이다. 석존이 연꽃을 들었을 때 두타제일頭陀第一 마하가섭摩訶迦葉이 미소를 지은 이후 연꽃은 불교의 진리이자 깨달음의 경지를 상징하게 되었다. 그 뒤로 진흙 속에서 피어나는 아름다운 연꽃의 이미지는 다른 어떤 꽃보다도 강렬하게 사람의 마음을 사로잡게 되었다. 아마 국화나 매화가 그에 비견될 수 있겠지만, 그 느낌은 다르다.

하회에 들어가서 사방을 둘러보면 오똑한 산들이 둘러싸고 있음을 알 수 있다. 주산인 화산이 동쪽에 솟아 있고 서쪽의 서애西厓, 남쪽의 남산南山, 북쪽의 부용대가 사방을 에워싸고 있다. 사방의 산들은 높은 산은 조금 멀리 있고 가까운 산은 상대적으로 조금 낮아서 하회의 중심에서 산들을 바라보면 산 높이는 서로 비슷하게 느껴진다. 그 산 하나하나가 꽃잎에 해당되며 하회는 그 꽃잎의 중앙 즉 화심花心이 된다. 하회의 모습은 "돌혈은 바람을 꺼리므로 사방을 산이 감싸주어야 한다"는 『인자수지』의 설명과 일치한다. 그러므로 하회 땅의 형상은 한마디로 한 송이 꽃으로 표현할 수 있다. 게다가 물이 사방을 돌아 흐르므로 물 위에 핀 꽃 즉 연꽃이 물에 떠 있는 연화부수형의 형국이 된다. 연화부수형의 명당이 주는 소응召應은 꽃과 연꽃의 이미지를 연상하면 된다.

산이 사방을 둘러싸고 있는 곳은 많다. 그러나 중앙에 돌혈이 아닌 다른 혈상穴象이 있는 경우에는 대체로 꽃과 관련된 이름을 붙이지 않는다. 돌혈은 평지 돌출이라는 말에서 짐작할 수 있듯이 당판이 사방 어느 곳보다도 높다. 가끔 유혈도 그런 형태를 띠지만 강도에 있어서 많은 차이가 나기 때문에 꽃 모양으로 비유하지는 않는다.

꽃잎같은 산들이 사방을 에워싸고 있는 모양의 돌혈이 물가에 있지 않고 산 속이나 평지에 있을 때는 어떤 이름을 얻는가? 바로 매화가 땅에 떨어져 있는 형상인 '매화낙지梅花落地'라 한다. 매화는 사군자의 하나로서 눈을 맞고 피는 절개를 기려 숱한 소인騷人 묵객墨客들이 매화를 찬미하고 그렸으니, 매화는 연꽃의 이미지에 뒤지지 않는다. '매화낙지'의 땅이라 알려진 곳은 많이 있는데, 그런 땅에는 그 땅에 사는 사람들의 후손이 매화처럼 고결한 인품의 소유자가 되기를 바라는 염원이 담겨 있다. 즉 내가 사는 바로 이곳을 매화의 기운을 가진 길지라 여기며, 오늘의 어려움을 내일의 희망으로

▲ 선석사 옆 태봉의 태실

채우는 것이다. 왜 '매화낙지'라 불리는지 이유를 알면 그 이름이 붙은 땅의 진가도 판별할 수 있다.

경북 성주군 월항면 인촌리 서진산棲鎭山(742m) 기슭에는 의상대사가 창건한 화엄 10찰 중의 하나로 직지사直指寺의 말사인 선석사禪石寺가 있다. 그리고 선석사 서쪽 약 200미터 거리에 태봉胎峰이라 불리는 자그마한 봉우리가 있다. 그곳은 세종대왕의 왕자 13위의 태실胎室이 있어 '태봉胎峰'이라고도 한다.

태실은 왕실에서 출산을 하면 그 태를 봉안하는 곳이다. 태는 태아에게 생명력을 부여한 것이라 인정되어 함부로 버리지 않고 소중하게 보관하였다. 태실은 일반적으로 태옹胎甕이라 불리는 항아리에 안치하는 것이 보통인데 왕실의 아기 태는 전국에서 길지吉地를 골라 태실을 만들어 안치하였다. 이러한 태실은 전국에 분포되어 있으며 예천 용문사에도 있다. 전국의 태실 중 선석사의 태봉이 가장 유명한데, 그 자리가 바로 천하의 돌혈 명당이기도 하다. 우뚝 솟은 돌혈 당판의 사방을 꽃잎같은 산이 호위하고 있어 명실상부한 매화낙지형의 대명당이다. 태실은 일반적인 산소와는 완전히 다르다. 선석사도 구경하고 태실이 어떤 곳인지도 알 겸 한번 들러 보기를 권한다.

돌혈을 사물에 비유할 때 연화나 매화보다 훨씬 더 자주 등장하는 것이 거북이다. 실제로 산중이나 평지에 있는 돌혈은 대개 거북같이 생겼으며 현침사가 다리처럼 당판을 받치고 있는 경우가 많다. 우리는 곧 그런 돌혈을 만나게 되겠지만, 여기에서는 하회처럼 물가에 돌혈이 형성되어 있으나 사방에 꽃잎같은 산들이 호위하지 않을 때를 '금귀부해金龜浮海' 또는 '금귀입수金龜入水'라 표현한다는 정도만 알아두도록 하자.

하회의 별칭 그 넷, '사선기국'

이상향理想鄕은, 없기 때문에 유토피아이며 동시에 사람이 영원토록 동경하는 대상이다. 풍수에도 이상적인 땅이 있다. 그 땅의 형국을 어떤 이름으로 표현하든지 간에 대표적인 이상향은 오행의 산이 오행의 정방위에 포진하고 있는 곳이다. 즉 동쪽에 목성, 서쪽에 금성, 남쪽에 화성, 북쪽에 수성의 산이 호위하는 중앙에 토성이 좌정한 곳이 풍수적 이상향이다. 그곳은 오행정방五行正方의 순수한 기운을 받은 오성五星이 상생相生의 기운을 일으켜 만물이 창조의 조화를 이루는 곳이다.

하회는 사방이 산으로 둘러싸여 있다. 사방에 산이 있는 곳이 이 나라 땅 어디엔들 없을까마는 있다고 다 유정한 산은 아니다. 하회의 동쪽에는 주산인 화산, 서쪽에는 서애, 남쪽에는 남산, 북쪽에는 부용대가 있다. 그 산들을 꽃잎으로도 비유하지만 사람으로도 비유한다. 존재하는 모든 것 중에서 오직 사람이 가장 영묘靈妙하다는 것은 설명이 필요 없는 진실이다. 그러므로 사람을 빗댄 형국명도 많다. 옥녀玉女·천녀天女·장군將軍·선인仙人·호승胡僧·어옹漁翁 등으로 표현되는 것이 그러한데, 이 형국명에는 그 나름의 의미가 있다.

하회를 가리켜 '사선기국四仙碁局' 즉 사방을 에워싸고 있는 네 명의 신선이 하회 땅을 바둑판 삼아 바둑을 두고 있는 형상의 땅이라 형용한 것은 그 땅에 어린 선기仙氣를 표현한 것이다. 신선은 속세를 벗어난 존재이다. 그들은 단로丹爐와 선학仙鶴을 벗삼아 불로장생의 선계仙界를 이루는 동천洞天의 주인들이다. 나는 하회가 그런 느낌의 땅이라고 생각한다. 그러므로 하회의 주인은 유성룡이 아닌 유운룡이다. 그 땅은 속세를 떠난 은자의 터전이므로 세속의 명리를 구하는 자가 찾아들 땅이 아니다. 요사이 하회에 넘치는 사람들은 과연 그 땅이 그냥 휙 둘러보고 떠나갈 땅이 아님을 알고 있을까?

하회는 어떤 땅인가?

지금까지 우리는 하회를 하회의 바깥에서 조망했다. 즉 거시적으로 관찰한 셈이다. 거시적 관점에서 살펴본 하회는 다음과 같다. 백두산에서 출발하여 동해를 따라 흐르다 태백산에서 내륙으로 몸을 돌려 나가는 대간 중의 문수산에서 시작된 산줄기가 남쪽으로 뻗어 내리다 낙동강을 만나 그 흐름을 멈춘 채 마지막으로 솟구쳐 놓은 산이 하회의 주산인 화산이며, 낙동 정맥의 보현산에서 갈라진 세 개의 산줄기 가운데 하나가 힘차게 북서쪽으로 치달리다 낙동강의 흐름을 온몸으로 받으며 하회의 사방을 둥글게 호위하는 백호봉白虎峰들을 솟구치는데 그 끝이 부용대이다. 그러므로 하회는 태백산에서 이별한 용이 서로를 그리워하며 천 리를 휘몰아 다시금 지척에서 만나 서로를 감싸안는 열락悅樂이 서리서리 감겨 있는 땅이다.

   그 열락의 땅 하회는 '산태극수태극', '행주', '금두', '연화부수', '사선기국'의 형국 이름처럼 음양이 교감하는 태극의 땅인가? 이제 막 떠나려는 뱃머리처럼 젖과 꿀이 흐르는 풍요의 땅인가? 자신을 달구어 남을 바르게 하고자 하는 불같은 염원이 서린 땅인가? 부처님의 가르침을 얻어 진흙에서 피어나는 연꽃처럼 회향廻向의 발심發心이 어린 땅인가? 저 은한銀漢 너머 살던 신선이 잠시 노닐다 가는 적소謫所인가? 이 모두인가 아무것도 아닌가? 이제는 고착될 대로 고착된 이 자본의 땅에서 하회는 도대체 우리에게 어떤 의미로 남아 있으며, 남을 것인가? 생각해 볼 문제이다.

용행지현

   산의 기상 및 산줄기의 흐름과 용맥의 상태를 파악하는 것이야말로 풍수학인이 해야 할 일의 전부이다. 그것을 '간룡看龍'이라고 한다는 것은 앞서 누누이 말했다. 변화무쌍한 용의 조화를 일일이 말할 수는 없으나 큰 줄기는 있다. 우선 하회에 나타나 있는 용맥의 변화를 살펴보자. 〈하회 지도〉를 참고해도 좋지만 부용대에서 직접 하회를 내려다보면 더욱 좋다.

첫째로 볼 것은 화산에서 하회로 내려오는 내룡來龍의 꺾임이다. 이 '꺾임'이야말로 모든 용맥의 생사진가生死眞假를 판정하는 일차적 기준이 된다. 무릇 살아 있는 용은 힘차게 꿈틀거리며 나아가는 법이다. 지나치게 꺾이면 겁먹은 것이니 좋지 않고, 그렇다고 또 너무 작게 꺾여 있으면 힘이 다한 용일 가능성이 높으며, 힘없이 일직선으로 되어 있으면 거의 죽은 놈이다.

그렇다면 과연 얼마나 꺾여야 하는가? 그것은 혈장 주변의 상황과 내룡의 크기 및 힘에 따라 다르므로 정해진 원칙은 없다. 느낌이 올 때까지 답산踏山하기를 바랄 뿐이다. 다만 하회의 내룡처럼 꺾이면 상지상上之上이다. 하회 내룡의 꺾임이 갖는 예각銳角의 힘과 기상을 느낄 수 있을 때까지 부용대에 자주 오르기를 권한다.

힘있는 용이 혈처를 이룰 때는 마지막까지 힘차게 요동하면서 남은 기운을 혈에 모으는 법이다. 이렇게 용이 혈처에 자신의 머리를 들이미는 과정을 '입수入首'라 한다. 이 입수처가 용맥에서 가장 드라마틱한 변화를 일으키는 곳이며 그 변화의 가장 흔한 모습이 바로 내룡의 꺾임이다. 이렇게 꺾이면서 진행하는 용의 변화를 나타내기 위해 한자의 글자 모양을 빌려 '지현之玄'이라 형용한다. 즉, 용행지현龍行之玄인 것이다. 입수의 중요성은 아무리 강조해도 지나침이 없을 정도로 긴요하다. 현장 없이 그림과 말만으로도 설명은 가능하지만 재미도 없고 이해하기도 쉽지 않으므로 이 다음에 실로 드라마틱한 내룡의 입수를 볼 수 있는 음택 현장에서 자세하게 설명할 것을 약속한다.

둘째로 살펴야 할 것은 용맥 즉 내룡의 이어짐이다. 간산看山의 어려움이야 두말할 나위도 없지만 초심자가 간룡看龍을 할 때 겪는

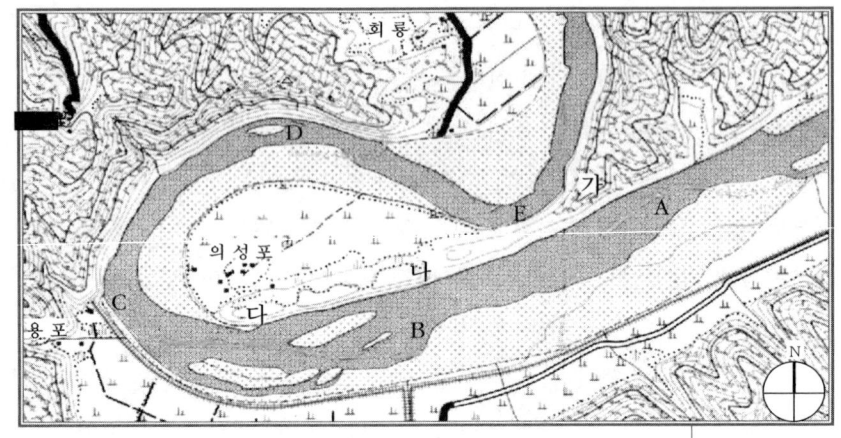

▲ 의성포 지도

어려움은, 내 경험에 의하면 두 가지로 대별된다. 하나는 사람에 의해 원형이 변형된 땅의 원래 모습을 복구하는 것이며, 다른 하나는 자연 상태의 실제 산에서 상지相地를 하는 어려움이다. 하회의 내룡에는 논밭이 있다. 부용대에서 화산의 내룡이 어디로 연결되는지를 면밀히 관찰하고 직접 현장에서 내룡을 따라가 보기를 부탁한다. 판단의 요체는 분수령分水嶺이 되는 능선을 분별하는 것이다. 아무리 낮아도 능선은 능선이기 때문이다.

의성포

이만큼 하회를 살폈으면 어느 정도 감이 잡힐 것이다. 이제 하회와 비슷하게 물이 돌아 나가는 곳 중에서도 대표적이라 할 수 있는 예천군醴泉郡 용궁면龍宮面 대은리大隱里의 의성포義城浦를 살펴보면서 하회와 비교해 보도록 하자. 다시 한번 강조하지만 물이 도는 땅이라고 하여 명당이 되는 것은 단연코 아니다. 물이 도는 곳은 십중팔구 수해의 위험만 크고 땅의 성질도 사람이 거주하기에 적합하지 않기 때문이다.

무엇을 긍정하고 칭찬하기는 쉽다. 그러나 부정하고 비난하는 것은 왕왕 많은 오해와 질시를 받기 쉽다. 더욱이 땅이란 게 어찌 일정한 법식이 있어 어떤 곳은 사람이 거주할 수 없다고 말할 수 있겠는가? "명당이 따로 있는 것이 아니라 자기에게 맞는 땅과 그렇지 않은 땅이 있을 뿐"이라는 최창조의 깨달음처럼 의성포와 하회를 비교하는 목적은 땅을 보는 안목을 키우고 땅에 대한 느낌을 높여 자기에게 맞는 땅을 찾고자 하는 이를 위해서이다.

안동에서 최근에 4차선으로 시원하게 뚫린 34번 국도를 따라 예천을 우회하여 죽 가다 보면 용궁과 회룡포의 도로 표지판이 나온다. 좌회전하여 용궁으로 들어가서 조금만 가면 다시 도로 왼쪽에 회룡포 표지판이 나온다. 그 길로 장안사長安寺까지 차를 타고 간 뒤 절 옆의 길로 산 정상에 오르면 의성포의 전경을 한눈에 내려다볼 수 있는 회룡대回龍臺가 있다. 회룡대는 안동 기맥이 끝나는 곳인데 그곳에서 의성포를 내려다보는 경치가 일품이기 때문에 관광지로 인기가 높다.

『경북마을지』에 따르면 의성포는 조선조 때에 귀양지로 알려졌고 1856년 병진년 대홍수 때 의성 사람들이 개척했다 하여 '의성포'라는 이름을 얻었으며, 소금배가 와 닿던 곳이라 한다. 이곳은 낙동강의 지류인 내성천乃城川이 사행蛇行하면서 만든 지형이다. 내성乃城(奈城)은 봉화奉化의 옛 이름이다. 내성천은 백두대간의 옥석산玉石山(1,235m)에서 발원하여 경북 북서부의 여러 지류들을 받아들이며 영주와 예천을 거쳐 낙동강·내성천·금천錦川의 세 물이 합쳐지는 풍양豊壤의 삼강리三江里에서 다시 본류와 합쳐지는 낙동강의 대표적 지류 가운데 하나이다.

우선 지도에 나타난 의성포의 형태는 물이 거의 360도 가까이 땅을 돌아 나간다. 용맥은 '가' 지점의 주룡이 '나'를 거쳐 '다'에서 끝난다.

하회의 물길을 보듯이 의성포를 휘감아 도는 지도의 물길부터 보자. 지도의 아래 부분이 정남쪽이다. 내성천이 A 지점으로 흘러와 B, C, D, E로 진행하는데, 분명히 하회보다 훨씬 더 많은 물이 감아 돌고 있다. 이렇게 많이 휘감아 도는 곳이 적게 감아 도는 곳보다 좋을까? 그렇지 않다. 의성포 물은 주룡을 보호하는 것이 아니라 '가'에서부터 끝 부분인 '다'까지 시종 공격하고 있는 것이다. 즉 산과 물이 정답게 만나는 것이 아니라 오히려 서로 으르렁거리고 있다. 더구나 E 부분의 물은 자못 주룡의 멱을 끊을 듯이 역류까지 하고 있다. 슬픈 모습이다. D의 맞은편 절벽은 회룡대이다.

용맥의 진행도 서글프기는 마찬가지다. 힘차게 꿈틀거리며 나아가지 못하고 맥없이 곧바로 가기만 하는데 물의 공격으로 거의 죽은 상태이다. 빈사지경의 용이지만 그래도 사람들이 기댈 곳은 산이다. 그리하여 10호 남짓한 마을이 언덕에 기대어 '다'의 앞에 형성되어 있다. 그것도 북향으로., 더욱이 앞의 회룡대 절벽이 너무 높아 '능압凌壓'에 걸려 있다. 능압이란 집이나 마을 앞에 절벽 같이 높고 험한 지형이 집을 눌러 버릴 듯이 내려다보는 것을 이르는 말인데, 풍수에서는 이런 곳에 터를 잡는 것을 매우 꺼린다.

하회는 마치 건강한 남성이 우뚝 발기한 모습이다. 뿌리도 튼튼

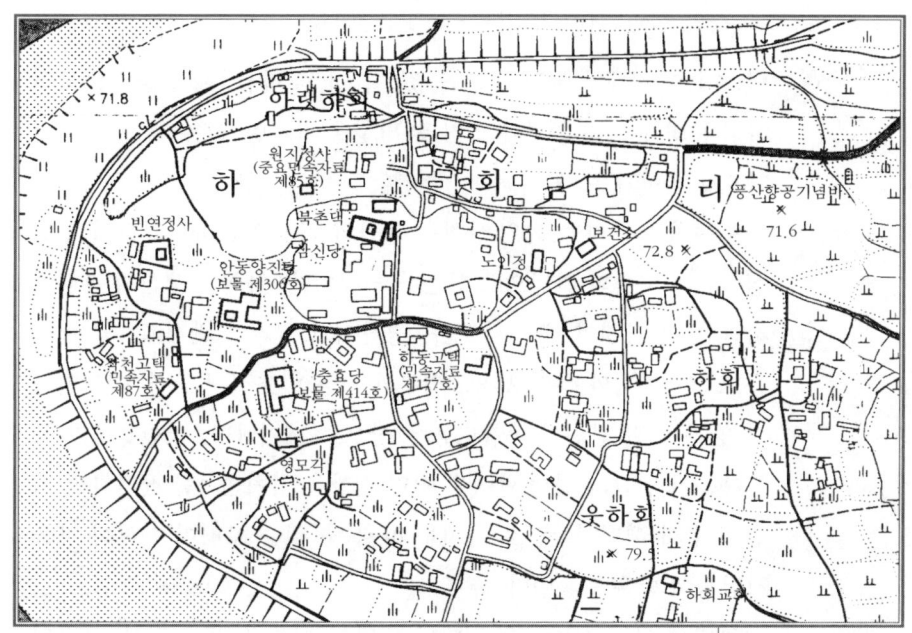

▲ 〈하회 마을 지도〉

하고 기세가 장할 뿐더러 귀두부의 힘은 곧 사정할 듯 팽팽하기 그지없다. 그 힘이 물속에 잠겨 있으니 바로 음양교회陰陽交會의 현장이다. 의성포는 어떠한가? 매우 슬픈 모습이다. 하회와는 달라도 너무 다르지 않은가?

풍수학인의 하회 구경법

〈하회 마을 지도〉를 살펴보자. 앞의 〈하회 지도〉와 〈하회 마을

지도〉는 모두 지도의 아래쪽이 정남쪽이다. 〈하회 지도〉를 살펴보면 마을의 지세와 물길을 알 수 있고, 〈하회 마을 지도〉를 살펴보면 하회 문화 유적의 위치와 크기 및 방향을 가늠할 수 있다. 이제 하회 안으로 들어가 보자.

풍수적 사고의 핵심은 산천을 생산의 현장으로만 파악하지 않고 심성心性 도야의 터전으로 삼는다는 것이다. 하회는 생산적 관점에서만 보면 조건이 매우 나쁘다. 경작지의 크기나 관개灌漑의 어려움도 그렇거니와 무엇보다도 외부와 교통이 두절된 곳이다. 그러나 그 땅과 주변 산천의 아름다움은 참으로 빼어나다. 산천초목의 아름다움이 인간의 심성 형성에 어떤 영향을 끼치는가를 생각하면 이런 무형의 혜택이야말로 가치를 따질 수 없는 보배이며 하회 마을 사람들이 받은 축복이다.

하회를 찾는 사람들은 저마다 다양한 이유가 있을 것이고, 당연히 나름대로의 사전 지식을 통하여 관광의 장소와 순서를 정할 것이다. 그들은 그들의 목적에 충실하면 된다. 나는 풍수학인이다. 그러므로 나는 하회의 풍수를 공부하고자 하는 사람을 위하여 내가 생각하는 하회 구경의 순서를 말해 볼까 한다.

우선 무조건 하루 종일의 시간을 투자해야 한다. 더 많은 시간을 더 자주 투자하면 투자한 그만큼 더 좋다. 땅을 보고 어떤 느낌을 받아서 판단하는 것은 간단한 일이 아니다. 어렵고도 어려운 일이다. 얼마나 많은 사람들이 '작대기 풍수'나 '안방 풍수'가 되어 사람들을 미혹시켰는지 깊이 생각해야 한다. 풍수를 조금 아는 것은 전혀 모르는 것보다도 훨씬 더 위험한 일이다. 더구나 어설픈 눈으로 '땅이란 별것 아니야. 지금 세상이 어떤 세상인데 포크레인으로 밀어 버리면 그만이지'라고 생각하며 망령되이 땅을 고르고 함부로 훼손하면 그 앙화殃禍는 끝이 없을 것이다. 모름지기 풍수를 공부하겠다고 결심한 사람은 나날이 끝없이 자신을 되돌아보아야 한다.

풍수학인이 하회를 알기 위하여 가야 할 첫 번째 장소도 부용대요, 그 마지막 장소도 부용대다. 그곳에서 얼마나 오래 머무는가? 그 머무는 시간의 정도가 바로 하회를 얼마만큼이나 이해할 수 있는가를 판단하는 척도가 될 수 있다. 바라건대 오래오래 머물며 면밀히 관찰하기를 권한다. 일찍 지겨움을 느낀다면 풍수학인의 자격이 없을지도 모르니 풍수를 포기하고 다른 쪽으로 방향을 돌리라고 권하고 싶다.

겸암정과 옥연정

부용대에서 눈이 시리도록 하회를 구경해야 한다. 그 뒤에 마을을 바라보면서 부용대의 오른쪽 능선을 따라 내려가기를 권한다. 그 능선길은 아주 완만한 내리막길이며 또 소나무와 바위가 어우러진 오솔길이라 걷는 풍취가 그만이다. 바위와 어울린 소나무의 자태도 일품이지만 코끝에 묻어나는 소나무 향기와 귓가를 간질이는 솔바람이 그저 그만이다. 왼쪽으로 언뜻언뜻 보이는 하회를 구경하다 보면 시간 가는 줄 모르는데, 채 10분도 지나지 않아 눈앞으로 그림같은 정자亭子가 나타난다.

겸암정謙巖亭이다. 겸암정은 절벽에 붙어 있다. 더구나 앞에는 넓은 강이 흐른다. 그러므로 겸암정의 누마루에 올라서면 독특한 경관이 연출된다. 여름날 그곳에 앉아 있으면 공부가 절로 될 듯하다. 정자는 결코 먹고 놀기 위해 짓는 집이 아니다. 여름의 더위를 피하면서 공부를 하기 위한 곳이다.

▲ 겸암정

▲ 옥연정

아는 만큼 보인다고 했던가. 그럴 것이다. 하지만 알려고 하는 만큼 보이는 것일지도 모른다. 겸암정에서 알려고 한 만큼 보았으면 다시 온 길을 거슬러 부용대로 올라오면 좋다. 겸암정에 갔다온 뒤에 보는 하회는 분명히 가기 전과는 다른 모습을 하고 있을 것이다. 바뀐 하회를 내려다보다가 슬며시 지루한 느낌이 들면 이제는 왼쪽 능선을 타고 내려가야 한다.

부용대에서 왼쪽으로 내려가는 길은 겸암정을 갈 때와는 완연하게 다르다. 그 길은 가파른 절벽길이다. 하지만 사람의 접근을 거부하는 길은 아니다. 그래서 겸암정 가는 길과는 또 다른 정겨움이 발자국마다 스며든다. 그 길의 끝에 옥연정玉淵亭이 있다.

간죽문看竹門을 지나서 만나는 옥연정은 깨끗하게 정비 관리되고 있다. 반송盤松이 서 있는 마당은 늘 비질이 되어 있고, 잘 닦여진 툇마루는 누구라도 엉덩이를 붙이게 만든다. 한지가 정갈하게 발라져 있는 열려진 방문과 미세기창에 햇살이 비칠 때면 한옥의 아름다움을 느끼기에 충분하다. 옥연정에서 더위를 피하며 공부하다가 찾아온 손님과 한담하는 주인의 고아한 자태를 지금은 볼 수 없는 것이 섭섭하지만 상상만으로도 즐겁다.

옥연정을 둘러보고 다시 간죽문을 나서면 절벽 쪽으로 제법 넓은 공터가 나타난다. 거기에서는 하회 마을과 부용대 밑을 흐르는 화천이 보인다. 부용대 절벽에는 옆으로 절벽을 가로지르는 길이 나 있다. 그야말로 절벽길이다. 여름에는 칡덩굴과 나무에 가려 길을 찾아가기가 매우 어렵다. 하지만 봄가을이면 가능하다. 조심조심 절벽을 타고 가면서 하회를 보는 정취가 각별하다. 절벽길 끝에는 겸암정이 있다.

그렇게 부용대 구경을 끝내고 하회 마을 안으로 들어가 보자. 하회 매표소를 지난 뒤에 마을 쪽으로 가지 말고 오른쪽 방죽길로 가기를 권한다. 방죽길 오른쪽으로 보이는 부용대와 눈맞추다 왼쪽으로 마을도 보고 화천 주변의 경관들을 살피면 좋다. 참고로 방죽길을 따라서 가다 보면 여러 볼 거리를 구경할 수 있다. 마을 쪽으로는 북촌댁·원지정사·연좌루·빈연정사·작천고택·양진당·충효당·주일재를 볼 수 있고, 강 쪽으로는 옥연정사·부용대·겸암정·서애·상봉정·팔선대·남산 그리고 하회의 문필봉인 마늘봉 등을 볼 수 있다.

출발점의 반대쪽까지 방천을 따라 주변을 살펴본 뒤 다시 그 길을 거슬러 마을만을 보면서 오다 보면 재미난 사실을 발견할 수 있다. 하나는 마을의 높이가 방천길의 어디에서 보아도 같다는 것이다. 이 점에서 바로 하회는 '돌혈'로서 마을의 중심 부분이 가장 높고 사방으로 점점 낮아지는 형태의 땅임을 알 수 있다. 다른 하나는 마을 집들의 대문이 계속해서 정면으로 보인다는 것이다. 다시 말하면 대문의 방향이 삼면의 강 쪽으로 나 있다는 것이다. 다른 마을의 대문은 대체로 일정한 방향성을 가지는데 반해서 하회의 집들은 대문이 사방으로 나 있다. 이 대문 방향을 두고 말들이 많은데 그 답은 결국 돌혈의 형상에서 찾아야 한다. 돌혈은 중앙이 가장 높고 사방으로 낮아지는 형태의 땅이므로 당연히 집들은 가장 높은 중앙을 등지게 된다. 사방의 집들이 모두 중앙의 높은 곳을 등졌기 때문에 자연히 대문도 사방으로 나게 된 것이다.

삼신당

하회에는 동신을 모시는 당이 다섯 개 있다. 두 개는 마을로 들어

가는 입구의 고개에 돌을 쌓아 놓은 형태의 당이고 세 개는 별신굿과 관련된 당이다. 방죽길을 따라 처음 시작한 곳까지 온 뒤 다시 매표소 쪽으로 가서 하회별신굿탈놀이 공연장 뒤쪽 언덕에 오르면 고만고만한 산소들이 빼곡이 들어서 있다. 그 산소들을 지나 20여 분가량 가파른 언덕의 중턱까지 올라가면 하회에서 가장 중요한 '서낭당'이 있다. 흔히 상당이라 부르는 이 서낭당의 주인은 하회탈을 깎는 허도령을 사모하여 탈막을 엿보다가 살을 맞아 죽은 무진생 의성 김씨 할머니이다. 동제나 별신굿을 할 때 이 서낭당에서 신내림을 받는다고 한다. 상당에서 내려오면서 나무 사이로 보이는 하회의 전경은 일품이다.

  탈놀이 공연장을 지나 오른쪽 산으로 올라가면 연화사蓮花寺가 있다. 그곳에서 보는 하회 전경은 부용대에서 볼 때와는 또 다른 맛이 있다. 연화사에서 내려오다가 왼쪽 언덕을 유심히 보면 여러 큰 나무가 우거져 있는 언덕이 보이는데 일반적인 언덕과는 좀 다른 느낌을 받을 것이다. 그 언덕으로 올라가면 산소 몇 기가 있고 당집이 있다. 그 당이 국사당이다. 중당이라고도 부르는 국사당은 공민왕을 모신 당으로 추정된다. 당집에서 하회 마을과 부용대를 내려다보는 정취는 일품이다.

  풍수학인에게 그곳은 각별한 의미가 있다. 그 능선이 하회 주산인 화산의 주맥이 내려오는 곳이며 또한 국사당 부근이 바로 하회 명당의 입수 지점이기 때문이다. 입수처는 훼손해서는 안 된다. 철저하게 보호해야 한다. 당연히 입수처에는 산소를 쓰면 안 된다. 물론 논밭을 만들어서도 안 되며 수목으로 보호해야 한다. 그 입수 지점에서 하회 혈처로 진행하는 내룡은 철저히 보호되어야 한다. 그러나 요즘 누가 그런 것에 신경 쓰겠는가?

중당에서 내룡의 진행을 유심히 관찰한 뒤 다시 길을 떠난다. 마을로 들어가는 주 도로의 세 갈래 길에 안내판이 있다. 왼쪽으로 화장실과 가게를 지나 마을 안쪽으로 얼마쯤 가면 오른쪽으로 들어가는 조그마한 골목이 있고 입구에 '삼신당三神堂'이라는 표지판이 보인다. 그 골목의 끝에 담장으로 둘러싸인 거대한 느티나무가 있다. 그 느티나무 신목神木이야말로 하당인 삼신당의 신이며 하회의 진정한 주인이다. 그리고 그곳이 바로 하회의 '혈처穴處'이다. 풍수학인이 하회의 풍수를 살피는 마지막 지점인 것이다.

혈처를 알아보는 것은 풍수학인의 꿈이다. 하회 혈처의 주인이 '나무'라는 사실은 풍수학인에게 시사하는 바가 매우 크다. 산 사람은 명당 혈처에 자리를 잡지 않는 법이다. 아니, 진정한 명당의 혈처는 인간이 거주하는 곳이 아니다. 그곳은 신의 자리이자 죽은 자들의 영면처이다. 산 사람들은 혈처에 기대어 살아야 한다. 인간의 어리석은 욕심이야말로 만 가지 재앙의 근원이다. 섣불리 명당이나 찾고 혈처를 차지하여 자신과 자손의 발복이나 구하는 천박한 자들의 앞날에 도대체 무슨 영광이 오겠는가? 천지불인天地不仁[19]이다. 명당의 주인은 하늘이 정하는 것이다.

양진당

양진당養眞堂[20]은 여러 모로 하회를 대표하는 상징물이다. 우선, 풍산 유씨의 대종택이며 하회 입향 시조인 전서공이 처음 자리잡은

---

19) 『老子』, 「道德經」 5장.
20) 하회의 대표적 건축인 양진당과 충효당의 평면도는 신영훈의 『한옥의 향기』에서, 북촌댁 평면도는 김봉열의 『한국의 건축』(공간, 1994)에서 전재했다.

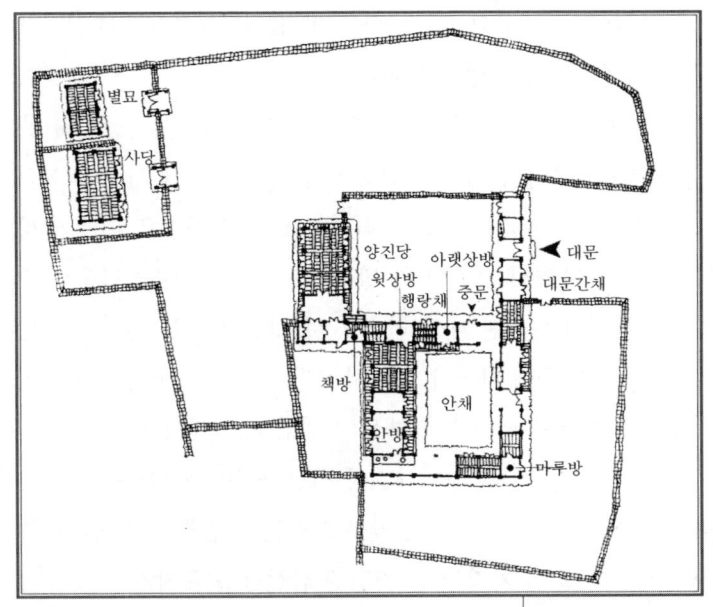

▲ 〈양진당 평면도〉

곳에 지은 집이기도 하다. 그 건축적 가치는 보물 306호로 지정되어 나라의 보호를 받고 있는데서도 알 수 있다.

양진당은 유운룡의 6세손인 유영柳泳(1687, 숙종 13년~1761, 영조 37년)의 택호宅號이며 대종택 전체의 당호堂號인 동시에 사랑채의 이름이기도 하다. 하지만 사랑채 외부의 현판은 '입암고택立巖古宅'으로 되어 있다. 입암立巖은 유중영柳仲郢(1515, 중종 10년~1573, 선조 6년)의 아호雅號이다. 유중영은 청렴하고 뛰어난 목민관이었으며 명실상부 하회를 빛나게 한 유운룡과 유성룡의 부친이므

1. 하회 79

로, 그가 하회에서 갖는 위상은 남다른 바가 있다. 그리하여 사랑채에 그의 호가 현액懸額되었을 것이다.

양진당은 하회 혈처인 삼신당을 왼쪽으로 기대면서 '남향南向'하고 있다. 우리 나라의 기후 조건상 남향집이 살기에 가장 적합하다는 것은 두말할 나위가 없다. 그러므로 보통의 마을은 대개 남향을 하고 있으며 자연히 집들도 한 방향으로 남향을 하는 경우가 많다. 그러나 앞에서 살펴본 대로 하회는 다르다. 하회는 집들이 사방으로 앉아 있기 때문에 마을에 들어서면 동서남북을 구분하기가 어렵다. 더구나 지형의 생김새나 마을에 진입하는 길의 방향 때문에 마을 주 도로의 오른쪽에 있는 양진당이 남향이라는 생각을 하기가 어렵다. 양진당은 옆으로 비틀어 앉아 있다는 느낌을 받기 쉽다. 그것은 양진당이 하회의 가장 높은 지점인 삼신당을 등지지 않았기 때문에 받게 되는 느낌이기도 하다. 결론적으로 말하면 하회의 지형으로 판단해 볼 때 양진당은 오른쪽으로 90도를 틀어 서쪽을 바라보는 것이 지금보다 더 자연스럽다.

그렇다면 왜 양진당은 그런 부자연한 자리 매김을 하게 되었을까? 대체로 두 가지 이유를 들 수 있다. 하나는 남향집의 장점을 취하기 위한 자리잡기라는 해석으로, 이에 대해서는 따로 설명을 할 필요가 없다. 다른 하나는 '안대案對' 때문이라는 것이다. 안대란 집의 정면에서 마주 보이는 지점을 가리킨다. 마루나 방에 앉아 있거나 집을 나설 때 보이는 맞은편의 자연 경관이 좋으면 거주하는 사람의 심성도 그만큼 좋아지기 때문에 안대의 좋고 나쁨이 집의 방향을 결정하는 중요한 변수가 된다는 해석이다. 이 해석은 상당히 설득력이 있다. 실제로 하회에서 가장 좋은 안대는 남산 뒤의 '마늘봉'(蒜峰)이다.

마늘봉은 산의 모습이 마늘을 닮았다고 붙여진 이름이다. 그런데 이 봉우리는 하회 사람에게 '문필봉文筆峰'으로 인식되고 있다. 문필봉은 풍수 용어 가운데 사람들에게 널리 회자되는 말 중 하나로 붓처럼 뾰족하게 생긴 산봉우리를 가리킨다. 예로부터 문필봉을 바라보며 사는 사람들은 문재文才가 뛰어난 후손을 배출한다는 믿음이 있었다. 옛날에는 과거 시험에 합격하는 것 이상으로 성공이 보장되는 길이 없었고, 당연히 문재의 있고 없음이 그 사람의 미래를 결정하는 척도였다. 문필봉 안대야말로 양진당이 남향을 해야 하는 또 하나의 이유인 것이다.

그러면 유영은 어떤 인물이기에 기라성 같은 역대 종손들을 제치고(?) 하회 대종택의 당호를 차지하게 되었는가? 유영은 초시에도 응시하지 않았을 뿐만 아니라 일생을 관직과는 담을 쌓고 지낸 인물이었다. 그리고 지금의 양진당을 현재의 모습으로 중수한 인물로 추정되는 이가 바로 유영이다. 이외에 유영은 서후면 능골의 재사인 숭실재崇實齋를 수리하고 겸암정을 복원하고 상봉정翔鳳亭도 중수했으니, 그에 의해 하회의 유서 깊은 건물들이 제 모습을 갖추었다고 이를 만하다. 나아가 유영은 『풍산유씨족보』를 최초로 편찬했으며, 영조 4년(1728) 이른바 '무신지란'으로 불리는 이인좌李麟佐의 난이 일어났을 때는 의병을 모아 출전하기도 했다. 매우 강직하고 기개가 드높았던 유영은 하회 '연당못 설화'의 주인공이기도 있다.

연당못 설화

유영의 연당蓮塘에 관해서는 『안동 하회마을을 찾아서』에 그 전

말이 자세히 나타나 있다. 그 내용을 간추리면 다음과 같다.

양진당 종택 사랑채 옆에 별당이 있었고 별당 아래로 깊은 연못이 있었다. 어느 날 안씨 종가의 혼자 사는 종부가 혼비백산 종택 사랑으로 달려와 못에 투신하려 했다. 놀란 양진당이 사연을 물으니 '어제 하회의 젊은 종들에게 욕을 당했다'는 것이다. 불같은 성품의 양진당이 이 말을 듣고 분기탱천하여 그 날로 연루된 종들을 모조리 잡아다가 청어 엮듯이 엮어서 연못에 수장을 시키고는 연못을 메워 버렸다. 그 뒤 양진당은 하회옥河回獄에 갇혀 죄값을 치렀다. 연못이 없어지고 약 200여 년이 지나 연못이 있었다는 사실도 잊혀져 갈 무렵 살림살이가 무척 어려워진 종가가 마침내 손수 농사를 지어야 하는 처지가 되어 신실하고 부지런한 일꾼 권씨를 얻어 농사일을 돌보게 했다. 부지런한 권씨는 마을 사람들처럼 늘 강물을 떠다 식수와 생활 용수로 사용했는데 일이 많아지자 손을 줄이기 위해 연당못이 있던 자리에 조그만 우물을 팠다. 물맛도 좋고 집안에 우물이 있으니 편리하기 그지없었다. 그러던 어느 해, 모심기를 하기로 한 날 아침, 일꾼 10여 명을 남겨 두고 권씨가 온데간데없이 사라져 버렸다. 온 마을을 이 잡듯이 뒤진 결과 안채 마루 밑에서 무슨 말인지를 쉼 없이 중얼거리면서 두 손을 싹싹 빌고 있는 권씨를 발견했다. 무슨 말인지 가만히 들어보니 대강 "아이고, 양진당 할배요. 그저 저를 살려 주이소……" 하면서 넋이 나간 상태였다. 마침내 권씨는 정신이 이상해진 채로 온 동네를 다니면서 괴상한 행동을 일삼았고 종가에서는 재 넘어 사는 유풍수에게 병을 고쳐 달라고 청했다. 유풍수는 한밤중 강가에서 권씨를 묶어 놓고 매질을 했는데 권씨는 계속 "양진당 할배요, 저를 살려 주이소"라는 말만 되풀이했다. 새벽녘에 정신이 돌아온 권씨는 "연당샘을 파고부터 지 마음이 이상하고 좋지 못했니더"라는 이야기를 남기고 하회를 떠났다.[21]

---

21) 서수용, 『안동 하회마을을 찾아서』(민음사, 1999).

이 이야기가 시사하는 바는 무엇일까? 그냥 어느 마을에나 일어날 수 있는 사건인데 하회이기 때문에 좀 신기하게 들리는 것일까? 아니면 하회는 풍수적으로 우물을 파면 안 되는 곳이므로 함부로 우물을 파지 못하게 하기 위해 꾸며 낸 이야기일까? 그도 아니면 우연히 그런 일이 일어났는데 하회를 신비화하기 위해 과장한 것일까?

내 생각으로는 삼신당의 신목神木이 자신을 지키기 위해 그러한 일이 일어난 것 같다. 동신목인 느티나무는 그 세력이 경이롭다. 뿌리는 당연히 깊고 넓게 퍼져 있을 것인데, 양진당은 신목과 아주 가까운 곳에 있다. 느티나무는 물가에 자라는 나무가 아니다. 연못을 만든다면 연못에 저장된 물이 뿌리에 막대한 지장을 줄 것이고, 우물을 판다면 반대로 물을 고갈시켜 뿌리에 영향을 미쳤을 것이다. 그래서 신목이 자신을 지키기 위해 그런 이상한 일이 일어나도록 한 것이다. 믿거나 말거나 사람만이 영적으로 생각하는 능력이 있는 것은 아니다. 당연히 식물도 생각하고 땅도 그러하며 만물이 모두 그러하다.

일제가 이 땅을 강점한 뒤 저지른 숱한 '풍수 침략'은 그 예를 일일이 열거하기 힘들 정도로 다양하고 강도 높게 진행되었다. 풍수는 당시 조선인의 기층 신앙이었으며 삶의 한 희망이었다. 우리 마을은 이러저러한 지형이므로 언젠가는 훌륭한 인물이 날 것이라는 믿음은 고단한 현재의 삶을 미래의 가능성으로 바꾸는 희망 그 자체였다. 그러므로 '혈을 질러' 그 믿음의 체계를 부수는 것은 곧 우리 민족이 갖고 있는 미래에 대한 희망을 짓밟는 실로 잔악한 짓이다. 일제가 안동에서 저지른 풍수 침략 중 대표적인 것이 안동시 법흥동의 고성固城 이씨 종택인 임청각의 하반신을 잘라 철도를 놓은 것과 안동시 임하면 의성義城 김씨의 집성촌이자 종가宗家가 즐비한 천전리川前里 앞에 신작로를 낸 것이다. 그들이 어찌 하회인들 그냥 두었겠는가?

 하회의 모습이 이제 막 떠나가려는 뱃머리를 닮았든, 다리미 모양이든, 물위에 떠 있는 연꽃 같든 이 모든 것을 불문하고 오랜 옛날부터 마을 사람들에게는 꼭 지켜야 할 삶의 원칙이 있었으니, 그것은 마을에 우물을 파지 않는 것이었다. 일제는 그 원칙을 깨부숨으로써 더 이상 과거와 같은 복록을 누리지 못할 뿐만 아니라 훌륭한 인물도 나지 않을 것이라는 절망감을 조장하기 위해 하회에 우물을 팠다. 그것은 단순한 우물이 아니다. 우물이 있고 없고의 문제가 아니라 하회의 미래에 희망이 있느냐 없느냐의 문제이다. 물론 안 믿으면 그만이다.

충효당

 충효당忠孝堂은 보물 414호로 지정된 유성룡의 종택으로 양진당 바로 옆에 있다. 유성룡은 '10년 재상' 임에도 불구하고 초가삼간만을 남기고 돌아간 전형적인 청백리淸白吏였다. 당연히 생전의 그가 지금의 충효당을 짓고 거처하지는 않았다. 현재의 모습으로 지어진 것은 유성룡 사후 그를 기리는 유림들의 도움으로 맏손자인 졸재拙齋 유원지柳元之(1598~1678)가 처음으로 짓고 유원지의 아들 우눌愚訥 유의하柳宜河가 확장 중수하고, 미수眉叟 허목許穆(1595~1682)에게 당호를 청해 게판한 것이다.

 충효당은 길을 사이에 두고 양진당과 직각이 되는 '서향西向'으로 자리잡고 있다. 앞면을 온통 가리고 있는 12칸 긴 행랑채의 솟을 대문을 들어서면 바로 사랑채의 대청을 마주하게 되는데 항상 개방된 그 사랑 마루에는 기괴(?)한 글자의 현판이 있다. '충효당'이라 씌어 있는 현판이 그것이다.

전서체篆書體의 그 글씨는 허목이 쓴 것이다. 허목은 조선 중기의 문신이자 학자로 시호는 문정文正이다. 그는 50여 세가 되도록 오로지 학문 연구에만 몰두하였으며 특히 예학禮學에 일가

▲ 충효당 현판

를 이루었다. 굴강한 기개를 가진 그는 영남 남인의 영수였으며, 1657년 60세가 넘은 나이로 처음 관직에 올랐다. 그러나 그는 효종孝宗의 계모인 조대비의 복상과 관련된 예론禮論으로 자신보다 어린, 노론의 거두 우암尤庵 송시열宋時烈(1607~1689)과 맞서다 1660년 벼슬에서 물러나야 했다. 숙종이 즉위한 후 그는 대사헌과 이조판서에 제수되었으나 1678년에 사직하고 고향으로 돌아갔다.

허목은 그림과 문장에도 능했지만 무엇보다 '동방 제일'의 전서로 이름이 높았다. 그리하여 그의 전서가 있느냐 없느냐가 그 지방의 문기文氣와 성망聲望을 판단하는 하나의 기준이 되기도 하였다. 더욱이 그의 글씨에는 벽사辟邪의 힘까지 있다고 여겨졌으며, 이와 관련된 많은 일화가 전해지고 있다. 그 일화 가운데 정점은 삼척항이 바라보이는 육향산 언덕에 있는 「척주동해비陟州東海碑」이다. 일명 「퇴조비退潮碑」라 불리는 이 비석에 얽힌 이야기는 자못 신령스럽기까지 하다.

조선 현종顯宗 2년(1661년), 미수가 삼척 부사로 재임하고 있을 당시 심한 폭풍우가 몰아쳐 바닷물이 고을 안까지 들어와 난리가 났는데 어쩐 일인지 바닷물이 빠지지 않았다. 이에 미수가 동해를 예찬하는 노래인

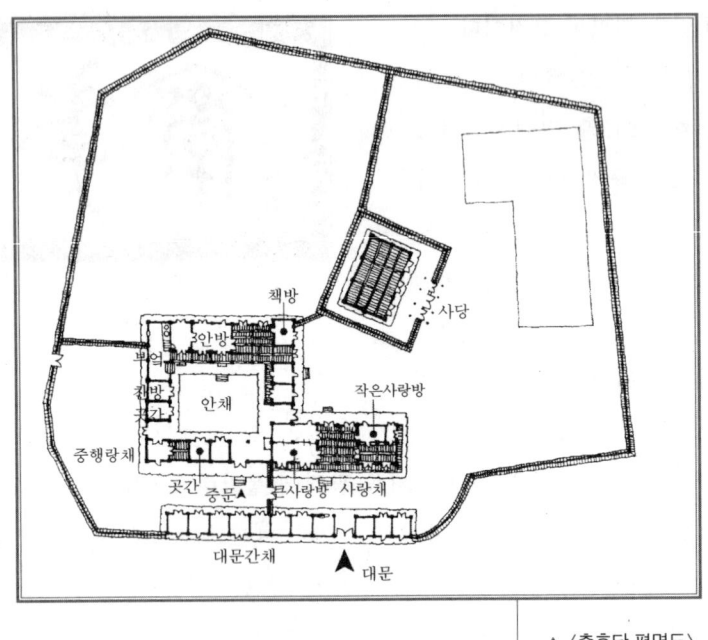

▲ 〈충효당 평면도〉

'동해송東海頌'을 지어 비를 세우자 바닷물이 빠졌다. 퇴조비를 세운 미수는 10여 년 뒤 이 비가 없어질 것을 예견하고 충직한 아전에게 동헌 마루 밑에 다른 비를 묻어 놓았으니 다시 바닷물이 밀려들어올 때 사용하라고 일렀다. 과연 10년 뒤 미수의 예언대로 남인의 반대파 인물이 삼척 부사로 부임했고 미수의 비석을 엉터리라며 부숴 버렸다. 그러자 당장에 바닷물이 동헌 마루 밑에까지 차 올랐고 백성의 원성이 자자하게 되었다. 다급해진 부사를 도와 아전이 동헌 마루 밑에 묻어둔 비를 다시 세우자 바닷물이 물러갔다.

나는 허목의 작품 가운데 몇 점을 유심히 보았지만 갑갑하게도 아직 그의 전서에서 아무것도 느끼지 못하고 있다. 어쩌면 나는 평생 느낄 수 없을지도 모른다. 허목의 전서를 생각할 때마다 나는 내 타고난 재주가 그뿐인 것을 어떻게 하겠는가 하며 스스로를 위로할 뿐이다.

그러나 순조純祖 때의 학자 홍길주洪吉周(1786~1841)는 『동문십이가소제東文十二家小題』에서 "허목은 결정파대缺鼎破臺와 같아 억지로 은주殷周의 고기古器라 하나 어리석으면서 기괴함을 좋아하였으니 광혹誑惑하다"고 허목을 폄했으니, 내가 허목의 전서에서 아무것도 느끼지 못하는 것이 오히려 당연한 것인지도 모른다.

충효당은 서향이다. 서향집은 남향집에 비해 기능이 조금 떨어진다. 그러면 다른 곳에 집을 짓지 않고 왜 그 자리에서 서향을 하게 되었을까? 아마도 그 첫 번째 이유는 우애가 남다른 유운룡, 유성룡의 후손이 비록 한 마을 안이라고는 하지만 떨어져 있기보다는 같은 곳에서 정답게 살고자 해서 그런 것이 아닐까 싶다.

두번째 이유는 아무래도 안대와 관련이 있을 것이다. 양진당 앞을 막아서 집을 앉히는 것은 여러 가지로 무리가 따르므로 뒤쪽으로 물러앉았는데, 그 자리에서 남향을 하게 되면 남산 밑의 팔선대八仙臺 절벽 쪽을 향하게 된다. 팔선대 절벽은 부용대보다 높고 험하기 때문에 살림집의 안대로는 적합하지 않을뿐더러 또한 너무 절벽에 가까이 다가서는 것이 된다. 그래서 서쪽에 있는 낮은 절벽 서애西厓와 그 뒤쪽의 원지산遠志山을 안대로 삼은 것이다. 하회는 물이 마을의 바깥쪽을 향해서 휘감아 돌아 흐르므로 마을의 어느 지점에서나 맞은편에 보이는 곳은 거의 절벽이 될 수밖에 없다. 절벽을 안대로 삼아 매일 자주 보는 것은 결코 좋은 일이 아니다. 이 안대의 문제는 북촌댁에서도 나타난다.

북촌댁

　하회를 대표하는 반가班家는 대개 양진당·충효당·남촌댁·북촌댁이다. 남촌댁은 윗하회를 대표하는 건물이지만 지금은 본채가 불에 타 없어졌기 때문에 남아 있는 별당채와 사당만으로 옛날의 위세를 짐작해야 하는 안타까운 상황이다. 그러나 북촌댁北村宅은 거의 훼손 없이 당당하게 아랫하회를 지키고 있다. 북촌댁의 완정完整함은 다른 집에 비해 상대적으로 늦게 지어진 점이 가장 큰 이유일 것이라고 여겨지기도 하지만 그보다는 북촌댁에 기울인 주인의 대단한 노력과 정성 때문일 것이다. 북촌댁 같은 집은 자주 만날 수 없다.

　북촌댁은 1864년(고종 1)에 석호石湖 유도성柳道性이 건축했다. 조선은 신분 사회이다. 당연히 신분에 따라 여러 법적 제약이 가해지는데 신분에 따른 살림집 대지의 넓이와 칸수 및 부재의 크기·종류·장식을 규정한 '가사제한령家舍制限令'이 최고 법전인『경국대전』에 '만세지법萬歲之法'으로 수록되어 조선 말엽까지 존속되었다. 이 법령은 여러 차례의 수정을 거치면서 합리성을 추구하게 되었지만, 보다 좋은 집에 살고자 하는 사람들의 과욕때문에 엄격히 지켜지지는 않았다.

　일반적으로 가장 큰 살림집을 형용하는 말로 널리 알려진 것은 '아흔아홉 칸 집'이라는 말이다. 아마도 창덕궁 비원秘苑의 연경당演慶堂에서 유래하였을 것이다. 어떻든 99칸은 사가私家의 최대 칸수이다. 많은 사람들이 99칸 집의 규모를 생각할 때 집이 99채 있는 것으로 여긴다. 그러나 그렇지 않다. 한옥의 칸수는 기둥과 기둥 사이가 1칸이다. 그러므로 집의 정면에 6개, 옆에 3개의 기둥이 있는 집 1채가 10칸 집이 된다. 칸수를 세는 것도 몇 가지 사정으로 인해 만만찮은 일이다. 북촌댁은 대략 55~56칸 정도의 집이지만 '초가

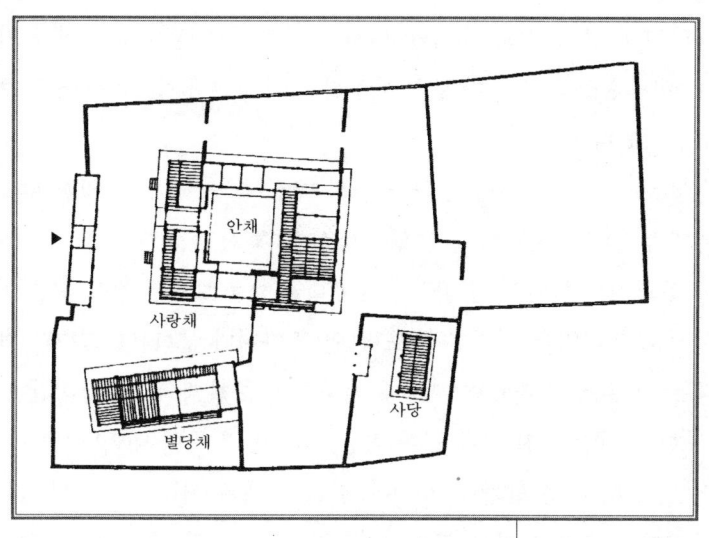

▲ 〈북촌댁 평면도〉

삼간 오막살이'라는 말이 나타내듯 서민의 집과 비교하면 그야말로 대궐 중의 대궐이다.

 북촌댁 주인이 집을 지을 때 고민하였을 것을 크게 두 가지 정도로 추측해볼 수 있는데, 첫째가 집의 규모이다. 양진당과 충효당은 처음 집을 지을 당시에는 지금처럼 크지 않았다. 시간이 지나면서 종가로서 치러야 할 여러 일들 때문에 갖가지 부속 건물이 더해져 현재의 규모처럼 커진 것이다. 그러나 북촌댁은 처음부터 현재의 크기로 계획되어 지어진 집이다. 유도성이 비록 풍산 유씨와 같은 동성동본이라고는 하지만 양진·충효 두 종가보다 더 크고 화려한 집을 하회에 짓는 것은 재력의 문제가 아니었다. 그럼에도 불구하고 유도성은 두 종가에 조금도 뒤지지 않는 규모의 집을 건축하였고 나아가 집의 높이와 부재의 화려함과 장식에 있어 종가보다 뛰어나고자 하는 마음을 여실히 드러내었다. 그것은 어찌 보면 도전이었다.

둘째는 집의 위치를 정하는 자리 매김 즉 풍수이다. 윗하회의 남촌댁과 충효당, 아랫하회의 양진당이 각각 화천을 향해 자리를 잡고 난 하회에서 혈처인 삼신당에 기대고 화천을 보면서 집을 지을 곳은 현재의 위치밖에 없다고 해도 과언이 아니다. 그러나 그 자리에서 강을 보며 집을 지으면 부용대 절벽을 마주하게 된다. 절벽같은 높고 험한 지형이 집 앞에 있어 집을 눌러 버릴 듯이 내려다보는 것을 '능압凌壓'이라 하는데, 이는 사람들이 매우 꺼리는 것이다. 왜 꺼리는지는 다른 설명이 필요 없다. 어느 누가 집 안에 있을 때나 집 밖으로 나갈 때 무엇이 앞을 턱 가로막고 있는 듯한 느낌이 드는 자리에 살고 싶겠는가? 더구나 그곳은 방향마저 북향北向이니 그 자리를 차지할 수밖에 없는 유도성의 심정이 오죽했으랴. 그래서 그는 어쩔 수 없이 주산인 화산을 향해 돌아앉아 동향을 하면서 울분을 달래기 위해 더욱 더 크고 높게 집을 지은 것이 아닐까? 게다가 별당채마저 강 쪽으로는 좌향을 잡지 못하고 안채를 향하게 해야 했으니, 유도성의 쓰라린 마음을 나는 짐작하고도 남겠다. 이 능압의 문제는 유도성이 북촌댁을 지을 때보다 250여 년 앞선 시기에 병산서원屛山書院이 건축될 때에 극명하게 드러났다.

연좌루

북촌댁 곁에는 원지정사遠志精舍가 있다. 유성룡이 옥당玉堂(홍문관)에 있을 때 부친상을 당해 낙향하여 지은 집이다. 이 집은 맞배

▲ 원지정사와 연좌루

지붕의 3칸 집으로, 2칸은 온돌방을 들이고 1칸은 마루로 구성했는데 칸살이 적어 아주 자그마하고 소박하다. 정사 옆에는 연좌루燕坐樓가 있는데, 이것이 하회에서 유일한 누다.

하회는 사방을 산이 둘러싸고 있으므로 멀리 그리고 시원하게 내려다볼 수 있는 경관이 없다. 그러므로 높은 누각을 지어서 부감俯瞰할 필요가 없다. 당연히 하회에는 누를 지을 이유가 없다. 그런데, 왜 유독 원지정사에는 누가 있을까? 내 판단으로는 능압 때문이다. 원지정사는 부용대 절벽을 정면으로 바라보고 있다. 거리가 가깝기 때문에 부용대가 주는 느낌은 정답지 않다. 절벽이 주는 위압감에서 조금이라도 벗어나기 위해서는 절벽에 눌리지 않는 높이가 필요하다. 그 높이를 확보하기 위해 즉 능압에 걸리지 않기 위해 누를 세웠을 것이다. 그 사실은 원지정사의 마루에 앉아서 부용대를 보고, 이어서 연좌루에 올라 부용대를 보면 대번에 느낄 수 있다. 삶의 공간은 자연 공간과 조화를 이루어야 하는 것이다.

남촌댁

남촌댁南村宅은 슬프다. 아마 하회에서 가장 슬픈 집일 것이다. 어떤 이들은 '폐허의 미학'을 말하기도 하지만 나는 남촌댁에서 그런 느낌을 가질 수 없다. 영광이 사라지면 추억이라도 남는다지만 남촌댁에서는 추억도 느낄 수 없다.

남촌댁은 정조 21년인 1797년 형조좌랑 유기영柳驥榮이 건립했다. 충효당과 함께 하회 남촌을 대표하는 우람한 저택이었다. 그러나 1954년에 일어난 화재로 집의 대부분이 소실되고 말았다. 수많은 서화와 살림살이가 연기로 화했으니 후손의 심정이 오죽하랴. 그래서일까? 남촌댁은 대문을 닫아 놓고 있다. 골목 안에 위치하고 있어 찾기도 쉽지 않거니와 찾아가더라도 문이 잠겨 있어 밖에서 기웃거리기 십상이다. 게다가 건물 한 채만이 넓은 터에 덜렁하니 서 있는 모습이 스산하기까지 하다. 남촌댁은 잊혀져 가는 집이다.

그러나 안 된다. 남촌댁은 잊혀질 수 없는 집이다. 나는 자신 있게 단언한다. "남촌댁은 하회의 최고이다." 비록 대부분의 건물이 소실됐을망정 지금 남아 있는 '사당'과 퇴락한 '별당'만으로도 충분히 제일의 찬사를 받아 마땅하다. 하회의 최고가 아니라 어쩌면 '조선의 최고'일지도 모른다.

사당과 별당이 만들어 내는 공간은 가히 경이롭다. 그 공간은 한 정점頂點이자 천재성을 드러내는 곳이다. 나는 그 공간의 경이로움을 어떻게 표현할 수 없다. 그냥 '최고'라는 말밖에는…….

　남촌댁의 휑한 마당 오른쪽 구석에는 울창한 대나무 숲과 목련이 있고 그 사이에 작은 담장이 있는데 나무에 가려서 유심히 보지 않으면 문을 발견하기 어렵다. 무조건 그 대나무 쪽으로 가야 한다. 가면 담을 뚫어 만든 월동문이 있고 문 위에 문의 이름이 걸려 있다. '격진문隔塵門', 속된 세상을 벗어나는 입구라는 뜻이다. 심산유곡 암자에나 어울릴 듯한 이름이지만 그 문을 들어서는 순간, 그 안쪽은 완벽하게 속세와 차단된다. 나는 그런 느낌을 주는 공간을 어디에서도 본 적이 없다. 삼면의 담과 세 개의 문이 구성하는 조그마한 공간은 내 능력으로는 무어라고 형용할 수 없는 것이었다. 그 중의 한 문으로 들어가면 죽림竹林 속에 별당이 있다. 그곳은 속세가 아니다.

하회를 돌아나오며

　나는 오래 전부터 몇 가지 이유 때문에 자주 하회를 찾았다. 계절 따라 변하는 하회의 풍광을 마을 안팎에서 두루 만끽하였고, 집 하나하나를 자세히 뜯어보았으며 그 땅에 남아 있는 인물의 자취를 살펴보았다. 마을 안에서 여러 번 잠도 잤고 강가에서 텐트 치고 지내면서 사진도 많이 찍었다. 하회는 언제 어느 곳에서나 정겹고 아늑했으며 어릴 적 기억 속의 고향 같았다.

　그러나 나는 몇 해 전부터 하회에 가지 않는다. 주차장과 매표소가 들어서고부터는 더욱이나 하회의 근방에도 얼씬거리기 싫었다. 하회에 그득한 관광객들을 보면 현기증이 일 정도이다. 이제는 정말 가고 싶지 않다. 이 장을 쓰면서 한 번은 더 하회를 다녀와야 하지 않겠느냐고 자신을 달래면서도 나는 가지 않았다. 결국 다른 사람 때문에 부용대에 몇 번 올랐을 뿐, 어쩔 수 없는 부탁으로 가야 할 일이 생기면 나는 여러 이유를 들어 사양을 했다. 마지못해 갈 때에도 나는 마을 안에는 들어가지 않았다. 나는 영국 여왕 때문에 관광지가 되어 버린 하회가 싫다. 그렇지만 안동에 살면서 어찌 하회를 들어가지 않고 버틸 수 있겠는가?

임재해는 이미 오래 전에 『안동 하회마을』에서 현재의 하회에 대해 깊은 우려를 나타내고 하회의 미래에 대해 귀담아들어야 할 목소리를 낸 바가 있다. 조금 길지만 안동을 대표하다시피 하는 하회를 진단함이 어찌 한두 마디로 될 것인가. 그의 탁견에 귀를 기울이는 것은 하회를 아끼고자 하는 사람들이 통과해야 할 의례이다.

하회 마을은 20세기 초의 상황에서 정체된 채, 관 주도의 전통 문화 보존 정책에 족쇄가 채워진 채 관광객들의 구경거리가 되고 있다. 뿐만 아니라 마을 출신의 부호들이 실제 삶의 근거지는 도시에 두고서도 하회에다가 고대광실 같은 한옥을 지어 자기 위세를 과시하고 있다. 그렇지 않아도 쪼들리는 토박이들은 이들의 위세로 더욱 주눅이 들게 되었다. 그래서 당당하게 지켜오던 오랜 가풍도 잦아들고, 관광객 상대의 상행위와 민박이 마을에 남아 있는 다수 주민의 생계 수단으로 점차 그 자리를 넓혀 가고 있는 상태이다.

그러므로 하회 마을에는 역사의 진보를 정체시키는 관제 전통이 정부의 보호를 받으며 잔존해 있고, 고향을 등지고 객지에 나가서 돈깨나 번 부호들의 대형 와가瓦家는 계속 마을에 새로 들어서면서 마을의 경관을 해치고 있되 민중적 전통은 새롭게 그 뿌리를 박지 못한 채 급격히 쇠퇴하고 있다. 그런 까닭에 마을을 지키며 붙박이로 살고 있는 하회의 토박이들은 더욱 부자유스럽고 경제적으로 위축된 삶을 살아야 하는 처지에 놓여 있다. 그들은 하회탈춤의 현실 인식을 잠재적으로 전승하면서 또 한

차례의 변혁을 꿈꾸고 있는지도 모른다. 그러나 객지에 나가서 출세했다는 사람들의 생각은 다른 데 있다. 그들은 결코 하회 마을의 변화 발전을 기대하지 않는다. 변혁은 더더욱 거역스럽게 여긴다. 나가 사는 부호들이 조선조의 봉건적 체제 속에 정체되어 있는 고향 마을을 기대하며 새로운 지배 계급이 되고자 하는 탓이다.

우리는 이러한 봉건적 발상과 퇴행적 삶을 경계해야 마땅하지만 이에 대한 적절한 대안은 선뜻 마련할 수 없다. 하회 마을에 붙박이로 살고 있는 토박이들의 주체적 의사에 따라서 그러한 대안이 합의되고 모색되어야 할 것이다. 마을 토박이들의 주체적 변혁의 기량을 기대하며 이를 부추기는 데 우리도 한몫 담당할 수 있다면 큰 다행이겠다. 하회가 조선조 한 때의 모습을 보여주는 그런 정체된 마을이 아니라, 지금 이 땅의 역사를 진전시키는 데 적극적으로 이바지하는 생동하는 실체로 살아있는 오늘의 마을이기를 기대해야 할 것이다.[22]

하회의 오늘이 어떠하며 하회의 내일이 어떠해야 하는가를 생각하는 것은 하회만의 일이 아니다. 그것은 안동의 현재와 미래를 생각하는 일이다. 또한 우리 삶의 지금을 돌이키고 다가올 날들의 의미를 묻는 일이다. 그 물음에 성실하지 못하다면 우리는 결코 우리의 미래를 희망으로 맞이할 수 없다.

'인법지'

『노자老子』 25장에 '인법지人法地'라는 말이 있다. 이 장은 도道의 모습과 '스스로 그러함'(自然)의 궁극성을 노래하고 있다. 그러므로 '인법지'도 장 전체의 맥락에서 의미를 이해해야겠지만 단장취의斷章取義하더라도 큰 무리는 없을 것이다.

---

22) 임재해, 『안동 하회마을』(대원사, 1992)

법은 '본받다'는 뜻이므로, '인법지'는 '사람이 땅을 본받는다'는 뜻이 된다. 다시 말하면 사람은 자기가 사는 땅의 모습과 땅에서 일어나는 일들을 본보기로 하여 따라한다는 말이다. 늙으신 스승님께서 어떤 의미로 말씀하셨는지는 각자 『노자』를 보면서 미루어 짐작해 보고, 나는 풍수학인이니 풍수적으로 해석해보겠다.

땅은 사람의 궁극이다. 땅은 삶의 전부이다. 내 앞에서 조상이 살았던 곳이며 지금 내가 살고 있는 곳인 동시에 우리 자손들의 다음 생을 기약할 수 있는 유일한 터전이다. 하회는 그런 땅이다. 우리는 땅에서 태어나 땅이 주는 것을 먹으며 땅에서 생명을 가꾸다가 땅으로 돌아간다. 땅을 거역한다는 것은 있을 수 없는 일이다. 땅은 인간이 없어도 아무런 문제가 없지만 인간은 땅이 없으면 살 수 없다. 땅에서, 오직 땅에서만이 스스로 그러하게 움트고 자라는 생명의 기운과 돌아갈 때를 알아 무지무욕無知無欲으로 스러지는 만물의 모습을 볼 수 있다. 땅의 공능을 체험한 사람은 노자를 알기 전부터 이미 '인법지'의 의미를 깨치고 있으리라. 땅으로 돌아가야 한다. 그렇다고 농사를 지으라는 말이 아니다. 땅을 살리는 것이 사람을 살리는 것임을 깨달아야 한다는 말이다. 풍수는 땅의 디자인(Design)이며, 땅의 의술醫術이며, 땅의 사람이다. 그리고 하회는 하나의 땅이다.

하회청풍

안동팔경의 마지막은 '하회의 맑은 바람'이라는 '하회청풍河回淸風'이다. 맑은 바람이 어찌 그냥 바람만을 형용하는 말이리오. 하회를 빛낸 인물들이 이 땅에 드리운 자취가 맑은 바람처럼 사람들을 어루만져 준다는 뜻이 아니겠는가? 미천眉川 안상학安相學 시인은 안동팔경을 패러디해서 시로 옮겨 놓았다. 그 중에서 하회 편인 「꽃산에 올라─하회청풍河回淸風」을 들으며 하회 구경을 마치자.

돌아올 것도 더 떠나갈 것도 없다.
꽃산에 올라 더 이상 사랑을 기다리지 마라.
오래도록 다정한 물은 해를 따라 넘나들고
남룡 북룡은 달빛 속에서 도하가渡河歌를 부르지만
연꽃은 한 번도 물위로 피어오르지 않았고
삼신당 아래 두런거리던 사람들은 강 건너간 지 오래.

그리운 것도 더 잊을 것도 이젠 없다.
나루에 서서 더 이상 이별도 하지 마라.
물과 땅이 한 천년 사랑을 나눈다 해서
바람이 한 천년 솔가지 사이에 잠잔다 해서
사람의 사랑이 꽃으로 필 수 있을까?
사람의 이별이 꽃으로 질 수 있을까?
바람이 분다 해서 맑은 바람이 불어 온다 해서
꽃산에 올라 더는 이별을 노래하지도 마라.
나루에 서서 더는 사랑을 기다리지도 마라.[23]

---

23) 안상학의 홈페이지에 「꽃산에 올라─河回淸風」이 실려 있다.(http://sangang.andong.net)

2. 병산서원
― 건축, 그 영원한 풍수의 주제

병산서원

하회는 이제 손꼽히는 관광지가 되었다. 하회에서 무엇을 보든 그것은 각자의 몫이다. 그러나 하회하면 빼놓을 수 없는 곳이 병산屛山이다. 왜냐하면 그곳에 병산서원屛山書院이 있기 때문이다. 어떤 이는 병산서원을 가리켜 '한국 제일'이라고까지 칭찬한다.

병산은 하회 가는 언덕 길목에서 왼쪽으로 들어간다. 표지판이 있으므로 누구나 쉽게 찾을 수 있다. 병산 가는 길은 비포장 도로이다. 풍산들의 서쪽 끝에서 동쪽 끝을 볼 수 있는 길이다. 낙동강을 내려다보며 가는 길이다. 아직까지는 사람의 냄새가 물씬 풍기는 길이다. 그래서 사람들은 그 길은 걸어서 가야 한다고 주장한다. 우리 나라의 길 가운데 최고라고 하는 그 길의 끝에 병산과 병산서원이 있다. 병산은 병산서원 맞은편 산을 가리키는데 깎아지른 듯한 절벽이 마치 병풍을 펼쳐 놓은 듯하여 붙여진 이름이다.

안동시 풍천면 병산리 30번지에 있는 병산서원은 사적 제260호로 지정되었다. 고려조 때에 하회에 터를 잡은 하회 유씨들이 자손의 교육을 위하여 풍산현에 세운 풍악서당豊岳書堂을 선조 5년(1572)에 유성룡이 현재의 위치로 옮기고 병산서원이라 하였다. 광해군 5년(1613)에 지방 유림들이 유성룡의 학문과 덕행을 추모하여 존덕사尊德祀를 건립하여 향사享祀의 기능을 갖춘 서원이 되었다. 인조 7년(1629)에 유성룡의 아들 수암修巖 진袗(1582~1632)을 추가로 배향하였다. 철종 14년(1863)에 '병산'이라는 사액賜額을 받아 사액서원이 되었다. 병산서원은 고종 8년(1871) 대원군의 서원철폐령 때 훼철되지 않은 47개 서원 가운데 하나이다. 매년 3월과 9월의 첫 번째 정일丁日에 향사를 지낸다.

▲ 병산서원 전경

처음 병산에 간 날

나는 1980년 5월 30일 제대除隊를 하고 그 해 7월, 상문독서회라는 학교 서클 여름 MT 선발대로 안동에 처음 발을 디뎠다. MT 장소가 병산이었기 때문이다. 그때만 해도 나는 안동과 병산에 대한 아무런 지식을 갖고 있지 않을 때였다. 후배 6명과 함께 저녁 기차로 안동역에 내린 우리 일행은 역 광장 바로 옆에 있는 식당에 들어갔다. 다음은 식당에서 한 대화.

"야들아, 일곱 명 다 밥을 먹으면 술 먹을 돈이 없으니까 밥은 적게 시키고 막걸리 마시자. 정식 시키면 반찬이 많이 나오니까 밥만 추가하면 된다. 어떠냐?"
"좋습니다."
"주인요! 여기 정식 1인 분에 밥 여섯 개 주소."
"아니, 학생들. 나는 논 팔아 놓고 장사하는 줄 아나?"
"아니요, 우리가 밥 좀 덜 먹고 그 돈으로 여기서 술 먹고 안주도 먹고 할 꺼니까 봐 줘요."
"그래도 그건 안 돼!"
"그럼 어떻게 해요?"
"2인 분 시키고 밥 다섯 개 해라."
"예! 그리고 정식 5인 분 어치는 막걸리로 주시고 가능하면 안주는 적게 주세요."

그랬다. 해병대를 갓 제대한 나와 대학 1, 2학년인 우리 일행은 아무런 갈등 없이 그렇게 막걸리를 마시면서 하나가 되었다. 안주는 당연히 '중앙통제시스템' 이다. 그것은 좌중의 최고참인 내가 안주를 배급(?)하는 것이다. 술기운이 거나하게 오르자 당연히 돈이 부족했다. 이어지는 대화.

"야들아, 오늘 우리 여인숙에서 잠을 자고 지금 술을 그만 먹을래, 노숙을 하고 숙박비로 막걸리 더 먹을래?"
"형님 생각은 어떤데요?"
"야! 임마, 나야 당연히 더 먹자 쪽이지."
"노숙할 데가 있을까요?"
"임마야, 이 촌구석에 아무 데나 자면 되지. 노숙할 데가 없겠냐?"
"좋습니다. 더 마십시다."

신나게 마셨다. 쇠도 녹일 나이가 아니던가? 무슨 겁이 있으리오. 식당 주인의 거듭되는 축객령도 거부하다 드디어 통금 시간이 다 되었다. 그놈의 통행 금지. 얼마나 얄밉던지.

식당을 나와 각자 짐을 나눠지고 두 줄로 열을 맞추어 내 구령에 따라 구보를 했다. "번호 부쳐 가." "제2 번호 부쳐 가." "구보 중에 군가 한다. 군가는 '진짜 사나이'. 요령은 목이 터져 죽도록. 군가 시작. 하나, 둘, 셋, 넷." "사나이로 태어나서 할 일도 많다만 너와 나……."

대한민국 젊은이라면 누가 군대를 모를 리 있으며 누가 '진짜 사나이'를 모르겠는가? 누가 군대 문화에 길들어 있지 않았으랴. 선후배의 끈끈한 정과 술기운에 취한 우리는 어떤 군인보다도 더 용감하고 씩씩하게 달렸다. 지금은 그 길을 다 기억하지만 당시에는 어디로 가는지도 모르고 그냥 가장 빠르게 도시 바깥으로 나가는 길을 달렸다. 식당 주인이 가르쳐 준 대로 다리를 넘어 둑길을 얼마쯤 달렸을 때 도시의 불빛도 뜸해지고 시내 건너 자그마한 아파트가 보이는 둑에 이르렀다. 둑 밑은 사과 과수원이었고 어디를 보나 통금이 지난 시각에 사람이 다닐 것 같지 않았다. 주섬주섬 짐을 챙기고 잠을 자기 위해 대형 천막을 치려는 후배들에게 나는 큰소리로 타일렀다.

2. 병산서원 103

"알마들아! 어느 세월에 텐트를 치고 있냐. 그냥 깔고 자라. 날씨 시원하고, 하늘에 별 봐라. 잠도 잘 오겠다."
"모기가 물지 않을까요?"
"일마들이 대학생이라면서 상식도 없냐? 모기는 암놈이 알을 낳기 위하여 사람 피를 빨아먹고 쑥놈은 피를 안 먹는다. 암놈들은 지금 피 먹으러 전부 지 아파트 쪽으로 갔고 여기는 쑥놈밖에 없다. 걱정할 걸 해야지. 그냥 푹 자라."
"아, 그래요? 그럼 그냥 잡시다."

나는 곧 잠에 골아 떨어졌다. 얼마나 지났을까? 목이 말라 눈을 뜨니 아직도 깜깜한데 후배들이 전부 일어나서 왔다갔다하고 있었다.

"야! 너들 왜 일어났어, 더 자지 않고?"
"아이고, 형님. 모기 안 뭅니까?"
"일마들이 이거. 모기 없다 안 카더나. 무슨 모기가 있다고 물기는 무냐?"
"아이구, 형님은 정말 희한합니다. 우리는요, 모기 때문에 한숨도 못 잤습니다. 정말로 안 물어요?"
"일마들이 영 기합이 빠져서. 웃기지 말고 자라, 응."

벌컥벌컥 찬물을 들이키고 나는 곧 다시 잠에 떨어졌다. 그러다 후배들이 깨우는 바람에 나는 새벽녘에 일어나야 했는데, 후배들은 그런 나를 보고 무척 신기해했다. 후배들은 모기 때문에 거의 밤을 꼬박 세우다시피 했다. 그러나 나는 정말로 모기가 무는 것을 몰랐다. 그리고 내 몸 어디에서도 모기가 문 흔적을 찾을 수 없었다. 지금도 그때 후배들을 만나면 모기 이야기부터 듣게 된다.

그 뒤부터는 기억이 거의 없다. 아침을 먹었는지, 어떻게 버스 정거장에 갔는지, 몇 시에 어디를 어떻게 지났는지 기억나지 않는다. 다만 병산까지 가는 버스가 없어서 풍산에서 내린 뒤에 병산까지 걸어갔던 것을 기억하고 있다.

병산을 다녀간 사람들 대부분은 병산 가는 길의 아름다움을 찬탄하곤 한다. 그러나 내가 처음 갔을 때의 병산길은 거의 악몽같았다. 한여름 해가 뜨자마자 찌기 시작하는 날씨에 아무리 젊다지만 숙취에다 노숙을 하고 한 짐 가득 짊어지고 있었으니 말해 무엇하리. 지금은 그 모든 길을 선명하게 기억하지만 당시에는 병산으로 가는 길이 어떠했는지 아무 기억이 없었다. 그늘 하나 없는 지독한 둑길을 땀으로 목욕하면서 하염없이 걸었던 기억밖에는. 천막이 가장 무거웠지만 나누어질 수 없기 때문에 그 먼 길을 혼자서 메고 간 후배 녀석의 후일담이다. "형님, 제가 그때 그 짐 어떻게 메고 갔는지 지금 생각해도 신기해요." 그렇게 말하는 후배 유오현柳五鉉. 제천에서 교편을 잡고 있는 그도 이제 불혹의 나이가 지났다. 우리가 풍산읍에서 지금의 소산리 앞 매곡천梅谷川 둑길을 따라 병산으로 갔던 길은 제대로 된 길이 없었으며 사람들이 살고 있지도 않은 듯했다. 내 기억에는 마을을 본 적도 없었고, 드넓은 풍산들도 없었다. 그저 과수원만 있었다. 과수원 밭둑을 따라 강가 백사장에 도착했을 때 우리 모두는 기진맥진하여 그냥 퍼져 버렸다. 그러나 본대가 도착할 시간이 다가오는지라 야영 준비를 해야 했던 우리는 물먹은 솜처럼 늘어지는 몸을 억지로 추스르고 천막을 쳐야 했다.

우리는 그 낙동강 백사장에서 3박 4일 동안 먹고 마시고 토론하고 파리 낚시로 물고기를 잡아먹으며 밤이면 '기수 빳따'를 맞고 치면서 보냈다. 후배에 의하면 만대루에서 토론도 하고 마지막 날은 비가 와서 병산서원에서 보내기도 했다는데, 나는 아무 기억이 없다. 병산에 갔다 왔다는 기억은 너무나 선명하지만 서원과 주변의 풍경에 대한 기억은 신기하리만치 하나도 없다. 그때의 병산은 오직 노숙이었을 뿐이다.

김용옥이 본 병산

도올檮杌 김용옥金容沃은 병산 가는 길과 병산서원을 참으로 사랑한 사람이다. 만약 그가 1986년 '양심 선언'으로 고려대학교 교수직을 사퇴하지 않고 계속 있었다면 그가 느끼는 병산서원의 의미는 지금과 많이 달랐을 것이다. 그 점은 그의 책『노자철학 이것이다』(통나무, 1989)에서 미루어 짐작할 수 있다.

나는 82년 귀국하고 며칠 안 되어서 우연히 안동 지역에 바람을 쐬고 올 기회가 있었는데, 그때 난 영남에 남아 있는 서원들이야말로 옥스퍼드나 캠브리지에 있는 콰드랭글(quadrangle, 대학 등의 건물에 둘러싸인 안뜰)의 칼리지와 동일한 학문 기관 전통과 양식을 갖추고 있다고 생각하였고, 그래서 그것이 단순히 전통 가옥으로 보존될 것이 아니라 진정한 서원으로 부활되어야 한다고 생각했다. 그 부활의 가장 리얼리스틱한 방도는 기존의 일류 대학들이 그 서원들을 어떤 형태로든 흡수시켜 그곳에 그 양식대로 학위 과정을 인정하는 특수 학원을 설립하는 일일 것이라고 생각했다. 그래서 나는 이러한 원대한 포부를 실현하기 위하여 내가 먼저 솔선 수범하여 실천하는 길밖엔 없다고 생각했다. 그래서 이듬해 1983년 여름 방학 때부터 나는 '동양고전국역회'의 학생들에게 한복을 사 입혀 주고 그들을 데리고 병산서원에 내려갔다. 83, 84, 85년 여름을 계속 내려갔다.

83년에 하회 뒷산을 넘어 낙동강 강변을 따라 병산으로 넘어가는 산길은 인간의 상상력을 초월한 천연의 아름다움을 간직하고 있었다. 내가 경험한 가장 아름다운 오솔길이었다. 땡볕 쬐는 한여름 매미 소리가 따가울 때 하회에서 엉차엉차 땀을 흘리며 뒷산을 올라 한 구비 돌아 넘어가면 광활한 낙동강 강변의 처녀 젖가슴처럼 희디흰 젖빛의 모래사장이 좌악 펼쳐지고 커다란 떡갈나무 잎들이 내 발 밑 기암 벼랑으로 흐르는 푸르디푸른 낙동강 강물을 가린다. 백사장 저 끝에는 문자 그대로 병풍처럼 늘어선 기암의 병산屛山이 서원을 마주하고 있고 그 사이에는 몇 그루의 노송이 의젓하게 춤을 추고 있다.[1]

내가 갔던 80년 그 해 여름은 83년 여름보다도 더 아름다웠으련만 산천을 보는 눈이 없었으니 눈이 두 개나 있은들 어디에 써먹을 수 있었을까. 그래도 다행히 이제 조금씩 눈이 뜨여 가니 다행스러운 일이기는 하지만 좀더 일찍 눈을 뜨지 못한 것이 원망스럽다. 그러나 병산 길과 병산서원은 아직은 충분히 아름답다. 과연 계속 보전될 수 있을까? 보전되기를 빌고 또 빈다.

병산서원은 하회 같은 돌혈이 아니다. 병산에 가는 목적은 하회를 구경한 김에 병산서원의 건축 및 풍수와 건축이 어떤 관계를 맺고 있는가를 살펴보려는 것이다.

건축

건축建築(Architecture)은 건물(Building)과 다르다. 건물은 필요에 따라 단순한 건조 기술로 만드는 구조물이지만 건축은 '조형造形 의지와 이데올로기가 담긴 구조물'이다. 그러므로 건축은 건축주와 건축가의 개성과 인격의 실체를 의미한다. 따라서 건축을 삶을 위한 도구로만 이해해서는 안 된다. 건축가 김봉열金奉烈(1958~)

---

[1] 『노자 철학 이것이다』(통나무, 1989), 13~15쪽.

의 이야기를 들어보자.

· 건축을 통해서 역사를 읽고, 인간을 읽고 싶었다. 거꾸로 역사를 통해서 건축의 본질을 깨닫고 그것을 만든 사람들의 생각을 이해하고 싶었다.

· 앎이란 깨달음이며, 삶이란 변화다. 위대한 건축은 그 깨달음과 변화를 담고 있다. 영원한 건축이란 그 깨달음을 전달해 주어 또 다른 앎을 가능하게 하며, 항상 변화하면서 또 다른 삶을 얻게 하는 건축이다.

· 건축은 집 짓는 기술이 아니다. 건축이란 집을 매개로 벌어지는 개별적인 깨달음의 과정이고 집단적인 문화 활동이다. 따라서 역사 속의 건축에서 우리가 필요로 하는 것은 기술이 아니라 과거의 건축인들이 고민했던 생각들이며 그들이 도달했던 깨달음이며 그들이 성취했던 실천의 결과와 행위들이다. 과거의 건축에서 중요한 것은 형태나 장식이 아니고 심지어는 공간과 그 구성 방식도 아니며, 지식이며 지혜이며 정신이다.[2]

건축가 서현徐顯은 그의 책, 『건축, 음악처럼 듣고 미술처럼 보다』에서 건축을 책의 제목에서와 같이 음악 같고 미술 같이 설명했다. 못 하나를 벽에 박는 것으로 시작되는 그의 책은 건축을 이해하고자 하는 사람에게는 보배이다. 그 책 「맺는 말」의 일부를 요약해 보았다.

건축이 비를 피할 만한 공간을 만들거나, 한 뼘이라도 더 임대할 공간을 짜내는 것은 아니다. 건축은 사회 이데올로기를 표현하게 된다. 이에 따라 건축가들은 자신이 만드는 건물이 그 시대의 정신에 적합한 것인지를 성찰한다. 그리고 건물을 통해서 사회를 들여다본다. "저 건물은 멋있는

---

[2] 인용한 문장은 차례로 『시대를 담는 그릇』(이상건축, 1999), 『앎과 삶의 공간』(이상건축, 1999), 『이 땅에 새겨진 정신』(이상건축, 1999)의 서문에 있다. 고건축에 관심 있는 사람은 꼭 읽기를 권한다.

겁니까?' 이 질문은 잘못된 것이다. 잘못되어 있지 않다면 위험하다. 우선 이 질문은 질문자 스스로 해야 하기 때문이다. 자신의 두 눈으로 보아야 한다. 대상의 감상과 판단은 스스로 하여야 한다. 건축의 화두話頭는 형태에 있는 것이 아니다. 건축의 가치는 멋있다고 표현될 수 있는 것 너머에 있다. 건축은 우리의 가치관을, 우리의 사고 구조를 우리가 사는 방법을 통하여 보여주는 인간 정신의 표현이다.[3]

나는 건축학도가 아니기 때문에 과연 앞으로 건축의 깊은 맛을 얼마나 느낄 수 있을지 짐작도 할 수 없다. 그러나 한 가지는 분명하다. 그것은 김봉열과 서현의 주장에 전적으로 동의한다는 점이다. 그리고 나는 현대 건축보다는 우리 나라의 고건축을 훨씬 더 좋아한다.

내가 전통 건축을 좋아하는 이유는 단순하다. 나는 서서 얼쩡거리기보다는 앉아 있기를 더 좋아한다. 의자에 걸터앉기보다는 따뜻한 바닥에서 가부좌 틀기를 더 좋아하고 가부좌보다도 눕는 것이 더 편하고 좋다. 그러므로 걸터앉든 가부좌를 하든 눕든 거실이 아니라, 쪽마루가 있는 한옥이 더 편하고 좋다. 천장이 낮고 자그마한 방에서 자는 잠이 더 달다.

병산서원에 가면 만대루에 올라앉아 있다가 마루에 드러눕는 기분이 그저 그만이다. 사람들이 있더라도 나는 염치 불구하고 드러누워 버린다. 강당의 마루에 걸터앉거나 책상다리를 하고 만대루와 병산이 그려내는 경치를 보는 것도 더할 나위 없는 즐거움이다. 게다가 병산서원은 언제나 깨끗하여 바로 앉거나 누울 수 있다. 그러므로 보존과 관리가 잘 되고 있는 병산서원에 가면 나는 몹시 즐겁다. 더욱이 한여름이면 나오기조차 싫을 정도이다.

---

3) 서현, 「맺는 말」, 『건축, 음악처럼 듣고 미술처럼 보다』(효형출판, 2000).

서원 건축

서원書院은 조선 중기부터 민간에 보급된 사학私學 기관이다. 건립 목적은 크게 보아서 두 가지로 나눌 수 있는데, 그 첫째가 선현 제향이다. 제향 공간은 이념적으로 서원 최고 위상의 공간이다. 이 공간에 사당을 설치하고 위패를 모시는데 대체로 서원의 가장 뒤쪽에 위치한다. 사당은 일반 사대부 집에 설치하는 가묘家廟와 그 크기나 형식이 같다. 다만 가묘에는 한 집안의 선조만을 모시는 반면 서원에는 몇 명 선현을 동시에 모시는 곳이 많다.

둘째는 유생儒生 즉 예비 유학자라 할 수 있는 청소년의 강학이다. 강학 공간은 실질적인 서원 중심 공간이다. 이 공간은 토론하고 강학하는 강당과 유생이 머무르는 동·서재로 구성되며 대칭되는 양재兩齋와 강당 및 누에 의해 대개 정방형의 공간을 형성한다.

서원 건축은 건립 목적인 제향과 강학에 필요한 건물과 그것을 지원하기 위해 설치되는 부속 건물들이 유학의 이념을 건축으로 구현하기 위하여 일정한 격식과 배치를 나타낸다. 그 원류는 아마도 사찰의 장엄 공간 구성과 맥을 같이한다고 보아도 무리가 없을 듯하다. 다만 서원은 유학의 자기 절제 정신을 표현하기 때문에 사찰에 비해서 규모를 줄이고 화려함을 추구하기보다는 검소함을 덕성으로 삼았다.

다시 말하면 서원의 '건립 목적'이 제향과 강학이라면, 그 '건축 목적'은 유학의 이념을 구현하는 것이라고 할 수 있다. 따라서 서원 건축의 일차적 목적은 유학의 위계와 질서를 건축으로 표현하는 것이다. 위계와 질서를 구현하기 위해 흔히 사용하는 방법이 '기하학적 규칙'이다. 이 기하학적 규칙은 건축축建築軸을 형성시켜주는 대칭을 사용하는 것이 일반적 방법이다.

형태적 대칭은 주로 좌우의 동·서재가 담당한다. 대칭은 반드시 중심축을 만드는데 대개 좌우 대칭의 중심선이 건축축이 되며, 사방을 에워싼 건물들은 공간의 중심점을 만든다. 공간에 중심이 있으면 공간에 위계와 서열이 생기며, 공간의 차례와 질서 관계에 따라 자연히 공간적 예禮가 형성된다. 그리고 그 공간이 정방형일수록 중심점이 명확해지므로 위계와 질서, 장엄과 위세를 강하게 드러내고자 하는 공간일수록 대체로 정사각형이 된다. 그러므로 사찰이나 서원의 중심 공간은 대체로 정사각형으로 만든다.

서원의 실질적인 중심 공간은 강당의 앞이다. 그 공간은 의례적이고 추상적인 공간이므로 엄숙하고 정갈하게 만들어야 한다. 병산서원의 중심 공간인 강당 앞 정방형의 마당에는 세 그루의 나무가 있다. 강당 정면의 무궁화는 중심선에 있으므로 그렇다 하더라도 좌우의 매화는 중심 공간을 분리하여 공간의 엄숙함을 깨뜨리고 있기 때문에 뽑는 것이 바람직하다. 나아가 마당의 잔디도 그 기능이 서원과는 어울리지 않으므로 없애는 편이 훨씬 더 낫다.

매스 게임은 질서 정연한 통일로 집체미集體美를 드러내지만 오래 그리고 자주 볼 아름다움은 아니다. 서원 건축이 비록 위계와 질서를 표현하는 것을 목적으로 한다 하더라도 매스 게임과 같다면 경직과 단조로움이 지배하는 죽은 공간과 다를 바 없다. 그러므로 건축은 아름다움을 추구해야 한다. 기능과 아름다움이 조화를 이루지 못한 건물은 건물일 뿐, 건축이 아니다.

건물을 아름답게 혹은 멋스럽게 만들기 위하여 사용하는 대표적 방법이 비례比例다. 비례는 물체의 각 부분 사이의 비율을 뜻한다. 이는 음악의 소리, 시의 언어, 미술의 색처럼 미적 창조의 가장 기본적 방법이자 중요한 도구의 하나이므로 대부분의 예술가들이 풀어야 하는 화두 중의 화두이다. 비례는 거의 어디에나 있다.

　건축의 비례는 '건물의 길이와 높이의 관계'라고 규정할 수 있다. 건물의 길이와 높이가 조화를 이루어 안정감과 아름다움을 나타내게 하는 것이야말로 건축가가 풀어야 할 숙제이다. 인간은 오랜 세월 동안 좋은 비례를 찾기 위하여 부단히 노력해 왔다. 그 노력의 결과 중 가장 널리 인정받는 것은 아마도 '황금 분할'(golden section)일 것이다.

　기능과 아름다움이 조화를 이루어 많은 사람이 공감하게 되면 비슷한 모양의 형태가 반복되게 된다. 이 반복적으로 표현되는 형태를 '양식樣式'이라 한다. 건축 양식은 여러 건물에 표현된 기본 성질들을 추출하고 그것들을 분류하여 몇 개의 개념적 범주範疇(카테고리)로 묶어서 이해하는 방법이다. 양식은 크게 수학적 질서로 조화와 통일을 추구하여 합리성을 표현하는 '르네상스 양식'과 수학적 원리에서 벗어난 변형과 과장으로 낭만성을 추구하는 '바로크 양식'으로 대별된다.

　건축에는 시대와 지역에 따른 건축물 고유의 표현 구조가 있다. 우리 나라 목조 고건축 양식은 대체로 주심포柱心包·다포多包·익공翼栱의 세 가지로 구분된다. 물론 이 외의 형식도 있다. 병산서원의 만대루는 '소로창방수장집'이라 부른다. 강당인 입교당立教堂은 위 세 가지의 양식 중 어느 것도 충실히 따르지 않았는데, 이런 집은 그냥 '포집'이라 부른다.

　건축은 기본적으로 사람이 생활하는 공간이다. 그러므로 공간의 구성도 중요하지만 그에 못지 않게 크기도 중요하다. 그 크기가 바로 '척도尺度'(scale)이다. 건축적 척도는 사람의 지각을 기준으로 했을 때 느끼는 상대적인 크기를 말한다. 인간의 감각적 크기에 적당하여 편안함과 친근감을 주는 것을 '인간적 척도'라 하고, 그 한계를 넘어 불편함이나 위압감을 주는 것을 '기념비적 척도'라 한다. 인간적 척도의 한계는 대략 높이 5층, 길이 5칸 정도이다.

우리 나라 고건축의 특징 가운데 하나는 바로 인간적 척도의 규모를 통해 자연과의 조화를 추구하는 것이다. 그리고 한국 고건축이 인간적 척도로 기념비적 척도가 지닌 장엄함을 구현함으로써 이룩해 낸 경지는 '집합미集合美'와 '외부 공간의 내부 공간화'이다.

〈병산서원 배치도〉

서원의 건물 종류와 용도 및 배치는 어느 서원이나 대동소이하다. 그러므로 어느 한 서원의 구조를 정확하게 이해하고 있으면 나머지 서원의 변형이나 가감도 쉽게 이해할 수 있다. 병산서원 건물의 용도와 배치를 알아보자.

출입문인 '복례문'은 『논어』의 "극기복례克己復禮"[4]에서 따온 말로서 이는 공자의 가르침을 압축한 경구警句이다. 누樓는, 중심 건물인 강당을 가리고 서원에 출입하는 사람으로 하여금 누하樓下의 진입을 통해 허리를 굽히게 함으로써 마음을 경건하게 가다듬게 하는 기능의 건물이다. 동·서재는 유생이 거처하는 공간으로 주로 동재에는 고참들이 거주하였다. 입교당은 강당이라는 말이 나타내듯이 서원의 중심 강학 공간이다. 존덕사는 사우祠宇로 제향 공간이다. 정료대는 밤에 불을 밝히는 곳이며, 장판각은 여러 목판이나

---

4) 이는 "너 개인의 사사로운 가치 판단을 이겨내고 사회적 가치인 도덕을 행위의 기준으로 삼으라"는 뜻으로 해석할 수 있다.

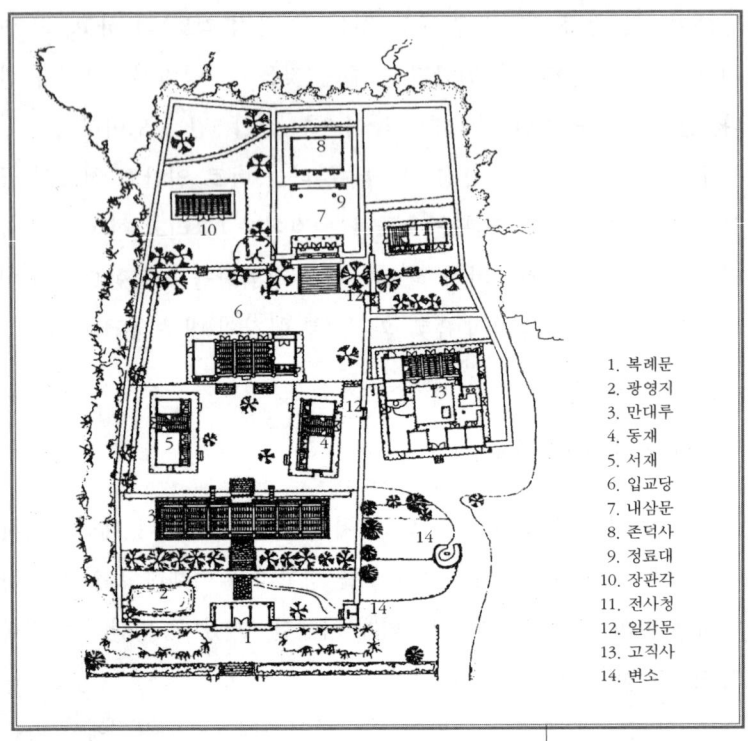

▲ 〈병산서원 배치도〉

1. 복례문
2. 광영지
3. 만대루
4. 동재
5. 서재
6. 입교당
7. 내삼문
8. 존덕사
9. 정료대
10. 장판각
11. 전사청
12. 일각문
13. 고직사
14. 변소

서책을 보관하는 건물이다. 또한 전사청은 향사享祀를 거행하는 제청祭廳이며, 고직사는 서원 관리자가 거주한 곳이다.

이제 〈병산서원 배치도〉와 〈병산서원 지형도〉를 참고하여 건축과 풍수가 어떤 관계를 맺고 있는지 살펴보자. 이러한 관계를 살피는 데 있어 병산서원만큼 좋은 곳도 드물 것이다.

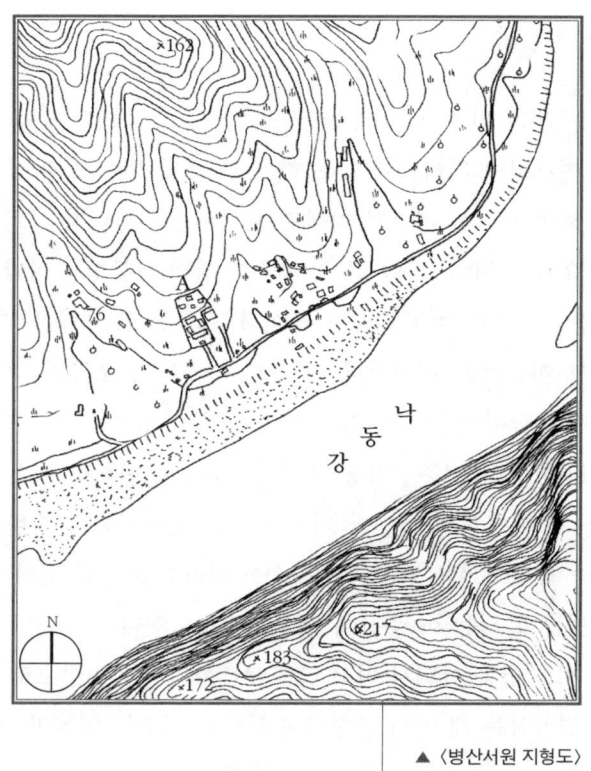

▲ 〈병산서원 지형도〉

〈병산서원 지형도〉

　병산서원이 자리잡은 병산리는 사람이 거주하기에는 부적합한 땅이다. 좁고 험해서 농경지도 없거니와 교통도 나빠 '절지絶地'라는 표현이 어울릴 듯하다. 당연히 서원 같은 큰 건축을 하기에는 규국規局이 너무 좁다. 특히 〈병산서원 지형도〉에 나타나듯이 병산 절벽이 높고 험하면서도 지나치게 가까이 있어 건축 환경이 거의 최악이라고 하겠다. 병산서원은 이런 천연의 악조건을 극복하고 그것을 건축적 아름다움으로 승화시킨 걸작 중의 걸작이다.

건축과 풍수

풍수는 우리 민족이 우리 산천을 해석하고 가꾸고 다듬어 온 우리의 자연관이며 지리학이다. 또한 오랜 세월 동안 땅과 물의 성질을 파악하여 집적한 경험적 지혜로서 전통 지리학이자 사회학이다. 풍수의 요체는 '땅의 기氣'를 살펴서 그 땅의 건강성을 파악하는 데 있다. 명당明堂은 밝고 깨끗한 땅이다. 그러므로 명당은 겨울에는 따뜻하고 여름에는 시원하다. 따라서 누구든지 조금만 주의 깊게 살펴보면 명당이 어느 곳인지를 쉽게 느낄 수 있을 것이다.

이몽일은 「영남신풍수기행」에서 "도읍이나 마을 터, 또는 집이나 묘 터를 정하는 일에 자연의 기운을 십분 활용하는 순수한 터잡기 기술로는 동서고금을 막론하고 풍수를 따라잡을 만한 것이 없다"고 주장하였는데, 나는 이 주장에 전적으로 동감한다.

집을 지을 땅을 살펴서 어떤 집을, 어떻게, 어떤 방향으로 앉힐 것인가를 결정하는 데 굳이 풍수까지 들먹일 필요는 없지만 고건축의 터잡기에 대한 이해를 돕기 위해 '자연축'과 '건축축' 및 '안대잡기'에 대해 살펴보기로 하겠다.

자연축은 자연적으로 이루어진 능선이나 물의 흐름을 말하며 지형축이라고도 한다. 풍수 용어로는 '주산主山 → 내룡來龍 → 혈처穴處 → 안산案山 → 조산朝山'의 흐름을 가리킨다.

건축축은 건축의 중심선이다. 우리 나라의 유수한 건축은 대개 유정한 주산과 힘찬 내룡의 한 부분 즉 결혈처에 중심 건물을 앉히고, 수려한 안산이나 조산의 일정 지점을 안대案對로 삼아 건물의 위치와 좌향을 정해 여러 채의 건물을 일관되게 배치한다. 그 배치의 중심선이 건축축이다.

안대잡기는 일정한 장소에 집을 앉힐 때 방향을 정하는 것을 말하는데, 대체로 자연축의 흐름에 따른 자연향自然向을 선택하기 쉽다. 이때 방향의 중심점으로는 집 앞에 보이는 일정한 지점을 택하게 된다. 그 지점은 대개 산봉우리가 되기 쉬운데 그곳을 안대라 부르며 그 선택의 행위를 안대잡기라 한다.

지형축(내룡)이 안정되어 있으면서도 힘있게 꿈틀거리는 곳이 명당이며, 그런 안정된 지형을 찾는 것이 터잡기의 기본이다. 지형축과 건축축이 일치되는 곳이 그렇지 않은 곳에 비해서 상대적으로 낫다고 할 수 있다. 그러나 우리 나라 건축은 도상圖上의 기하학적 건축축을 고집하여 지형을 인위적으로 해치기보다는 차라리 자연축에 맞추어 건축축을 변형하였다. 이것이 "한국 고건축은 자연과 조화를 이룬다"고 말할 때의 핵심 중 하나이다.

병산서원 건축

서원의 건립 목적은 일차적으로 제향祭享에 있다. 따라서 사우祠宇가 서원의 중심 공간으로서 건축축의 제일 뒤쪽 가장 높은 장소에 설치되었던 것이다. 가묘家廟처럼 그 형식과 규모를 엄격히 절제하여 서원의 다른 건물에 비해 규모가 크지는 않으나, 위계가 가장 높으며 시채施彩를 허용하였다.

병산서원의 중심 건축은 존덕사尊德祠이다. 그곳은 내룡의 중심이며 자연축의 중심선이다. 병산서원 건축 목적을 위해서라면 건축 중심 축선은 복례문에서 일직선으로 만대루, 동·서재, 입교당으로 이어져 존덕사에서 끝나야 한다. 하지만 병산서원은 도상축圖上軸과 자연축의 일치를 고집하지 않고 자연 지형에 순응했다. 이 점이 병산서원 건축의 백미이다. 병산서원이 도상축을 버리고 지형에 순응한 것은 유성룡의 제자이며 당시 영남 유림의 영수로서 서원 건립과 건축을 지휘했을 것으로 짐작되는 우복愚伏 정경세鄭經世(1563~1633)의 우뚝한 학식과 탁 트인 심성이 빚어낸 걸작이다.

서원이 자리잡은 지형을 우선 살펴보면, 존덕사를 정점으로 하는 건축축을 유지하면서 건물들을 배치할 수 있다. 다만 좌우의 넓이가 좁아 전사청·고직사·장판각 등의 부속채를 설치할 공간이 부족하다. 하지만 축대를 쌓거나 건물의 배치를 달리하면 건축 축선과 지형축을 일치시키면서 엄숙한 공간을 연출하는 데 그다지 큰 어려움이 있을 것 같지는 않다. 그러나 그렇지 않다. 각자 앞의 병산서원 전경 사진을 보면서 상상해 보자. 건축축을 존덕사에 고정시키고 현재의 집들을 가지고 자유롭게 배치해 보자. 장애물이 보이면 제거하고 부족한 게 있으면 보충하면서 마음껏 실력을 펼쳐 보자. 까짓것 건물이 거추장스러우면 쓸데없는(?) 건물은 과감히 없애고, 필요한 건물이 떠오르면 새로 설치하자. 어떠한가?

한국 고건축이 이룩한 건축미建築美의 한 정점은 인간적 척도의 크고 작은 여러 채의 건물이 서로 조화를 이루며 뿜어내는 '집합미'에 있다. 누군가 그 자리에서 현재의 서원이 그려내는 아름다움보다 더 뛰어난 배치를 할 수 있다면, 병산서원은 자연에 순응한 건축이 아닐 것이며 건축적으로 훌륭한 장소로 불리지도 않을 것이다.[5]

여기까지의 이야기는 우리 나라 고건축에 관한 소양을 가진 사람이라면 누구나 읽어낼 수 있는 것이므로 풍수를 들먹일 일은 없다.

---

5) 앞에 나온 김봉열 교수의 여러 저작에서 나는 깊은 감명과 많은 깨달음을 얻었다. 특히 고건축에 대해서 산만하기만 하던 내 지식이 나름의 질서를 찾을 수 있었다.

하지만 병산서원 건축의 뛰어남은 이 정도에서 그치지 않는다. 위계와 질서를 구현해야 하는 서원의 건축 목적을 버리면서까지 건축축을 비튼 것은 규국이 좁아서 그런 것도 아니며 집합미를 나타내기 위함도 아니다. 그 이유는 다름 아닌 '풍수에 있다'는 것이 내 판단이다. 이제, 풍수학인의 눈에 보이는 서원의 아름다움을 따라가 보자.

병산서원과 풍수

병산서원 풍수의 하이라이트는 무엇보다 '내룡의 뛰어남'에 있다. 주산인 화산花山의 한 지맥支脈이 힘차게 꿈틀거리며 뻗어 내리는데, 그 기세가 가히 장하다. 좌우에 지룡支龍을 거느리고 몇 마디(龍節)를 이루며 내려오다 존덕사 뒤쪽에 우뚝한 현무정玄武頂을 솟구쳐 놓으니, 그 땅의 힘이 아름답다.

『주역』「설괘전說卦傳」에 "하늘은 말이며 땅은 소"[6]라는 구절이 있다. 해석이 분분하지만 건은 하늘이며 굳셈(健)이니 그 강강强剛함을 금수에 비유하면 말(馬)에 해당된다는 표현일 것이다. 병산서원 내룡 역시 매우 강건하므로 말에 비유할 수 있을 것이다. 즉 병산서원은 천리마가 천리를 달려와 마른 목을 강물에 축이는 형상 곧 '갈마음수渴馬飮水'의 형국인 것이다.

풍수에서 혈처를 정할 때 기준이 되는 것이 여럿 있는데, 그 중에 '조안증혈朝案證穴'이 있다. 이는 앞에 있는 조산朝山과 안산의 높이에 맞추어 혈처를 찾고 정해야 한다는 것이다. 만약 지나치게 높

---

6) 『周易』,「說卦傳」, "乾爲馬, 坤爲牛."

거나 험한 산이 앞을 막아 집이나 산소가 있는 자리를 내리누르듯이 내려다보고 있으면 그 형상을 '능압凌壓'이라 하여 매우 꺼린다. 왜 꺼리는가는 상식적으로 충분히 이해할 수 있을 것이다. 병산서원 앞의 병산 절벽을 병풍을 둘러친 모양의 절경으로만 보는 것은 풍수가 아니다. 그곳은 물의 공격사면攻擊斜面으로 사람이 살 수 없는 죽은 땅이며, 또한 그 형상이 결코 유정有情하다고 할 수 없다.

 병산서원의 내룡 중 존덕사 뒤의 우뚝한 현무정은 '입수처入首處'이므로 건드려서는 안 된다. 결국 용맥龍脈에서 집을 앉힐 수 있는 가장 높은 곳이 존덕사 자리가 된다. 그 자리에서 존덕사는 안산인 병산의 중앙부를 안대로 하게 된다. 병산은 크기가 작은데 유심히 관찰해 보면 왼쪽의 가장 높은 봉우리는 병산리의 어디에서도 안대로 삼기에는 지나치게 높고 또 험악하다. 따라서 그곳을 안대로 잡을 수는 없다. 또한 병산의 오른쪽 평평한 능선은 상대적으로 낮아 안대로 삼을 수 있겠지만, 중심에서 벗어나기 때문에 몹시 불안하게 된다. 결국 중앙을 선택할 수밖에 없는데, 신이神異하게도 내룡이 병산의 최고봉을 향하여 내려오다 마지막에 중앙을 향해 머리를 틀어 자리를 잡았다. 천지의 조화다. 그러므로 존덕사는 지형 축대로 자연향을 잡아도 능압에 걸리지 않는다.

 그러나 존덕사를 정점으로 하여 그 아래로 강당을 비롯한 서원 건물을 지형축에 일치시키면서 건축을 하게 되면 필연적으로 능압에 걸리게 된다. 서원 건물의 배치 속성상 존덕사 중심의 건축축을 고수하면 강당을 비롯한 부속 건물이 현재의 위치보다 더 아래로 내려가게 된다. 또한 밑으로 내려갈수록 병산의 형상이 더 험악하고 사나워지기 때문에 자연과 조화를 이루는 모습이 아니라 대결하는 양상을 띠게 된다. 능압에 걸린다는 말이다. 능압에 오래 걸려 있으면 그런 곳에 사는 사람에게 어떤 일이 일어날지는 쉽게 짐작할 수 있다. 그리하여 이러한 무리를 감행하면서까지 건물을 서원 건축 목적에만 충실하게 배치하는 대신 건축축을 비틀었던 것이다.

사진을 통해 건물들의 방향을 정확하게 측정할 수는 없지만 대충 짐작할 수는 있다. 존덕사는 '해좌사향亥坐巳向'으로 북서쪽에서 동남쪽을 보고 있는 자연향이다. 강당과 만대루는 '임좌병향壬坐丙向'으로 존덕사 건축축에서 15도 비틀어 인위적으로 선택한 좌향이다. 왜 그랬을까? 여기에 병산서원 건축의 비밀이 있다.

그 비밀의 열쇠는 '안대'이다. 존덕사와 강당은 병산의 같은 지점 즉 중앙 산봉우리를 향하고 있다. 이곳만이 안대가 될 수 있음은 이미 앞서 밝힌바 있다. 만약 존덕사 중심 건축축을 고집하면 강당과 만대루의 안대는 병산의 가장 험하고 높은 봉우리를 향하게 되므로 완벽한 능압에 걸릴 뿐만 아니라 안대의 균형이 무너져 심리적으로 심한 불안에 시달리게 된다. 그러므로 강당은 좌향을 15도 틀어 중앙의 안대를 중심으로 건축축을 형성하였다. 그러면 그 지점을 안대로 선택한 결과가 병산서원에 준 효과는 무엇인가?

존덕사에서 알묘謁廟를 하고 정면을 바라본 뒤, 강당으로 내려와 대청에 앉아서 앞을 보면 똑같은 지점을 보게 된다. 그 결과 서원에 출입하는 사람들은 강당과 사우가 같은 축선에 있다는 느낌을 받게 된다. 다시 말하면 '도상의 기하학적 건축축은 버렸지만 심리적 건축축은 서원 건축의 목적에 부합'하게 된 것이다. 실로 절묘하지 아니한가? '그까짓 안대가 정말로 그런 조화를 부리는가?' 하고 의심이 드는 사람은 병산서원에 와 보면 안다.

만대

병산서원에서 가장 유명한 건물은 만대루晩對樓이다. 만대루를 살펴보기 전에 누 이름의 뜻을 알아보자. '만대晩對'는 느지막이 마주한다는 뜻으로 두보杜甫(712~770)의 시「백제성루白帝城樓」에 나오는 "취병의만대翠屛宜晩對"(어슴푸레 푸른 절벽은 느지막이 마주함이 좋다)에서 따온 것이다. 백제성은 양자강 상류, 삼협三峽의 천험天險으로 유명한 사천성에 있다. 두물모지(合水處)의 안쪽 깎아지른 듯한 절벽 위에 자리잡은 요새로 촉한의 유비가 오나라 군대를 물리친 곳이다. 또한 유비가 도원桃園의 아우 관우의 원수를 갚기 위해 공명의 만류도 뿌리치고 출전했지만 패하고 돌아와 한스러이 눈을 감은 곳이기도 하다. 누의 이름을 '만대'라고 명명한 것은, 병산을 백제성의 절벽에 비유하여 저녁나절에 보는 병산이 더욱 아름답다는 것을 나타낸 것이다.

만대루 찬가

병산서원을 다녀간 사람들에게 가장 깊은 인상을 남기는 건축물은 단연 만대루이다. 사람들은 이구동성으로 만대루 내부의 아름다운 모습과 누 위에서 마주보는 병산과 주변 경치의 탁월함에 감탄한다. 그리고 누를 그렇게 크고 높게 지은 것을 두고 주변의 수려한 자연 경관을 건축 내부 공간으로 끌어들이는 우리 나라 건축의 한 전범으로 여긴다. 유홍준兪弘濬(1949~)은 심지어 만대루야말로 병산서원 건축의 중심이라는 주장까지 하였다.

병산서원이 낙동강 백사장과 병산을 마주하고 있다고 해서 그것이 곧 병

▲ 강당에서 본 만대루와 병산

산서원의 정원이 되는 것은 물론 아니다. 이를 건축적으로 끌어들이는 건축적 장치를 해야 이 자연 공간이 건축 공간으로 전환되는 것인데 그 역할을 충실히 수행하고 있는 것이 만대루이다. 병산서원의 낱낱 건물은 이 만대루를 향하여 포진하고 있다고 해도 과언이 아닐 정도로 여기에 중심이 두어져 있다. ……만대루에 중심을 두는 건물 배치는 건물의 레벨 선정에서도 완연히 나타난다. ……공간 운영을 자세히 따져 보면, 사당은 위로 추켜 올리듯 모셔 있는데, 만대루 누마루는 앞마당에서 볼 때는 위쪽으로, 그러나 강당에서 볼 때는 한참 내려보게 레벨이 잡힌 것이다. 사당은 상용 공간이 아니고 일종의 권위와 상징 공간이니 다소 과장된 모습을 취했지만 만대루는 정반대로 봄부터 가을까지 상용하는 공간이므로 그 기능을 최대치로 살려낸 것이다.[7]

---

7) 유홍준, 『나의 문화유산답사기』 3(창작과비평사, 1997).

그럴까? 과연 병산서원의 중심이 만대루일까? 정말로 만대루가 병산서원의 건축 목적에 맞는 건물일까? 유홍준의 주장대로 만대루가 병산의 자연 공간을 건축 공간으로 전환시키기 위해서 지어졌으며 "그 역할을 충실히 수행하고 있는 것"일까? 그래서 병산서원에 있는 건축물 중 "그 기능을 최대치로 살려낸 것"이 만대루일까? 그의 주장에 동의하는 부분도 있다. 하지만 나는 생각이 많이 다르다. 우선 건축 전문가의 이야기부터 들어보고 나의 주장을 말해 보도록 하겠다.

삼면이 감싸인 강학 공간의 중정은 동재의 앞쪽이 약간 좁아지게 배치되어 전면으로 향한 공간이 조여지는 긴장감을 느끼게 만든다. 이와는 대조적으로 강학 공간 앞의 전면을 가로막고 서 있는 만대루의 개방된 열주列柱 공간은 특이한 분위기를 형성하고 있다. 즉 누 건물의 지붕과 마루바닥면 및 8개의 기둥으로 분할되는 트인 공간은 시지각적視知覺的인 픽처 프레임(picture frame)을 만들어서, 앞에 펼쳐지는 강과 산의 자연 경치를 돋보이게 만든다. 입교당 대청 마루에 앉아서 바라볼 때, 외부의 경관을 누 건물의 지붕과 바닥면에 의해 수평적으로 나누는 동시에 8개의 기둥으로 수직적으로도 나누어서 특이한 감흥을 느끼게 만든다.[8]

좋은 감각이다. 〈병산서원 배치도〉를 보면 알 수 있듯이 동재의 앞쪽이 약간 좁아진 것은 공간의 긴장감을 유발시키기 위한 것일 수도 있다. 거기에 보태어 동재를 약간 비튼 것은 동선動線의 문제가 추가되어 있다. 즉 동재 쪽에서 존덕사로 가는 길이 있다는 것을 암시하고 자연적으로 그 쪽으로 발걸음을 유도하기 위한 장치이다. 김봉열이 설명한 것처럼, 병산서원의 중심 건물인 강당에서 만대루

---

8) 윤장섭, 『한국의 건축』(서울대학교출판부, 1998)에서 재인용.

를 통해서 주변 경관을 볼 때 느끼게 되는 '특이한 감흥'에 나는 전적으로 동의한다.

만대루의 문제점

나는 건축학도가 아니기 때문에 체계적으로 건축을 배운 적이 없다. 당연히 건축에 관련된 서적을 읽은 것이 별로 없고 병산서원에 관한 것도 그렇다. 그렇지만 내가 본 어떤 책에서도 병산서원의 만대루가 '문제 있는 건축물'이라는 평가를 해 놓은 것을 본 적이 없다. 모두 칭송하기에 바쁘다.

그런데 내 눈에 보이는 만대루는 서원 건축 목적에 비추어 볼 때 심각한 문제를 안고 있다. 그 문제는, 내가 판단하기로는 '만대루가 서원 건축의 위계를 무너뜨리고 있다'는 데에 있다. 그것은 만대루가 너무 크고 높고 또 매우 아름답기 때문이다. 결국 만대루의 모든 문제는 위계의 문제로 귀결된다.

서원의 현실적 중심 건물은 강당이다. 그러므로 강당은 건물 중 가장 당당하고 위엄이 있어야 한다. 그리고 사람들은 그러한 강당의 모습에서 감명을 받아야 한다. 그럼에도 불구하고 병산서원을 찾는 사람들은 십중팔구 만대루에 넋이 빠져 강당은 안중에도 없다. 주인인 강당의 기분이 어떻겠는가? 이는 마치 주인을 찾아온 객이 주인은 아랑곳하지 않고 행랑채에 머무는 손님에게 정신이 홀려 있는 것과 같으니 주인의 체면이 말이 아니다. 또한 만대루는 주위의 건물과도 어울리지 않는다.

만대루는 지나치게 크다. 그래서 이러한 문제가 생겨난 것이다. 사진에 보이는 병산서원 전경은 병산의 꼭대기에서 내려다본 것으로, 그 전체 모양도 일품이거니와 만대루도 흠잡을 게 없어 보인다. 그러나 다시 한번 살펴보면 만대루는 역시 주위의 건물에 비해 너무 크다. 지나치게 큰 것은 절대로 자랑이 아니다. 그리고 우리는 병산서원을 그런 식으로 내려다볼 수가 없다. 더구나 서원이 경사진 산비탈에 있고 앞쪽도 좁기 때문에 출입하는 사람들은 만대루 높이보다 한참 아래에서 서원을 대하게 된다. 물론 서원이나 사찰의 누각이 갖는 일차적 기능이 중심 건물을 가리는 것이지만 만대루는 그 역할에 충실하기보다는 오히려 전체 서원을 압도하고 있다. 실제로 현장에서 병산서원을 보면 만대루 이외의 건물은 모두 만대루에 가려서 없는 듯이 보이기 쉽다. 경사진 언덕에 자리잡은 서원은 많지만 만대루처럼 전체의 균형을 해치면서 누각이 서원 중심의 영역 전체를 온통 가릴 만큼 지나치게 큰 경우는 거의 없다. 한국 고건축이 자연과 조화를 이루고 친밀함을 나타내는 요체는 분명 인간적 척도에 있다. 사람의 본능적 감각에서 크게 벗어나지 않는 인간적 척도의 건축물은 마주하는 사람으로 하여금 편안하고 다정한 느낌을 갖게 한다. 그러나 만대루는 이 친밀한 척도를 넘었기 때문에 보는 사람에게 위압감을 줄 뿐만 아니라 주위의 건물들과 조화를 이루지 못하여 집합미를 해친다.

　만대루의 부조화는 너무 높다는 데에도 있다. 만대루는 중심 건물인 강당을 가리는 본연의 역할을 벗어나 지나치게 높다. 복례문 앞 주 도로에서 볼 때 최소한 강당의 용마루는 보여야 하지 않을까? 하지만 만대루는 그것마저도 무시하고 허공을 찌를 듯이 솟아 있다. 독립된 누나 정자라면 그 점은 전혀 흠잡을 게 없지만 만대루는 서원 중심 건물이 아니라 어디까지나 부속 건물 중 하나일 뿐이다.

　또 하나, 만대루는 매우 아름답다. '아니, 아름다운 것도 죄가 되느냐? 없는 흠을 잡으려고 별 걸 다 시비를 건다'고 생각할지 모르겠지만 그렇지 않다. 다시 한번 말하거니와 건축은 건물과 다르다. 더구나 위계와 질서를 건축 목적으로 하는 서원 건축에서 위계와 질서를 어기면서까지 주 건물인 입교당보다 화려하게 장식을 하는 것은 금물이다. 만대루가 강당보다 더 화려한가는 딱 부러지게 말하기 힘들지만 내 판단으로는 지나치다. 부재의 크기나 품질, 치목治木의 섬세함, 구조의 튼튼함과 안정성, 법도에 맞는 결구結構 등 정말로 사랑스러운 그 점이 오히려 문제가 됨을 인식해야만 서원 건축을 비롯한 우리 나라의 고건축을 제대로 이해할 수 있다.

아, 만대루여!

내가 만대루에 대해 지나치게 비난하고 있다는 느낌도 든다. 하지만 이 모든 것은 병산서원의 건축을 주도한 사람이 나보다 더 분명하고도 충분히 인식하고 있었을 것이다. 그럼에도 불구하고 그가 만대루를 지금처럼 건축한 데에는 깊은 뜻이 있었을 것이며, 그 뜻을 읽어 내는 것이 만대루의 비밀을 푸는 열쇠가 될 것이다. 더욱이 만대루는 이 모든 잘못을 초월하여 실로 모든 사람을 사로잡는 '마력魔力'을 지니고 있다. 그 마력은 너무나 강렬하여 우리는 내남없이 만대루에 올라서는 순간 홀린 듯이 탄성을 지르게 되며 병산서원의 건축 목적마저 까맣게 잊어버리고 만다.

그 마력은 어디에서 나오는가? 무리함을 감수하면서까지 만대루를 그처럼 크고 높게 지은 이유는 과연 무엇인가? 대개의 사람들이 공감하고 있듯이 주변의 자연 경관을 건축 내부 공간으로 끌어들이고자 함이 정말로 가장 큰 목적이었을까? 결론부터 말하자면 그것은 '천만의 말씀'이다.

회재晦齋 이언적李彦迪(1491～1553)이 건축한 옥산서원玉山書院은 서원 건축 목적에 딱 들어맞는 대표적 서원이다. 주자학의 이데올로기에 지나치게 집착하고 자신의 성향만을 고집하여 건축 내부 공간이 너무하다 싶을 정도로 외부와 단절되어 있다. 그러나 어쩌면 바로 그 점이 서원 건축의 목적에는 더 부합된다고 할 수 있다.

서원은 풍류를 즐기는 곳이 아니다. 선현을 제향하는 엄숙한 공간이며 유생들이 심신을 갈고 닦는 수양처이다. 사람은 예(人倫)를 알아야 자신이 서는 자리를 알 수 있으며, 락(藝術)에 무젖어야 그 인품을 완성할 수 있다[9]는 성현의 가르침처럼 아름다운 자연을 벗삼는 것이 어찌 허물이겠는가. 그러나 서원 건립 목적은 산수를 벗삼음에 있지 않다.

만대루가 지금 바로 그 자리에서, 그런 외관을 가져야만 하는 필연적 이유는 '풍수 사상에 있다'는 것이 나의 결론이다. 풍수 사상은 우리 민족의 기층 신앙 가운데 하나이다. 그 사상은 오랜 세월 동안 우리의 심성을 강력하게 지배해 왔다. 그리고 그러한 사정은 지금이라고 크게 달라지지 않았을 것이다. 풍수는 이데올로기가 아니다. 아주 소박한 바람일 뿐이다. 그것은 천지와 함께 공감하면서 살고 싶은 사람들이 가지고 있는 순수한 마음일 뿐이다. 병산서원의 건축가가 풍수에 대해 깊은 소양이 없었다면 애초 만대루도 없었을 것이다.

간단히 말하겠다. 그 나머지는 독자 여러분이 미루어 짐작하기 바라며, 타당한지 타당하지 않은지는 현장에서 확인하기 바란다.

---

9) 『論語』,「泰伯」, "立於禮, 成於樂."

만대루가 그 자리에 높게 선 이유는 '능압'에 걸리지 않기 위해서다. 또한 만대루가 7칸으로 커진 것은 강당의 안대인 병산의 크기와 '조화'를 이루기 위해서이다. 이처럼 만대루는 이데올로기와 위계를 추구하기보다는 자연과 합치되는 길을 선택함으로써 모든 잘잘못과 유한한 이데올로기를 뛰어넘어 영원한 '아름다움'을 이룩했다.

나는 만대루에서 풍수의 힘을 본다. 나는 만대루에서 건축이 예술임을 확인한다. 나는 만대루에서 경직된 이데올로기를 훌훌 털어버리고 천지를 품에 안은 유학자의 인품을 느낀다. 그리하여 나는 만대루에서 병산서원을 건축한 어르신께 마음 깊이 감사드린다. 나는 만대루에서 딱 한 번만, 발가락 끝까지 취醉하고 싶다.

3. 삼구정
— 이 땅에서 거북처럼 오래도록 사소서!

성씨

지금 사람들은 누구라 할 것 없이 어엿한 성과 이름을 가지고 있다. 아마 우리 나라만큼 내남없이 성씨姓氏를 따지는 나라도 드물 것이다. 흔히 성과 씨를 합하여 '성씨'라고 하는데 사실, 성과 씨는 서로 다른 개념이다. 중국에서 시작된 성과 씨에 대해서는 몇 가지 해석이 있지만 『춘추春秋』「좌씨전左氏傳」의 해설이 가장 일반적이므로 잠깐 살펴보도록 하겠다.

『춘추』 노나라 은공隱公 8년 "겨울 12월에 무해無駭가 졸卒하다"(冬十有二月無駭卒)라는 경문經文에는 다음과 같이 씌어 있다.

> 무해가 세상을 떠났다. 우보가 무해의 시호와 족(氏)을 청하므로 은공이 중중에게 씨에 관하여 물었다. 이에 중중이 대답했다. "천자께서 덕이 높은 사람을 제후로 삼으심에 그가 태어난 땅의 지명을 가지고 '성'을 주시고, 봉토로써 보답하여 봉토의 지명으로써 '씨'를 삼습니다."[1]

성은 조상이 태어난 땅이다. 그러므로 성에서 족族으로 나뉘고 족에서 다시 씨로 나뉜다. 원칙적으로 성은 고칠 수 없지만 씨는 바꿀 수 있다. 예를 들면 안동을 성으로 하는 A씨가 많은 경우, A씨 중의 누군가가 자신의 직계를 다른 일족과 구별하기 위해 B씨로 바꿀 수 있다는 것이다. 이렇게 해서 안동 A씨, 안동 B씨가 생겨난 것인데, 이런 경우를 바로 성은 같고 씨는 다르다고 말하는 것이다. 그러나 이 원칙은 중국에서도 그대로 지켜진 예가 드물다. 보통은 성과 씨를 합하여 성씨라 하고, 그 개념의 차이도 별 구별 없이 사용하곤

---

1) 『春秋』, 隱公 8年, "無駭卒. 羽父請諡與族, 公問族於衆仲. 衆仲對曰, 天子建德, 因生以賜姓, 胙之土而命之氏."

한다.

우리 나라는 성을 본本·본관本貫 혹은 관향貫鄕이라 불러 성과 씨를 구별한다. 그런데 본관을 중요하게 여기면서도 본관은 바꾸고 씨는 그대로 유지하는 일이 아주 흔하다. 즉 성은 바꾸면서 씨는 바꾸지 않는 것이다. 이렇게 되면 성보다 씨를 더 중요하게 여기는 것처럼 보이는데, 자세히 살펴보면 그렇지만도 않다. 안동 김씨 가운데 소산리素山里에 거주하는 김씨들은 자신들을 소산 김씨라 부르는데, 이는 김씨를 유지하면서 성이 바뀐 경우에 해당한다. 이 경우 소산 김씨는 안동 김씨 중에서 안동의 소산리 출신의 김씨들을 가리키는 말이므로 엄밀하게 보아 본관이 바뀌었다고 하기는 어려우나 내막을 잘 모르는 사람들은 소산을 본관이라 생각하게 된다.

선안동 김씨

우리 나라 제일의 인구를 가진 성씨는 김씨다. 김씨는 가락국의 수로왕首露王을 시조로 하는 김해 김씨 계열과 신라의 알지閼智를 시조로 하는 경주 김씨 계열로 대별된다. 김씨들은 문헌상으로는 600여 개가 넘는 본이 있으며 시조가 뚜렷한 경우도 100여 본이나 되는데, 그 가운데 안동 김씨는 명문이라 할 수 있다.

안동 김씨란 안동을 성姓으로 하는 김씨다. 안동 김씨에는 같은 본을 쓰는 두 개의 유력한 문중이 있다. 우선 역사가 오랜 경주 김씨 계열의 안동 김씨부터 살펴보자. 경주 김씨 계열 중에는 신라 마지막 임금인 경순왕의 아홉 아들 중 넷째인 김은열金殷說의 후손이 가장 번창하다. 김은열의 둘째 아들 김숙승金叔承을 시조로 하는 김씨가 세칭 '선안동先安東 김씨'로 이들을 흔히 '선김先金' 혹은

'구김舊金'이라 지칭한다. 이 선김의 중시조는 고려 원종元宗(1259 ~1274) 때의 시중侍中(종1품)이자 상락군上洛君에 봉해진 충렬공 忠烈公 김방경金方慶(1212~1300)이다. 선김은 김방경을 파조로 하는 충렬공파가 가장 번성하였으며, 그 후손 중 일부가 안동시 풍산읍 소산리素山里에 세거하고 있다.

김방경

상락군 김방경은 고려조의 충신으로 자는 본연本然, 시호는 충렬 忠烈이다. 김방경은 나이 열여섯 살에 벼슬에 올라 요직을 거쳤으며, 1270년 배중손裵仲孫(?~1271) 등이 삼별초의 항쟁을 전개하자 이듬해 진도에서 삼별초군을 진압하였다. 1274년 원나라가 일본을 정벌하자 김방경은 중군장으로 출정하여 쓰시마 섬을 치고 일본 본토를 향해 나아갔으나 풍랑을 만나 되돌와야 했다. 1281년 그는 제2차 일본 원정에 참가하였으나 또다시 태풍을 만나 성공하지 못했다. 1283년 그는 마침내 상락군에 봉해졌다. 『영가지永嘉誌』 「인물 人物」 조條에서는 김방경에 대해 다음과 같이 언급하고 있다.

공의 어머니께서 구름과 노을을 먹는 태몽을 꾸었다. 일찍이 사람들에게 말하여 가로되 "구름 기운이 늘 나의 입과 코에 있다. 이 아이는 반드시 신선 가운데서 왔을 것이다"라고 했다. 어려서부터 조금만 성나는 일이 있으면 반드시 저자의 큰길에 누워 울었는데 소나 말이 그를 피해 지나가니 사람들이 기이하게 여겼다.
공은 사람됨이 충직하고 신후信厚하며 꿋꿋하면서도 말이 적고 마음 씀씀이가 너그럽고 넓어 자그마한 예법에 구애받지 않았다. 여러 전례典禮와 고사에 밝아 일을 잘 결단하였다. 부지런함과 검소함으로 자신을 단속하여 늙어서도 흰머리가 없었으며 기골이 보통 사람과 달랐다. 벼슬자리에서 물러나 한가롭게 살 적에도 늘 나라 걱정하기를 마치 집 걱정하듯이 하였다. 나라에 큰일이 생기면 임금이 반드시 그에게 자문하였다. 그는 나이 여든아홉에 소연脩然히 세상을 떠났다.[2]

우국여가憂國如家! 제 한 몸 추스르기도 바쁜 내가 어찌 그 경지를 짐작조차 하겠는가마는 김방경의 도량은 분명히 일반인과는 다르다. 역사에 찬란한 이름을 남기는 사람을 어이 나 같은 속물이 미루어 짐작할 수 있으랴. 그 분들의 행적을 읽는 것만으로도 감격스러울 따름이다.

상락대

'상락'은 '낙동강 상류'란 뜻이다. 안동시에서 34번 국도를 따라 예천 쪽으로 시내를 벗어나면 송야천에 걸린 송야교, 속칭 솔밤다리가 있다. 다리 끝에서 남북으로 교차하는 둑길은 924번 지방 도로이다. 이 도로는 풍산읍에서 시작하여 수리·회곡·막곡을 지나 솔밤다리에서 34번 국도와 열 십十자로 교차한 뒤 서후면의 교동·금계·서후·태장을 지나 저전에서 영주로 가는 5번 국도와 만나 끝난다. 총 길이가 약 33킬로미터 남짓한 짧은 도로이다.

솔밤다리에서 왼쪽으로 접어들어 낙동강 강변을 따라 5킬로미터를 가면 중앙고속도로가 통과하는 굴다리가 있다. 굴다리를 지나자

---

[2] 『永嘉誌』,「人物」條, "母有娠夢餐雲霞. 嘗語人曰, '雲氣常在吾口鼻, 兒必神仙中來及生'. 小有嗔恚, 必臥啼街衢, 牛馬爲之避, 人異之. 爲人忠直信厚, 嚴毅寡言, 器宇寬弘, 不拘小節. 多識典故, 能斷事. 檢身勤儉, 至老頭髮不白, 氣骨異常. 致仕閒居, 憂國如家. 有大議, 王必咨之. 年八十九, 脩然而逝."

▲ 물가의 우뚝한 절벽이 상락대이다

마자 왼쪽으로 논을 앞에 두고 멀리 절벽이 쭉 늘어서 있다. 오르막 도로를 조금만 가면 드넓은 낙동강과 함께 절벽이 눈 아래로 펼쳐지는데, 맞은편 강가의 절벽 가운데 가장 우뚝한 지점이 바로 상락대上洛臺이다. 낙동강의 상류에 있는 절벽이며, 일찍이 상락군이 놀던 곳이라고 하여 상락대라고 한다. 회곡으로 넘어가는 고갯마루에서 상락대를 내려다보면 깎아지른 듯한 수직의 절벽이 낙동강 강물과 어우러지는 경치가 일품인데, 상락대의 정상을 비켜 왼쪽의 조금 낮은 절벽 중간쯤에 정자가 하나 있다. 상락대와 정자가 주는 이미지가 몹시 강렬하기 때문에 건너편 절벽을 바라보는 사람은 그곳에 가고 싶다는 생각을 한번쯤 하게 된다.

상락대는 현행 행정 구역상 남후면南後面 단호리丹湖里에 속한다. 옛날에는 회곡 나루에서 강을 건너 맞은편에 있는 단호로 갔지만, 지금은 무릉의 유리 한방 병원에서 검암儉巖을 지나 단호로 가는 포장 도로가 나 있어 이를 이용하면 된다. 그러나 단호로 가는 길이 쉽지 않고 단호에 별다른 문화재가 없으므로 실제로 상락대에 오르는 사람은 많지 않다. 가파른 절벽의 중간에 수십 명이 앉을 수 있는 대臺가 있다는 것은 무척 신기한 일인데 그곳에 흥해 배씨인 낙암洛巖 배환裵桓(1379~?)의 낙암정洛巖亭이 있다. 가는 길은 조금 수고롭지만 낙암정의 시원함과 호쾌함은 사시사철 남다른 맛이 넘친다.

김방경 산소

김방경 산소는 안동시 녹전면祿轉面 구송리九松里에 있다. 즉 김방경 산소는 〈구송리 지도〉 왼쪽 상단의 녹전면이라 쓰여진 큰 글자에서 '전' 자 밑의 '능리' 에 위치한다. 많은 경우 산소를 찾는 일은 어렵다. 산소는 거의 예외 없이 산 속에 있을 뿐더러 가는 길이 명시되어 있지 않기 때문이다. 그러므로 달랑 주소만 들고 산소를 찾아 나섰다가 낭패를 당하는 일이 비일비재하다. 처음 산소를 찾아가는 사람이 겪게 되는 어려움은 대부분 길과의 싸움이라고 해도 틀림이 없다. 나는 안동의 지리를 웬만큼 알고서 산소를 찾아다녔지만 산소 가는 길을 찾기 위해 겪은 고생을 생각해 보면 지금도 머리가 어지럽다. 마을이나 길에서 마을 사람을 만나면 천만 다행이지만 그들도 정확하게 모르는 경우가 많으며 더구나 산 속에서 사람 만나기를 기대하는 것은 애초부터 잘못된 생각이다. 그러므로 나는 산소뿐만 아니라 그 어디라도 찾아가는 길만큼은 가능하면 자세하

▲ 〈구송리 지도〉

게 안내할 것이다.

　시내에서 도산서원으로 가는 35번 국도를 따라 12킬로미터쯤 가면 왼쪽으로 녹전祿轉 가는 지방도가 나온다. 그 길을 따라 7킬로미터쯤 가면 낡은 다리와 함께 새 다리가 있는 곳에 이르게 된다. 그곳에 '자시람'이라는 표지의 버스 정류소가 있으며, 다리 옆에는 충렬공 김방경과 참판공 김효로의 산소로 가는 길을 가리키는 표지석이 나란히 서 있다. 표지를 따라서 다리를 건너 왼쪽으로 들어서서 조금만 가면 좌측으로 구송리 마을이 보인다. 구송리 둑길 끝에서 11시 방향의 산 쪽으로는 넓게 길이 닦여 있다. 그 길을 따라 산굽이를 돌면 오른쪽 산 아래에 있는 여러 채의 재사를 볼 수 있다. 재사 뒤에는 산소가 있는데, 앞의 산소가 김방경의 묘이며 뒤의 산소가 광산 김씨 안동 예안파 입향 시조인 농수聾叟 김효로金孝盧(1454~1534)의 묘이다.

한편 동쪽에 음수재飮水齋 현판과 영정각이 있는 곳이 김방경의 재사이며, 서쪽에 아무런 표지도 없는 곳이 김효로의 재사이다. 이처럼 같은 언덕의 아래위에 서로 다른 성씨의 산소가 바짝 붙어 있는 경우는 드물다. 더구나 거기에 잠들어 있는 사람이 예사 사람이 아니라 한 가문을 대표하는 사람들로서는 흔치 않은 일이다. 당연히 거기에는 사연이 있다. 김방경과 김효로의 산소에는 신비한 전설이 함께하는데 그 대강은 다음과 같다.

광산 김씨 안동 외내(烏川) 입향조는 농수 김효로이다. 그의 두 아들 운암雲岩 연緣과 탁청정濯淸亭 유綏 및 맏손자 후조당後彫堂 부필富弼을 비롯한 다섯 손자에 이르러 외내 광김은 명문으로서의 성망을 크게 떨치게 되어 '광산 김씨 안동 예안파'를 이루게 된다. 김효로가 세상을 떠나자 그를 모실 산소 자리를 현재의 구송리에 정했는데 기이하게도 그 이튿날부터 장자인 연의 꿈에 무복武服을 차려입은 고대高大한 장수가 나타나 "그 자리는 내가 이미 쉬고 있는 자리이거늘 어찌하여 감히 후인이 침범한단 말이냐?" 하고 호통을 쳤다. 그 꿈이 하루 이틀이 아니고 무려 일주일이나 계속되자 괴이하게 여긴 외내에서 사람을 풀어 수소문을 하였는데, 마침 소산의 선김 주손冑孫도 무장武將이 나타나 "내 유택을 남이 침범하는데 너희는 무엇을 하고 있느냐?"고 호통을 치는 꿈을 일주일째 꾸고 있던 참이라 외내 광김 문중과 소식이 닿게 되었다. 이상하게 여긴 두 문중이 함께 산소 자리를 살펴본 결과 김방경의 지석誌石을 발견함으로써 실전되었던 김방경의 산소를 찾게 되었다. 이곳이 원래 김방경의 산소 자리라는 것을 안 소산 선김은 감읍했지만 외내 광김으로서는

▲ 앞쪽이 김방경, 뒤쪽이 김효로의 산소이다

입장이 난감하게 되었다. 좋은 산소 자리는 결코 흔하지 않은 법이다. 결국 두 문중이 같은 언덕에 산소를 쓰기로 합의하였다. 그런데 김방경의 묘소를 지석이 발견된 자리에 모시고 보니 자연히 김효로의 묘소는 위로 가게 되었다.

또 한 가지 신이한 일이 있었다. 외내에서 농수의 묘사를 지낼 때면 같은 언덕에 나란히 있는 김방경을 존경하여 약소하나마 김방경에게도 제수를 차리게 되었다. 그렇게 하는 일이 불문율처럼 되어 이어지다가 몇 대를 지난 뒤 어떤 외내 주손이 '우리 조상도 아닌데 달리 제수를 차릴 필요가 있겠느냐'고 하여 어느 해에는 김방경의 산소에 제수를 차리지 않고 김효로의 묘제를 지내게 되었다. 그런데 그때 갑자기 일진 광풍이 불어와 김효로의 제수를 쓸어버리고 말았다. 이에 크게 놀란 외내에서는 다시 김방경에게 제수를 차려드리고 김효로의 묘제를 지냈으며 그 뒤로는 계속해서 함께 제수를 차렸다고 한다.

김방경은 고려의 명신이자 선안동 김씨의 중흥조이다. 그러므로 선김을 가리키는 또 하나의 용어가 바로 김방경의 후손이라는 뜻의 '상락 김씨'이다. 김방경이 그러한 정도의 인품과 명망을 갖고 있지 않았다면 어찌 외내 광김이 그러한 예우를 하였겠는가. 이 이야기를 통해 안동에 세거해 온 선인의 도량과 흉금을 짐작할 수 있으니, 점점 각박해지는 오늘의 세태에 귀감이 되기에 충분하다.

김방경의 손자인 균헌筠軒 김영후金永煦(1292~1362)의 후손이 조선 전기에 세력을 크게 떨쳐 사실상 선김의 주축이 되었는데, 김영후의 다섯 손자 가운데 조선 개국 일등 공신으로 상락백上洛伯에 봉해진 좌의정 익원공翼元公 김사형金士衡(1333~1407)의 후손들이 안동에 거주하였다. 조선 초기 명문이던 선김은 조선 중기 김자점金自點(1588, 선조 21~1651, 효종 2)의 매국賣國으로 치명상을 입게 되었다. 그러나 그 뒤 민족의 지도자인 백범白凡 김구金九(1876~1949) 선생과 여러 훌륭한 후손이 나옴으로써 선김은 명문으로서의 입지를 새로이 다지게 되었다.

김구와 이만도

땅이 인물을 낳기도 하지만 궁극적으로는 인물이 땅을 영예롭게 만드는 법이다. 청사에 이름을 남긴 훌륭한 인물의 자취가 어린 곳은 그곳이 어디든 바로 유적지가 되며 그 자리에서 행한 일들은 곧 우리가 본받아야 할 삶의 지표가 된다. 우리 근대사에서 김구만큼 모든 이들의 기림을 받는 인물이 또 있을까? 김구의 친필이 전면에 새겨 있는 비석이 안동시 예안면禮安面 인계리仁溪里에 있다. 김구의 오롯한 기림을 받은 비석의 주인공은 향산響山 이만도李晩燾

(1842~1910)이다. 비각 안에 모셔진 비석은 높이 133센티미터, 넓이 50센티미터, 두께 22센티미터로 그 앞에는 이렇게 씌어 있다.

響山李先生殉國遺墟碑　安東 金九 謹書

김구는 이만도 선생에게 최대의 공경과 예우를 나타내기 위해 그냥 '안동 김구'라고만 썼다. 위당爲堂 정인보鄭寅普(1892~1950)도 비문을 지어 이만도 선생의 정신을 기렸다. 이만도 선생의 묘소는 봉화군 재산면 동면리에 있다.

이만도의 생애와 그 돌아가심의 숭엄함은 김구의 사표가 되었다. 이만도는 진성 이씨로 이황의 후손이다. 자는 관필觀必이며 안동 예안 출신이다. 그는 고종 3년인 1866년 과거 시험 가운데 특별 시험인 정시庭試에서 장원으로 급제한 천재이다. 여러 요직을 역임하는 동안 가는 곳마다 명성을 날렸고, 특히 임금이나 왕세자를 모시고 경經과 사史를 강론하는 시강侍講의 직에 있을 때에는 고종이 그가 상주하는 말이라면 모두 기꺼이 받아들일 정도로 두터운 신망을 받았다. 1895년 을미사변이 일어나고 단발령이 내려지자 그는 예안에서 의병장으로 활약하였고, 1905년 을사조약이 강제로 체결되자 을사오적의 매국죄를 통박하는 상소를 올렸다. 1910년 8월, 일제에 의해 우리 나라가 병탄되자 그는 유서를 쓰고 단식 24일 만에 순국하였다.

사람이 죽는 방법에는 여러 가지가 있다. 이만도가 택한 단식은 맑은 정신으로 오랜 시간 극통을 견뎌야 하는 가장 고통스러운 죽음 가운데 하나이다. 배고픔은 목숨을 가진 존재가 견딜 수 있는 성질의 것이 아니다. 본인도 본인이지만 사랑방에서 일체의 음식을 끊고 죽기를 기다리는 이만도를 보는 자식의 심정은 어떠했으랴! 또한 아버지가 음식을 입에 대지 않고 있거늘 그것을 보며 조석을 끓여 먹어야 하는 식구의 뼈저림은 어떠했겠는가!

  그러한 스승은 그러한 제자를 키우는 법이다. 영양 출신 벽산碧山 김도현金道鉉(1852~1914)은 1905년 을사조약을 반대하는 상소를 올렸으나 뜻을 이루지 못하자 자결 순국하려 하였다. 그러나 동지의 만류로 실패한 그는 귀향한 뒤 1907년 스승인 이만도와 함께 의병을 일으켰다. 피눈물을 흘리며 스승의 단식을 지켜보았던 김도현은 1914년 어머니가 돌아가시자 그 해 11월 7일 영해寧海 앞바다 대진大津의 산수암汕水巖에 나아가 상복을 벗어 바위 위에 접어놓고 용모를 단정히 하고는 지팡이를 짚고 살을 에는 듯한 겨울 바다 속으로 '천천히 걸어 들어가' 순국하였다. 그가 남긴 절명시의 끝 구절은 이렇다.

희디흰 천 길 물 속은,	白白千丈水,
이 한 몸 갈무리하기 넉넉하리라.	足吾一身藏.

  도대체 조국이란 무엇이며, 지식인의 삶이란 어떠해야 하는가? 자신의 목숨을 초개처럼 던진 그들의 충정에서 오늘날 우리는 느끼는 것이 없는가? 변절과 탐욕으로 얼룩진 오늘날의 지식인이 저지르는 행태는 대관절 어디에서 배워먹은 짓거리인가? 지금 '도해비蹈海碑'가 서 있는 산수암에서 '시신은 떠오르지 않고 서기가 서렸다'는 쪽빛 동해를 바라보며 저 멀리 있는 일본을 생각해 본다.

  안동시 도산면 토계리土溪里에 있던 이만도의 집은 안동댐 수몰로 인해 지금은 안동 시내로 옮겨져 있다. 주소는 안동시 안막동 119번지이다. 도산서원 가는 35번 국도에서 길원여고와 명륜동 사무소를 지나면 바로 길 왼쪽에 치암고택恥巖古宅이란 표지판이 있다. 표지판 안쪽 길에서 처음 만나는 집이 바로 향산고택이다.

향산고택 바로 뒤에 있는 집이 치암고택으로 역시 안동댐 수몰 때문에 도산면 원촌리遠村里에서 이건한 건물이다. 치암恥巖은 1910년 조선이 일제에 병탄되자 비분강개 와병하여 세상을 떠난 절의지사로 홍문관 교리를 지낸 이만현李晚鉉의 아호이다. 이 집은 지금 전통 혼례장으로 사용되고 있으며 관리 보존이 잘 되어 있다.

후안동 김씨

안동을 본관으로 하는 김씨 중 다른 하나는 구안동 김씨와 구별하기 위해 '후안동 김씨' 또는 '신안동 김씨'라 불리는 '신김新金' 혹은 '후김後金'인데, 고려 개국 공신 대광태사大匡太師 김선평金宣平을 그 시조로 한다. 흔히 안동 김씨라고 하면 이 후김을 가리키는 경우가 많다. 김선평은 통칭 안동 삼태사三太師 중 한 분으로 고려 초기의 공신이다. 그는 고창군古昌郡의 토호土豪이자 성주城主로서 고려 태조 13년(930)에 권행權幸, 장길張吉과 더불어 태조를 도와 고창군에서 후백제의 견훤甄萱을 대파하여 대광大匡이 되었으며, 고창군은 안동부로 승격되었다. 그는 권행, 장길과 함께 나란히 안동을 성으로 받아 신안동 김씨의 시조가 되었다.

『신증동국여지승람新增東國輿地勝覽』「안동대도호부 총묘」조에는 삼태사의 묘만이 언급되어 있는데, "김선평의 묘는 부의 서쪽 고태장리에 있다"고 기록되어 있다. 또 『영가지』「총묘」조에는 "김선평의 묘는 부의 서쪽 고태장리에 있으며 지금 그곳에 단소를 설치하였다"고 기록되어 있다. 문중에 전해오는 이야기로는 숙종 12년

(1686)에 김연金縯 등이 지금의 안동 서후면西後面 태장리台庄里에서 산소를 찾아 숙종 21년에 묘단墓壇을 건립하고 재사인 이상루履霜樓를 세우고 입구에 조령각肇寧閣을 지어 신도비를 세웠다고 한다. 일설에는 묘지석을 발견하지 못하여 그 자리가 확실하게 산소인지 판별할 수 없다고 하나 내 판단으로는 그 자리가 음택풍수상 보국保局이 꽉 짜인 확실한 명당 터임이 분명하므로 정확한 자리일 가능성이 아주 높다.

흔히 후김을 가리켜 '금관자가 서 말'이라고 하여 큰 벼슬을 많이 낸 비유로 삼는데, 후김은 조선 후기의 세도 가문으로 잘 알려져 있다. 고려조에서 크게 이름을 떨치지 못했던 후김이 명문의 반석 위에 오르게 된 것은 조선 중기 사미당四味堂 김극효金克孝(1542~1618)의 다섯 아들 가운데 선원仙源 김상용金尙容(1561~1637)과 청음淸陰 김상헌金尙憲(1570~1652)에 의해서이다. 이들의 자취는 오늘날 풍산읍 소산리에 남아 있다.

소산

안동시 풍산읍에 있는 소산素山은 산 이름이다. 4차선으로 확장된 34번 국도를 따라 안동에서 예천 쪽으로 가다 보면 풍산을 그냥 지나치게 된다. 풍산 이정표에서 우회전하여 옛길로 들어서 풍산읍에 이르면 읍내로 들어가는 길과 왼쪽으로 읍을 우회하는 길이 있다. 우회 도로의 신호등을 지나면 왼쪽으로 풍산들이 펼쳐진다. 곧게 쭉 뻗은 도로에서 11시 방향을 바라보면 우뚝한 산 하나가 시야에 들어온다. 소산이다.

소산이 주는 느낌은 어떤가? 각자 보고 느낄 일이지만 내가 소산에서 받은 느낌은 우선 매우 덕스럽고 넉넉하다는 것이다. 소산은 마치 어머니의 모습과도 같다. 그래서 소산을 보고 있으면 조용히 앉아 품안의 자식을 그윽이 바라보는 모성이 느껴진다. 풍산들을 둘러싸고 있는 사방의 어떤 산도 소산이 주는 느낌을 주지 못한다. 오직 소산만이 그렇게 후덕하다. 그 안으로 들어가 보고 싶고 기대고 싶다. 이런 느낌을 주는 산은 흔하지 않다.

소산은 해발이 138미터인 낮은 산이다. 그러나 넓은 들을 마주보고 솟아 있기 때문에 실제로 느껴지는 산의 높이와 크기는 산이 많은 지역에 있는 산들이 주는 느낌과 아주 다르다. 즉 소산은 높이가 낮고 규모가 작은 산이지만 실제로는 상당한 역량과 기세를 품고 있다는 느낌을 강하게 받는다. 크기와 역량이 일치하는 것은 아니며 높이와 기세가 비례를 이루는 것은 아니다. 사람이 그렇듯 산도 그런 법이다. 아니, 세상 만물이 모두 그렇다.

그러나 소산의 기세는 사람을 억압하는 것이 아니라 아주 포근하다. 더욱이 소산 쪽으로 가까이 갈수록 포근한 느낌은 더욱 분명해진다. 즉 먼 들판에서 보는 소산은 위엄이 강하지만 가까이서 보는 소산은 위엄보다는 푸근함과 다정함이 먼저 느껴진다. 소산은 어머니처럼 역량이 넉넉하고 기세가 안온하여 믿고 의지하고픈 산이다. 나는 언제부터인지 소산을 지나칠 때마다 『논어』의 한 구절을 떠올리게 되었다.

자하가 말했다. "군자는 세 번 바뀌니 멀리서 바라볼 때는 엄연하고, 가까이 다가가면 온화하고, 그가 하는 말을 들어보면 정확하다."[3]

---

3) 『論語』, 「子張」, "子夏曰, 君子有三變, 望之儼然, 卽之也溫, 聽其言也厲."

▲ 소산과 소산리

소산은 그런 산이다. 엄하면서도 따뜻하다. 그래서일까? 소산은 소산이라는 산 이름으로 끝나지 않는다. 소산은 '소산 마을'을 지칭하며 또한 그 마을에 뿌리내린 '가문'을 일컫는 대명사가 되었다. 그러므로 소산은 그 자체로 산이며 사람이며 문중이며 역사이다.

소산리

소산과 인사를 나누며 우회 도로의 끝에 있는 네거리 신호등에서 좌회전 하면 하회 마을 쪽으로 가는 916번 지방도를 만나게 된다. 그 길은 방죽길로 시작되는데, 신호등에서 1킬로미터도 못 가서 만나게 되는 다리가 소산교素山橋이다. 소산교에 진입하기 전부터 1

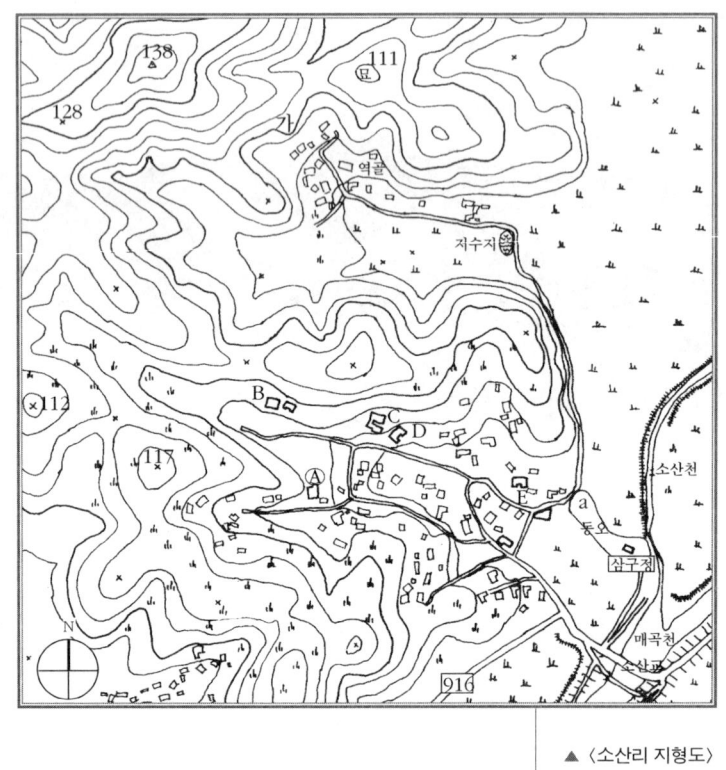

▲ 〈소산리 지형도〉

시 방향으로 무성한 숲에 둘러싸인 정자가 우뚝 그 모습을 드러낸다. 그 정자가 바로 우리의 목적지인 삼구정이다. 그 안쪽 마을은 안동에서 소산 김씨로 통용되는 안동 김씨의 세거지世居地 중 하나인 소산동이다. 소산은 안동에서 가장 이름난 마을 중의 하나이며 경제적으로도 풍요로워 과거는 물론 현재까지도 많은 인물을 배출한 유서 깊은 마을이다.

　소산리는 풍산들을 한눈에 굽어보는 곳에 자리잡고 있다. 『영가지』에는 금산촌金山村이라 기록되어 있으며, "현의 서쪽 5리쯤에 있는데 남쪽으로 넓은 들을 내려다보고 있으며 토지는 기름지고 넉넉하여 백곡이 모두 잘 된다"[4]라고 씌어 있다. 『경북마을지』에는 "마을 뒤의 정산鼎山과 서쪽의 관산冠山이 모두 표고 100미터 정도의 구릉이며 앞과 동쪽은 확 트인 들판이다. 마을의 전체적 형상이 '소가 누운 형국'이라 하여 쇠미 또는 금산金山이라 불리웠다"라고 씌어 있다. 원래는 금산리였던 마을이 소산리가 된 까닭은 병자호란(1636) 때 낙향한 김상헌이 "김가金哥가 사는 곳을 금산이라 하면 이는 너무 화려하고 사치스럽다. 모름지기 검소하다는 소산으로 바꿔야 한다"고 하여 마을 이름을 바꾸었다고 전해진다.

소산리는 마을의 주산인 소산이 사람을 위해 품을 연 곳이다. 〈소산리 지형도〉의 138미터의 산이 그것인데 한 가지 약점은 마을의 주산으로서는 크기와 기세가 조금 약하다는 점이다. 그러나 소산이 넓은 들을 마주하고 멀리 강을 바라보고 있기 때문에 소산을 바라보는 사람들은 마을의 주산이 약하거나 낮다는 느낌을 받지 못한다. 오히려 100여 미터에 불과한 산이 무척 높아 보일 정도이다. 마을의 오른쪽은 오른팔 격인 백호가 가볍게 감싸안고 왼쪽은 왼팔인 청룡이 길게 뻗어 내려 마을의 앞을 감싸서 위호하고 있다. 좌청룡 언덕을 '동오東塢'라고 하는데, 동오의 끝에 삼구정이 세워져 있다.

학가산 산록에서 흘러내리는 물은 풍산읍 만운리晩雲里 앞의 만운못에서 쉬다가 매곡리梅谷里를 지나 소산의 앞으로 흐른다. 이 물이 매곡천梅谷川이다. 매곡천이 소산에 이르면 북쪽에서 흘러오는 자그마한 시내(편의상 이 시내를 소산천이라 부르겠다)와 만나게

---

[4] 『永嘉誌』, "在縣西五里許, 南臨大野, 土地沃饒, 百穀皆宜."

된다. 이렇게 두 개 이상의 물이 합쳐지는 것을 '합수合水'라 하며 바로 그 지점을 '합수처合水處'라 한다. 소산리 앞에서 합수한 소산천과 매곡천은 마을을 뒤로하고 풍산들을 적시며 낙동강으로 흘러들어 간다.

나지막한 산이 등으로 북서풍을 막아 주고 앞으로 품을 열어 마을을 감싸니 이른바 장풍국이다. 사납지 않기 때문에 홍수의 위험이 거의 없는 내명당수가 마을 바로 앞을 흐르고 그 바깥으로 펼쳐진 넓은 들의 끝에 외명당수가 감아 흐르니 농경 마을로서는 최적의 거주 환경을 갖추고 있는 곳이 바로 소산 마을이다. 우리 나라의 마을을 형용하는 말로 익히 알려진 '배산임수背山臨水'라는 말이 딱 들어맞는 곳이다.

징검다리가 놓여 있던 자리인 합수처에 지금은 소산교가 들어섰는데 이로 인해 마을의 경관이 망가지고 말았다. 마을 위로 놓여진 어지러운 다리와 도로 그리고 반反풍수적인 집들이 들어서지 말아야 할 용호龍虎의 등에까지 어지러이 흩어짐으로써 소산의 소산다움을 해치고 있다. 하지만 상상은 자유이므로 반풍수적인 시설물을 치워버리고 원래의 소산을 머릿속에 그려보면 마을 자리의 아름다움과 평화로움 그리고 풍족함을 충분히 이해할 수 있을 것이다.

소산리의 고인돌

인류 문명의 발상지가 모두 강을 끼고 발달한 것에서도 잘 알 수 있듯이, 홍수의 위험이 적은 강가는 사람이 살기에 가장 좋은 자연환경이다. 농경 사회가 먼저 시작된 곳도 강가라는 입지 조건을 가지고 있는 곳이었다. 자연적 조건상 소산에서는 일찍부터 농경이 시작되었다. 이 사실을 증명하는 유적이 바로 '고인돌'이다.

우리 나라의 고인돌은 신석기 시대가 시작되었다고 추정되는 기원전 4,000년경에서 기원전 1,000년경의 청동기 시대에 걸쳐 만들어진 무덤으로, '지석묘支石墓'라고도 한다. 여러 학설이 있지만 고인돌은 대체로 선사 시대의 태양 숭배 사상을 나타내는 거석 문화의 유적으로 간주된다. 고인돌은 몇 개의 굄돌 위에 널찍하고 편평한 돌을 얹어 탁자 모양으로 만드는 것으로 유럽 각지와 아시아·아프리카에 널리 분포되어 있다. 우리 나라에서는 함경 북도를 제외한 전국 각지에서 고인돌을 발견할 수 있는데, 대개 한강 이남의 '남방식'과 그 북쪽의 '북방식'으로 구분한다.

소산에는 지금 네 개의 고인돌이 있다. 한 개는 마을 앞 역골로 넘어가는 언덕길 오른쪽 즉 동오의 시작 지점으로 〈소산리 지형도〉의 a 지점에 있다. 이 자리를 풍수적으로 설명하면 '거북의 꼬리'에 해당한다. 나머지 세 개는 모두 동오의 끝이자 삼구정 담장의 안쪽 즉 '거북의 등'에 해당하는 지점에 있다. 삼구정이 '삼구三龜'라는 이름을 얻게 된 까닭은 삼구정 자리에 거북 모양의 바위가 세 개 있기 때문이라고 알려져 왔는데, 이 바위들이 바로 고인돌이다. 지금 고인돌이 남아 있는 동오 언덕에는 아마도 더 많은 고인돌이 있었을지 모른다.

고인돌에 관한 자세한 논의는 내 능력 밖의 일이므로 더 이상 설명할 수 없지만 소산에 있는 고인돌로 인해 최소한 두 가지는 증명된 셈이다. 하나는 소산에 사람들이 살기 시작한 것이 줄잡아 2,000년 이상은 되었을 것이라는 점과 고인돌이 있는 것으로 보아 산 사람이 거주한 공간이라기보다는 죽은 자의 자리였으리라는 것이다. 산 자와 죽은 자는 그 거처하는 곳이 다르다. 망자를 위한 자리에 지금의 삼구정이 있는 것이다. 정자 자리처럼 절경인 곳은 사람이 오래도록 머물며 사는 곳이 아니다. 정자는 죽은 자를 위한 자리에 세워지는 경우가 많다. 다시 말해서 잠시 쉬어 가는 곳이요 죽은 자가 영면하는 자리라고 하겠다.

소산리 혈처, 삼소재

뛰어난 자연 조건과 유구한 역사를 가진 소산리에는 선김과 후김이 사이 좋게 오랜 세월 세거해 왔다. 소산에 있는 선김 종택의 당호는 삼소재三素齋로 〈소산리 지형도〉의 A 건물이다. 삼소三素는 조선 후기의 처사 김종락金宗烙(1796~1875)의 아호이다. 삼소란 행소리行素履 · 식소찬食素餐 · 거소산居素山을 말한다. 여기서 행소리란 현재의 상황과 경우에 알맞게 자신의 본분을 지키는 바른 행위를 실천한다는 뜻이고, 식소찬은 소박한 음식을 뜻하며, 거소산은 소산에 산다는 말이다.

집이란 세월이 흐르면 무너지는 법이니 원래의 모습 그대로 보존하기는 매우 어렵다. 현재 모습의 삼소재가 언제 건립되었든, 소산에 먼저 자리를 잡은 것은 후김이 아니라 선김이었다. 이 사실을 증명이라도 하듯이 삼소재는 소산의 주룡이 힘있게 뻗어 내리는 주맥主脈에 기대어 마을 한복판에 높직이 자리잡고 있다. 내룡의 흐름에 따라 자연향自然向대로 동쪽을 향해 앉아 있는 삼소재의 품새는 그 위세가 당당하다. 그러므로 소산에 삼소재보다 더 큰 규모의 집이 있지만 감히 삼소재의 권위를 넘볼 수 없는 것이다. 그것은 땅과 집이 어울려 있기 때문이다. 풍수는 어느 곳에, 어떤 집을 지어야 하는가를 가르쳐준다. 소산리 혈처는 삼소재 자리가 분명하므로 이를

▲ 뒤쪽의 높은 산이 학가산, 중앙에 정면으로 보이는 집이 양소당 종택, 왼쪽 아래의 집이 소산의 혈처에 있는 삼소재 종택이다

자세히 알아보도록 하겠다.

　명당에는 혈처가 있다. 혈이 맺혀 있지 않은 땅 즉 명당이 아니면 당연히 혈처도 없다. 그러므로 그런 곳에서 혈처를 운운하는 것은 어리석은 일이다. 명당에서 혈이 맺힌 땅인 혈처를 찾는 일은 그다지 어렵지 않다. 물론 상당한 경험을 필요로 하지만 주의 깊게 살펴보면 알 수 있다. 명당 혈처는 뾰족하지 않으며, 그냥 일정한 범위의 넓은 장소인 경우가 대부분이다. 더욱이 풍산읍 같은 읍기邑基나 마을이나 집터인 양기陽基는 더욱 그렇다.

　삼소재가 소산의 혈처라는 사실을 알고 난 뒤 삼소재가 있는 땅을 보면 누구라도 그 자리가 혈처임을 수긍할 수 있을 것이다. 우선 삼소재 뒤로 들어오는 용맥의 흐름과 힘을 분명하게 볼 수 있다. 그리고 그 용맥이 소산리의 여느 능선과는 다르다는 점도 짐작할 수 있다. 또한 삼소재의 사랑채 마루에 앉아 바라본 경치는 그야말로 일품이다. 지금도 그 품새는 뚜렷이 남아 있지만 여러 집들이 없었을 때를 상상해 보면 삼소재 자리가 어떠했을까를 충분히 짐작할 수 있다.

삼소재는 글자 그대로 배산背山에 임수臨水이다. 주산이자 현무玄武인 소산이 아주 넉넉하고 포근하게 품을 열어 삼소재에 혈을 이루었다. 게다가 막곡천이 유정하게 소산을 향해 흘러드니, 이른바 '조수朝水'이다. 조수는 '조래수朝來水'라고도 하는데, '물 너머의 물'을 가리킨다. 즉 혈 앞에 흐르는 물을 향해 들어오는 물을 가리킨다. 조수라고 부르는 까닭은 물이 임금에게 조회朝會하는 형상이기 때문이다. 임금을 알현하여 절을 하는 듯한 형상의 물이므로 조수를 다른 말로 '조배수朝拜水'라고도 한다. 조수는 여러 갈래로 잡다해서는 안 된다. 또한 일정한 역량을 갖춘 물이어야 하며 반드시 유정해야 한다. 그리고 혈을 향하여 공손한 모습으로 들어와야 한다. 만약 곧고 빠르면서(直急) 부딪칠 듯 쏘는 듯이(衝射) 들어온다면 좋은 물이라 할 수 없다.

소산 마을 앞에서 소산천과 매곡천이 합수했다는 것은 소산의 앞을 용이 막고 있다는 뜻이다. 누누이 말했듯이 지기地氣는 물을 만나면 멈춘다. 그러므로 물이 감싸고 있는 안쪽이 좋은 땅이다. 그래서 명당에는 명당수가 있다고 하는 것이다. 소산의 청룡을 동오東塢라 부르는데, 그 끝에 삼구정이 있다. 지금은 길 때문에 형편없이 훼손되었지만 소산의 백호는 매곡천의 물길을 돌릴 정도로 당당한 기세를 가진 용이다. 소산리는 현무와 용호가 어울려 혈장을 보호하고 나아가 조배수인 막곡천이 명당 지기를 갈무리하고 있는 곳이다. 이보다 더 좋은 형국도 드물다.

명당을 형용하는 사신사 중 남은 것은 이제 주작뿐이다. 청룡의 끝이면서 소산리의 안산인 동오 앞으로 멀리까지 펼쳐 있는 넓은 들은 이 마을이 받은 혜택이 얼마나 풍요로운가를 보여준다. 그 들 끝에 보이는 주작은 너울너울 춤추는 듯하지 않은가? 풍산들의 북쪽에서 남쪽을 바라보는 가일 마을을 염두에 둘 때 서쪽에서 동쪽을 바라보는 소산 마을의 모습은 어떠한가? 가일과 소산을 비교하면서 풍수를 살피면 많은 것을 얻을 수 있을 것이다.

소산리 선김은 같은 마을에 사는 후김이 '소산素山 김씨'로 불리는 것과 구별하기 위하여 한자를 바꾸어 '소산蘇山 김씨'라 했다. 선김과 후김이 소산에 같이 뿌리를 내리고 있고 선김 종택인 삼소재가 소산의 혈처를 차지하고 있지만 아무래도 소산의 성망聲望은 후김으로 기운다고 할 수 있다. 현재의 가구 수도 후김이 선김보다 대여섯 배는 많으며, 남아 있는 문화재급 건물의 수나 소산에 연고를 둔 인물의 위세를 따져 보아도 그러하다. 이제 후김이 소산에 정착하는 과정을 살펴보자.

소산 김씨

소산리의 후안동 김씨를 흔히 소산素山 김씨라 부른다. 소산리에 처음 들어온 후김은 비안比安 현감 사은謝隱 김삼근金三近(?~1465)의 아버지 김혁金革이라고 한다. 김삼근은 두 명의 아들을 두었는데, 첫째는 한성부 판관을 지낸 김계권金係權(?~1458)이며 둘째는 대사헌 보백당寶白堂 김계행金係行(1431~1517)이다.

김계권의 맏아들인 김학조金學祖는 스님인데, 법명은 등곡燈谷

이다. 신분 사회인 조선에서 중은 가장 낮은 계급인 여덟 천민 가운데 하나였다. 비록 조선 초기라고는 해도 당당한 사대부의 자식, 그것도 종손이 출가하여 천민인 중이 되는 것은 어떤 이유에서든 가문의 수치로 간주되던 때였다. 그러므로 출가의 사연이 없을 수 없다. 그 사연인즉, 김학조가 일곱 살이 되던 해 외조부를 따라 중국에 갔다가 '반골의 상'이라는 소리를 듣고 출가했다는 것이다. 그러나 문중에 전해 오는 이야기는 더욱 드라마틱하다.

학조가 아직 어렸을 적에 조부 현감공, 아버지 판관공과 함께 사랑에서 재롱을 부리며 놀고 있다가 무슨 일인지 울게 되었다. 마침 그때 탁발을 나온 웬 중이 아이의 울음소리를 듣고, "울음소리가 특이하니 불문에 출가를 시키는 것이 좋겠습니다"라고 하였다. 그러자 대노한 현감공은 크게 중을 꾸짖었다. 이에 물러날 줄 알았던 중이 더욱 큰소리로 말했다. "아이의 발바닥을 살펴보시오. 반드시 '임금 왕' 자가 있을 것입니다. 불문으로 출가하지 않으면 역적이 될 것이니 가문을 위해서라도 꼭 출가를 시켜야 합니다." 크게 놀라 발바닥을 살펴보니 과연 '임금 왕' 자가 뚜렷이 새겨져 있었다. 어쩔 수 없이 종손인 학조를 출가시키고 둘째 영전永栓이 가문의 적통을 잇게 되었다.

출가한 김학조는 그 뒤 세조의 국사國師가 되었다. 비록 명문가에서 출가했다고는 하지만 직계 후손도 없는 김학조의 이야기가 잊혀지지 않고 지금까지 전해오는 까닭은 무엇일까? 명망 높은 반가의 장자가 출가한 것이 흔치 않은 일이기 때문일까? 아니면 그가 유명한 스님이 되었기 때문일까?

나는 김학조가 소산 김문에 어떤 큰 공헌을 했기 때문이라고 생각한다. 그러면 그 공헌의 실체는 무엇인가? 나는 김학조가 아버지 김계권과 조카 김번金璠의 산소 자리를 잡은 일 때문일 것으로 추측하고 있다.

김계권 산소

일찍부터 김계권의 산소는 명당으로 알려져 왔으며, 그 자리의 형국은 '창평부수蒼萍浮水' 즉 푸른 개구리밥이 물 위에 떠 있는 형상이라고 명명되어 왔다. 〈역골 묘도〉는 소산 김문에서 작성한 것이다. 한 가지 특이한 점은 산소의 주산을 가일 마을 뒤에 있는 '정산井山'으로 잡은 것이다. 이에 대해서는 『안동 풍수 기행, 와혈의 땅과 인물』[5]의 3장 '지보리'를 언급할 때 자세히 설명했으므로 참고하기 바란다. 일반적인 명당도와 마찬가지로 〈역골 묘도〉도 산과 물을 간략하게 묘사하였는데 다만, 중심이 되는 산소 자리만은 과장되게 그려 놓았다.

김계권의 산소는 '큰마'라 불리는 소산의 중심에서 왼쪽으로 능선을 하나 넘어서 있는 역동, 일명 역골이라 부르는 마을 뒤의 언덕에 있다. 〈소산리 지형도〉의 저수지와 역골의 안쪽 111미터 고지의 언덕에 있는 '묘' 표시가 김계권의 산소이며, 그 왼쪽의 '가' 지점이 김계권의 다섯 아들 중 막내인 양소당養素堂 김영수金永銖의 산소이다. 〈역골 묘도〉에서는 일위一位 지점이 김계권의 산소이고, 팔위八位 지점이 김영수의 산소이다. 그러므로 김계권의 묘에서는 묘 앞쪽의 능선 즉 소산리의 청룡이 본신백호안산本身白虎案山이 되지만, 김영수의 산소에서는 본신백호本身白虎가 되는 것이다.

〈소산리 지형도〉와 〈역골 묘도〉를 비교해 보면 지형도와 명당도

---

5) 이완규, 『안동 풍수 기행, 와혈의 땅과 인물』(예문서원, 2001).

▲ 〈역골 묘도〉

의 차이점을 알 수 있다. 아울러 명당도를 왜 그렇게 그리는지에 대해서도 이해할 수 있게 된다. 명당도에 익숙해지면 명당도가 일반 지형도에 비해 땅의 성격을 더 잘 표현하고 있다는 느낌을 받게 된다. 두 지도를 함께 보면서 능선의 위치와 산소의 자리 매김을 살펴보면 그 땅의 실제 상태와 용맥의 흐름을 짐작할 수 있을 것이다.

큰마에서 역골로 들어서는 입구에 못이 하나 있다. 근래에 세운 표석에는 이 못의 이름이 '창평반월연화부수지蒼萍半月蓮花浮水池'라고 씌어 있으며 못을 건립한 이유도 적혀 있다. 『안동풍수 기행, 와혈의 땅과 인물』에서 가일 마을에 있는 못을 설명할 때 이런 종류의 못이 갖는 기능에 대해 언급했었다. 이 못은 또한 마을 뒤에 있는 김영수의 산소와도 무관하지 않은데, 이제 그 이유를 살펴보기로 하겠다.

역골에서 앞을 보면 수구水口가 짜여 있지 않다. 즉 앞을 막아 주는 산이 없어서 전면이 훤하게 트여 있다. 더구나 그 앞쪽이 넓은 들이라 트인 느낌은 더욱 강렬하다. 풍수에서는 이렇게 앞이 트인 것을 상당히 꺼린다. 물론 그렇지 않은 경우도 있지만 역골의 경우는 매우 좋지 않다. 그래서 빠져나가는 기운을 붙잡기 위해 못을 판 것이다. 나무를 심어도 되지만 농경지 앞이므로 나무보다 저수지를 만드는 것이 일석이조의 효과가 있다. 그러나 저수지가 훤하게 트인 것까지 막아 주지는 못한다. 그러므로 저수지 옆에 나무 한 그루를 심어 상징적인 비보수裨補樹를 이루게 한 것이다. 현장에서 보면 아주 선명하지만 〈소산리 지형도〉를 살펴보아도 충분히 알 수 있다. 이런 것을 비보라고 여러 번 언급했었다.

우리는 지금 와혈窩穴에 이어서 하회와 같은 돌혈突穴을 찾아다니고 있다. 오늘의 목적지인 삼구정이 서 있는 자리가 바로 돌혈이다. 그래서 이렇게 소산에 왔던 것이고, 소산의 역사를 더듬다 보니 김계권의 산소에 다다랐던 것인데, 이 산소는 돌혈이 아니라 유혈이다. 유혈에 대해서는 아직 설명할 때가 아니므로 안동에 있는 돌혈을 찾아본 뒤 언급하기로 하겠다.

유혈과 돌혈은 자매 사이처럼 비슷하다고 이미 설명했다. 다시 말하면 김계권의 산소 자리는 우리가 이미 알고 있는 돌혈의 형상 곧 중앙이 가장 높고 사방이 점차 낮아지는 땅의 모습과 흡사하다. 김계권의 산소를 보고 한눈에 그곳이 돌혈이 아니라 유혈이라는 것을 알아본다면 돌혈과 유혈에 대한 공부가 거의 끝났다고 해도 과언이 아니다.

김계권은 장자인 학조를 위시하여 아들 영전永栓, 영균永勻, 영추永錘, 영수永銖를 두었는데, 막내인 김영수의 후손이 가장 번창하였다. 삼구정을 지은 이도 바로 김영수라고 전해지고 있다. 역골에는 〈역골 묘도〉에 나타나 있듯이 많은 산소가 있다. 즉 김계권의 산소를 중심으로 그의 아들과 후손이 잠들어 있다. 소산이 소산에 베푼 넉넉한 은혜이다. 내가 직접 확인하지는 못했지만, 아마도 소산 김문 사람들은 그들 문중의 인물과 성세가 김계권의 묘소에서 비롯된 발복이라고 여기고 있을 것이다.

　김계권으로부터 이어지는 후김은 흔히 '장동 김씨'라 불리는 세도 가문으로 이어져 결국은 조선을 좌지우지하는 데에까지 이르게 된다. 영명英明하신 호학好學 군주 정조 대왕이 갑작스럽게 붕어한 뒤로 이어진 세도 정치가 조선을 피폐하게 만든 일은 생각할수록 가슴 아프다. 하지만 그 아픔 속에서도 배울 점은 있는 법, 소산과 관련된 장동 김씨의 면면을 살펴보고자 한다.

정자

　정자亭子는 그 이름만으로도 사람의 가슴을 설레게 하는 힘을 가지고 있다. 다른 사람은 몰라도 나는 그렇다. '정亭'이라는 한자를 써 놓고 가만히 들여다보고 있노라면 글자 자체가 마치 정자 건물인 양 보인다. 'ㅗ'는 지붕임이 분명하고, '口'는 기둥과 방이며 'ㄇ'은 마루 바닥이며 '丁'은 지면보다 조금 높은 정자 터를 형상화한 것 같다. 그러므로 한자로 '정'자를 써 놓고 보고 있으면 그 글자 주위로 내가 보고 좋아했던 정자들의 모습이 명멸한다. 정자간의 우열을 논하는 것은 당최 어리석은 놀음이다. '자子'를 덧붙여 '정자亭子'라고 써 놓으면 더욱 친근한 느낌이 든다. '자子'자가 있어서일까? 정자에 앉아서 그윽이 밖을 바라보는 어느 달관한 문사의 모습이 겹쳐진다.

　예전에는 정자를 볼 때마다 이런 생각을 했었다. "망할 놈의 짜식들. 이렇게 경치 좋은 곳에서 기생 불러다 놓고 신나게 놀았겠구만!" 여러 사람들과 함께 정자에 가 보면 누군가는 꼭 예전에 내가 정자에 대해 가졌던 생각과 비슷한 감상을 불쑥불쑥 내뱉는다. 그런가? 정자는 되다가만 양반 떨거지들이 모여서 먹고 마시며 놀기 위한 곳이었을까? 그럴지도 모른다. 분명히 정자는 휴식을 취하기 위한 공간이기 때문이다. 정자에 대한 『설문해자說文解字』의 설명에도 "정자는 사람들이 모여서 쉬는 곳"[6)]이라고 간명하게 설명되어 있다.

하지만 정자는 단순히 먹고 마시며 쉬는 곳이 결코 아니다. 정자의 기능과 역할은 매우 다양하다. 『한국민족문화대백과사전』에서는 유흥遊興과 상경賞景, 시단詩壇의 형성, 수양과 강학, 모임의 장소, 활쏘기 수련장, 고을의 치적 표상 등 크게 여섯 가지로 정자의 기능을 설명하고 있다. 이 중 대표적인 것이 시문詩文의 산실이라는 점인데, 도 그럴 것이 주로 경치가 뛰어난 승지에 정자가 세워져 있는데다가 그 주인이 시문을 즐기는 식자층이요 교우 역시 학자요 시인인 경우가 대부분이었기 때문이다. 그러므로 이름난 정자엔 시문이 즐비하게 걸려 있다. 내가 경험하기로도 정자의 건물과 자리가 훌륭하더라도 시문이 없는 정자는 마치 반찬이 없는 밥상과 같아 오래 머물고 싶은 마음이 들지 않을 정도이다. 삼구정에 걸려 있는 시문은 그 양과 질에 있어서 안동에 있는 정자 중 최고봉에 속한다.

일반인이 생각하는 정자는 대체로 '경치 좋은 곳에 있는 멋있는 집' 정도일 것이다. 실제로 정자를 생각할 때 주변의 경치를 빼놓고 정자에 대해 거론하는 것은 이치에 맞지 않는 기분이 든다. 경치가 좋은 자리에 '정자가 있다'는 것은 어떤 의미일까? 이중환의 생각을 들어보자.

---

6) 『說文解字』, "人所停集也."

복거

청담清潭 이중환李重煥(1690~?)이 저술한 『택리지擇里志』는 엄밀하게 말하면 풍수 서적이 아니다. 비록 『택리지』에 일정 부분 풍수적 사유가 드러나 있다고는 하나 『택리지』는 어디까지나 지리서이지 풍수서는 아니다. 물론 조선 시대에는 지금 우리가 말하는 풍수와 지리의 뚜렷한 구분이 없었다고 해도 지나친 말은 아니다. 우리 나라에 서양의 지리학이 유입되기 전에는 풍수가 곧 지리였고 지리가 바로 풍수였기 때문이다. 그렇지만 또한 풍수적 사유와 지리적 사유에는 분명한 구분이 있었다.[7] 지리든 풍수든 『택리지』의 여러 논의들 가운데 가장 많이 인용되는 부분은 「복거卜居」의 총론總論이다.

헤아려 생각해 보건대, 사람이 살 만한 곳을 가려서 정할 때에 살펴야할 으뜸은 '땅의 상태'(地理)이고, 다음은 그 '땅이 주는 이로움'(生利)이다. 그 다음은 더불어 사는 '사람들의 마음 씀씀이'(人心)이며 마지막이 '산과 물의 아름다움'(山水)이다. 이 네 가지 가운데 하나라도 빠진다면 그곳은 삶을 누릴 만한 땅이 아니다. 땅의 상태가 비록 아름답더라도 땅이 주는 이로움이 부족하다면 오래 살 수 없고, 땅이 주는 이로움이 비록 좋다 하더라도 땅의 상태가 나쁘면 이 또한 오래도록 거주할 수 있는 땅이 아니다. 지리와 생리가 함께 좋으나 인심이 착하지 않다면 반드시 뒤늦은 회한이 있게 마련이며, 가까운 곳에 산과 물을 즐길 만한 곳이 없다면 타고난 성품을 도야하고 마음속에 일어나는 느낌을 쏟을

---

7) 조선 시대의 地理 개념은 대체로 풍수적 개념이었다. 그래서 '풍수 지리' 라고 連用해서 쓰기도 하는 것이다. 현재 우리가 사용하는 '서양 지리'와 비슷한 개념은 '輿地'이다. 그러므로 『동국여지승람』이나 〈대동여지도〉에 표현된 '여지'는 『동국여지승람』이 일반적인 풍수 지리서와 다르다는 것을 나타낸다.

수가 없다.[8]

복卜은 점占이다. 점은 앞으로 일어날 일을 미리 알고자 하는 인간의 모든 노력을 가리킨다. 앞날을 미리 알 수 있다면 얼마나 좋을까? 아득한 옛날부터 인류는 미래를 알고자 나름대로 여러 방법을 고안해 내었다. 중국인이 고안한 방법 중에서 대표적인 것이 복卜과 서筮이다. 복은 거북의 등 껍질에 일정한 홈을 판 뒤 불에 태워서 그 갈라지는 모양을 보고 길흉을 판단하는 것이다. 서는 시초蓍草 50개를 일정한 법식으로 나누어 남는 수로 효爻를 얻은 뒤 길흉을 점치는 것으로, 『주역』이 바로 그 길흉을 판단하는 길잡이다. 고대인은 복서卜筮에 대해 경건한 마음으로 엄격한 법식을 따르는 것이라고 생각했다. 그래야만 하늘이 간절한 바람에 응답을 한다고 믿었기 때문이다. 고대 중국인은 복과 서 중에 복의 결과가 더 믿을 만하다고 생각하였다. 이제 그 복의 자세한 방법은 전해지지 않고 결과 가운데 일부만이 '갑골甲骨'로 남아 있을 뿐이다.

'복거'란 내가 살 곳을 가려서 정할 때는 거북점을 치는 자세만큼 신중해야 한다는 뜻을 담고 있다. 이 복거의 네 가지 조건 중 '지리'는 정확히 풍수를 의미하며, '생리'는 경제적 여건, '인심'은 더불어 사는 조건, '산수'는 도덕성을 갈고 닦으며 감정을 풀어내는 대상을 나타낸다. 정자는 마지막 조건인 '산수가상처도사성정山水可賞處陶瀉性情'에 해당한다. 우리가 흔히 하는 말로 '물 좋고 정자 좋은 곳이 어디 있냐'고 할 때 물 좋은 곳이 지리·생리·인심을

---

8) 『擇里志』,「卜居」, '總論', "大抵卜居之地, 地理爲上, 生利次之, 次則人心, 次則山水, 四者缺一, 非樂土也. 地理雖佳, 生利乏則不能久居, 生利雖好, 地理惡則亦不能久居, 地理及生利俱好, 而人心不淑則必有悔吝, 近處無山水可賞處, 則無以陶瀉性情."

합친 것을 말한다면 정자 좋은 곳은 곧 좋은 경치를 말하는 것이다.

아름다움이란 인간이 추구하는 궁극적 가치의 하나이다. 궁극적 가치란 더 이상의 상위 가치가 없다는 말이다. 아름다움은 그 자체로 궁극이다. 그러면 아름다움이 인간에게 주는 효용은 무엇인가? 여러 다양한 학설이 있겠지만 나는 그 중에서도 '아름다움은 사람을 착하게 만든다'는 것이라고 생각한다. 사람이 아름다움을 느낄 때는 진실로 마음이 즐겁고 유쾌하여 나쁜 생각이 일어나지 않는다. 길가의 나무와 돌에서도 아름다움을 느끼는 사람이 어떻게 나쁜 사람으로 성장하겠는가? 그러므로 나는 아름다움이 도덕과 분리되는 것을 허용하지 않는다. 미美는 곧 선善이다. 사람이 아름다운 산과 물을 보면서 착해지지 않는다면 그 산과 그 물이 무슨 소용이 있겠는가?

사람이 사람답게 사는 방법이 잘 먹고 잘 입는 것만을 지칭하는 것은 결코 아니다. 그러므로 보다 사람다워지려면 '된사람'(君子)의 길을 추구해야 한다. 그 길은 선현의 삶과 글 속에 가득하지만 꼭 거기서만 배울 수 있는 것은 아니다. 마을의 지리와 생리가 만족스러워 생활이 넉넉하고 인심이 후덕하여 본받을 만한 어른이 있고 거기에다 마을 가까이에는 아름다운 산수가 있어 산수를 벗삼아 흥겹게 몸을 풀고 즐거이 마음을 다스리는 것이 사람다워지는 훌륭한 방법이다. 이중환은 이러한 사실을 깊이 깨닫고 있었던 것일까? 그는 복거의 네 가지 조건 중 산수를 가장 길고 자세하게 서술하고 있다.

무릇 산수라는 것은 정신을 온화하게 하고 감정을 화창하게 하는 것이다. 살면서 이러한 산수가 없다면 사람은 세련되지 않는다. 그러나 산수가 좋은 곳은 경제적 이로움이 적은 곳이 많다. 사람이 이미 자라처럼 모래 속에 집을 짓고 지렁이처럼 흙을 먹으며 살지 못할진대 또한 한갓 산수만을 취해서 살아 갈 수는 없는 것이다. 그러므로 산수를 선택하는 것은 기름진 땅과 넓은 들을 가려서 사는 것만 못하다.[9]

지리와 생리와 인심이 각각 밥상과 밥과 국이라면 산수는 반찬이다. 심하게 허기진 사람이 어찌 격식을 따지겠는가마는 여유가 있으면서도 격을 무시하는 것은 분명 사람의 도리가 아니다. 먹고 입는 기본도 중요하지만 사람다운 멋을 추구하는 것이야말로 가치 있는 일이다. 정신의 고양과 풍요는 의식주만큼이나 중요한, 사람의 덕성이다.

이런 가치를 지닌 아름다운 산과 물이 어디쯤 있으면 될까? 이중환은 "십 리나 반나절의 거리에 있어 매양 생각이 날 때 그곳에 가서 시름을 풀고 유숙하고 올 수 있다면 좋다"고 했는데, 가까이 있다면 더 좋지 않을까? 소산의 삼구정 자리처럼 마을 바로 앞에 있다면 더욱 좋을 것이다.

삼구정 지은 뜻은?

삼구정은 소산 마을 바로 앞 동오 언덕 끝에 있다. 절경과 승지에는 전설과 애환이 서려 있듯이 삼구정에도 정자를 세우게 된 사연이 있다. 김계권의 다섯 아들 중 첫째인 김학조는 출가하여 스님이 되었고, 나머지 네 아들은 모두 관직에 나아갔다. 네 아들은 먼 곳으로 가지 않고 가까운 지방의 수령을 지내면서 극진히 부모를 봉양하였다. 연산군 2년(1496), 이들 형제는 일찍 지아비를 떠나 보내고 40여

---

9) 『擇里志』, "夫山水也者, 可以怡神暢情者也. 居而無此, 則令人野矣. 然山水好處, 生利多薄, 人旣不能鼇家蚓食, 則亦不可徒取山水以爲生, 不如擇沃土廣野."

년을 홀로 지낸 88세의 노모를 즐겁게 해드리기 위해 정자를 건립했으니 그것이 바로 삼구정이다. 그러므로 삼구정에는 반포反哺의 지극한 효성이 담겨있다. 허백당虛白堂 용재慵齋 성현成俔(1439~1504)이 쓴 「삼구정기三龜亭記」에는 이들 형제가 노모를 모시는 광경이 묘사되어 있다.

어머님의 연세가 여든여덟에 그 아들들인 영전, 영추, 영수 등이 모두 가까운 고을의 수령이 되어 봉양하기를 지극히 하였으며 또 이 정자를 지어서 아침저녁으로 놀고 쉬는 곳으로 삼았다. 언제나 좋은 때와 복 있는 날이면 가마를 붙들고 정자에 올라서 나이 일흔에 어버이 앞에서 때때옷을 입고 어린이처럼 재롱을 부린 노래자老萊子처럼 울긋불긋 고운 옷이 앞뒤에서 빛나고 난초같고 옥돌같은 자손들이 정자에 가득히 숲처럼 빽빽하게 늘어서서 모시니 어머니께서는 세상 근심 다 잊으시고 엿을 머금고 기뻐하실 새 어찌 그 즐거움을 이루 다 말할 수 있겠는가?[10]

인간이 과연 선천적으로 착한가, 그렇지 않은가 하는 것은 믿음의 문제이지 사실로 밝힐 수 있는 성질의 것이 아니다. 개인적 차이를 무시한다면 현실적인 인간의 모습은 선과 악의 모습을 골고루 가지고 있는 듯이 여겨진다. 자신을 위하는 것이 꼭 나쁘다고는 할 수 없지만 지나치면 곤란하다는 것은 분명하다. 어차피 인간은 자기라는 존재의 이익과 행복을 삶의 가장 큰 가치로 여기며 살 수밖에 없을지 모른다. 하지만 인간의 인간다움이 이루어지는 자리는 거의가 자신을 뒤로하는 곳에서 발생한다.

---

10) 『虛白堂集』, 「三龜亭記」, "年八十有八, 其子永銓永錘永銖等, 皆爲近邑守令, 極其奉養, 又構此亭, 以爲晨夕遊憩之所. 每當良辰吉日, 扶輿升亭, 萊衣彩服, 輝暎前後, 滿亭蘭玉, 森森列侍, 萱闈含飴而悅豫, 其爲樂可勝記哉?"

▲ 삼구정

　자식을 위해서 자신을 뒤로하는 부모들의 모습은 쉽게 찾아볼 수 있다. 내가 자식이었을 때 부모님께서 자식을 위해서 당신을 뒤로하셨듯이 내가 부모가 되었을 때도 내 자식을 위해서 자신을 뒤로하는 것은 거의 본능적으로 이루어지는 인간의 행위이다. 그러나 자식을 위해 자신을 뒤로한 어버이가 연로하여 거동이 힘들 때 어버이를 위하여 자신을 뒤로하는 자식들은 점점 줄고 있다. 어린 내가 천지를 모르고 날뛸 때 오직 어버이께서 만난을 무릅쓰고 나를 보호하셨듯이, 이제 연부역강年富力强한 내가 어버이를 모셔야 한다는 것은 당연한 사실이 아닌가? 거기에 무슨 변명이 끼어들 수 있으리오.
　어버이를 위해서도 자신을 물리지 못하는 인간이 어찌 남을 위하여 자신을 뒤로할 수 있겠는가. 가정이 무너지는 것은 자식을 위해서

3. 삼구정 167

희생하는 부모가 없기 때문이 아니라 부모를 위하여 자신을 뒤로하는 자식이 없기 때문이다. 부모의 여생을 걱정하지 않는 사람이 어떻게 자식의 장래가 밝기를 희망하겠는가. 명문名門이란 부와 권력만으로 이루어지는 것이 아니다. 삼구정은 어버이를 위한 감사와 보본의 정성이 서리서리 맺혀 있는 곳이다. 그곳에서 어버이에 대한 선인의 마음을 읽어내지 못한다면 정자와 풍광이 무슨 의미가 있겠는가?

왜 삼구인가?

거북을 나타내는 한자 '龜'는 발음상 '구' 인가, '귀' 인가? '귀'가 옳다. 그런데 언제부터인지 '구'로 발음하는 일이 잦아졌다. 삼구정도 사실은 삼귀정이 맞는 것이지만, 거의 대부분의 글에 삼구정이라 씌어 있으며 사람들도 한결같이 삼구정이라고 발음하고 있다. 그렇게 발음하는 이유를 모르겠으나 이제는 관행으로 굳어져 오히려 삼귀정이 어색하다. 발음이 굳어진 경우에는 그 관행을 따르는 것이 타당하다고 생각한다.

삼구정은 정자다. 당연히 삼구정의 첫 번째 구경거리는 정자라는 집이다. 우리 나라 목조 건축을 설명할 때 그 용어의 생소함 때문에 불만을 갖는 사람이 많다. 특히 문화재로 지정된 건물의 안내문에 씌어 있는 건축 구조에 관한 설명이 요령부득이기 때문에 맞대 놓고 욕을 하는 사람도 많다. 하지만 그것은 욕할 일이 아니라 스스로 관심을 갖고 공부해 나가야 할 일이다.

삼구정의 간략한 건축적 설명은 다음과 같다. "삼구정은 벽이 없는 정면 3칸(약 750cm) 측면 2칸(약 550cm)의 오량가五梁架 초익공初翼工 양식의 팔작지붕 집이다." 기둥 사이의 간격이 가깝든 멀든

기둥과 기둥 사이가 1칸이다. 그러므로 정면 3칸이라면 앞쪽에 기둥이 네 개 있는 것이 된다. 칸수를 계산하기 위해서는 정면과 측면의 칸수를 곱하면 된다. 따라서 삼구정은 6칸 건물이다.

서까래 아래에서 서까래를 직각으로 받쳐 지붕의 무게를 견디고 하중을 기둥과 보에 전달하는 부재가 도리이다. 도리의 숫자에 따라 집의 일차적 명칭이 붙여진다. 삼구정은 도리가 다섯 개 걸려 있는데, 이런 집을 도리가 다섯 개 있는 집이란 뜻에서 '오량가'라고 부른다. 기둥 네 개와 도리 세 개면 지붕 있는 집을 만들 수 있다. 즉 삼량이 지붕을 만들 수 있는 최소한의 도리 숫자가 되는 것이다. 그러므로 삼량보다는 오량이, 오량보다는 칠량이 더 고급스러운 집이다.

익공은 편의상 건물의 양식으로 분류되는 일종의 건축 형식이다. 한국 고건축의 형식 분류는 기둥과 도리를 연결하는 방법이 핵심이다. 가장 쉽고 간단하게 기둥을 도리와 연결하는 방법은 기둥과 도리를 직접 맞추는 것이다. 도리 아래에 도리와 나란하게 나무 하나를 덧대면 이 부재를 '장혀'라 하며, 장혀 밑에 다시 나란히 나무를 덧대면 이것을 '창방'이라 한다. 즉 서까래를 직각으로 받친 나무가 세 개가 되는 것인데, 서까래 바로 밑에서부터 차례대로 도리·장혀·창방이 있는 것이다. 익공이란 기둥 위에 주두柱頭를 추가하고 보 아래에 보아지를 설치하여 기둥과 보 및 창방·장혀·도리를 연결하는 방식으로, 보아지의 처마 쪽 끝을 소의 혀처럼 깎아 '쇠서'를 이룰 때 붙이는 이름이다. 초익공初翼工은 주두와 쇠서가 한 개인 것을 말하고, 이익공二翼工은 주두와 쇠서가 아래위로 두 개인 것을 말한다. 이익공 이상의 익공은 없다.

한옥의 지붕 형식은 맞배지붕에서 우진각지붕으로 진행하여 팔작지붕으로 변화되어 갔다. 그러므로 팔작지붕은 한옥의 지붕을 구성하는 방법 가운데 가장 화려한 형식이며, 지붕 구성 방법 중 가장 나중에 완성된 지붕 형식이다. 지붕 모습을 말로 설명하기는 까다로우므로 각자 알아보도록 하자. 여기서는 다만 봉정사 극락전은 맞배이고 대웅전은 팔작이라는 것만 언급해 두도록 하겠다. 아울러 초가지붕을 헐어 내고 슬레이트를 입힌 지붕들은 대개가 우진각 모양을 하고 있음도 밝혀 둔다.

소산리의 정자가 삼구라는 이름을 얻게 된 까닭은 대개 두 가지로 알려져 있다. 첫째는 삼구정 안에 큰 바위가 세 개 있으며 그 모양이 흡사 커다란 거북 모양이기 때문이라는 것이다. 지금도 원형이 그대로 보존되어 있는 그 바위들은 평평하고 넓적한 모습이 거북의 등판 같기도 하다. 하지만 그 바위들의 실체는 앞서 살펴본 대로 고인돌이다. 고인돌을 거북돌로 이해한다고 무리가 있는 것은 아니지만, 그 바위들은 자연 상태의 바위가 아니라 인공 구조물이며 더군다나 무덤이다. 그러므로 온전히 거북돌로만 이해할 수는 없다. 둘째는 노모의 장수를 비는 뜻에서 거북의 장수에 비유한 것이다.

아마도 이 두 가지가 합쳐져 삼구란 이름이 되었을 것이다. 그러나 그곳이 거북이 되는 이유를 풍수에서도 찾을 수 있으니 그 자리가 돌혈 즉 거북의 등이기 때문이다.

삼구정의 기둥을 받치고 있는 주춧돌을 유심히 관찰해 보면 세 곳에 석탑의 옥개석을 사용하고 있음을 알 수 있다. 이 석탑의 옥개석은 먼 곳에서 옮겨져 왔다기보다는 그 근방이 무너진 지 오래되어 일부가 유실된 탑으로부터 가져온 것으로 보인다. 또한 기단을 이루고 있는 바위도 일반적인 기단에 사용하는 바위에 견주어 훨씬 더 큰데, 아마도 고인돌의 잔해가 아닐까 싶다. 보이지 않는 마루 밑의 기단에도 고인돌에 사용된 돌들이나 탑재가 더 있을 것으로 추측된다.

삼구정과 풍산들

정자는 아무 곳에나 세우지 않는다. 정자를 세우는 자리의 여러 조건 중에서 가장 중요한 것은 아마 경치의 뛰어남일 것이다. 사람이 해치지 않는다면 땅은 거의 반영구적으로 제 모습을 지키겠지만 사람의 손이 닿기 시작하면 파괴는 걷잡기 어렵다. 지금 삼구정이 있는 자리는 원래의 땅 모양이 제대로 보존된 듯하다. 하지만 주위는 많이 변했을 것이다. 무려 500여 년 전, 삼구정을 처음 세울 때 주위가 어떠했는가는 성현의 「삼구정기」서두에 그 대강이 묘사되어 있다.

풍산은 안동부에 속한 고을이다. 고을의 서쪽 오 리쯤에 마을이 있는데 '금산촌' 이라 부르고 마을 동쪽 스무 걸음 정도에 봉우리가 있어 '동오' 라 부르는데 그 높이는 겨우 예닐곱 길 정도이다. 정자가 봉우리 위에 걸터앉아 있고 동·서·남쪽으로는 모두 넓은 들이 펼쳐져 있는데 그 지세가 높고 판판하며 앞이 탁 트여 있어서 바라봄에 끝이 없다. 정자의 남쪽에는 큰 내가 있어 '곡강' 이라 부르니 바로 낙동강이다. 그곳에 못이 있어 이름하니 '마라' 요, 못 가의 절벽은 거대한 거북 같아 높이를 헤아릴 수 없으며 강가에는 긴 숲이 십여 리에 걸쳐 뻗어 있다.[11]

세월은 무심히 흘러 이제 삼구정 주위의 경치도 많이 바뀌었다. 하지만 성현이 보던 모습을 지금이라고 보지 못할 것은 없다. 비록 변했다고는 하나 지금도 삼구정에 올라 인공적으로 설치된 시설물을 제거하고 상상해보면 성현 시대의 산천을 감상할 수 있으니, 그

---

11) 같은 책, 같은 곳, "豊山爲安東府屬縣. 縣西五里許, 有村, 曰金山村, 東二十步許, 有峰曰東吳, 其高僅六七丈. 亭跨峰頭, 東西南皆鉅野, 厥勢敞豁, 眺望無際. 亭南有大川曰曲江, 卽洛水也. 有潭曰馬螺, 潭上絶壁贔屭, 高可萬丈, 江上長林連亘十里餘."

또한 색다른 즐거움이다. 상상력이야말로 하늘이 인간에게 내린 가장 큰 선물일지도 모른다.

　삼구정이 서 있는 곳은 동오 언덕인데 그 높이가 겨우 10여 미터에 지나지 않는다. 사방이 너른 평야에 솟은 것도 아니고 산밑에 자리잡은 마을 앞에 있으니 언덕의 높이가 주는 위압감이 있을 턱이 없다. 그럼에도 불구하고 그곳을 가리켜 언덕을 뜻하는 '강岡'이나 '능陵'을 쓰지 않고 또 냇가가 있음에도 '안岸'이라는 표현을 쓰지 않고, 산봉우리를 나타내는 '봉峰'이라 형용한 것은 삼구정 자리의 느낌을 이해하는 데 핵심이 된다. 비록 그 자리가 높지 않다 하더라도 엄연한 '산봉우리'로 인식하고 있는 것이 바로 풍수적 사유의 일단一端이다. 낮지만 산봉우리와 같은 느낌을 주는 땅, 그런 땅을 풍수에서는 '돌혈'이라고 부른다.

　성현이 삼구정 자리와 삼구정의 관계를 절묘하게 묘사한 문장이 바로 "정자가 산봉우리의 꼭대기에 걸터앉아 있다"는 '정과봉두정跨峰頭'이며 이 묘사의 백미는 "걸터앉았다"고 한 데에 있다. 사람이 꼭대기에 앉는 방법은 두 가지 뿐이다. 하나는 가부좌를 트는 것이고 다른 하나는 걸터앉는 것이다. 가부좌는 수도를 하는 엄숙한 자세이니 정자에 어울리지 않는다. 산봉우리 꼭대기에 편안히 걸터앉아 사방을 내려다보고 있는 듯한 집, 성현이 삼구정에서 본 것은 집이 아니라 사람이었다. 집이 사람처럼 보일 때 우리는 비로소 그 집의 참된 멋과 맛을 느낄 수 있으리라. 어찌 집만이 그러하리오. 천지 만물이 모두 그러하다.

　삼구정에 걸터앉으면 사방이 탁 트여 있어 그 바라봄에 끝이 없고 들판 저 너머로 반짝이며 흐르는 강물과 강가의 절벽 및 펼쳐지는 장대한 숲까지 볼 수 있으니, 그 자리가 예닐곱 길에 불과하다지만 그곳이 어찌 언덕이겠는가? 필시 산봉우리가 분명하다. 「삼구정기」는 이렇게 계속된다.

> 정자의 북쪽에 학가산이 있다. 두 개의 시내가 이 산에서 나와 낙동강으로 들어가는데 두 물이 만나는 곳이 병담 혹은 화천이다. 산의 봉우리에는 또 천 길의 석벽이 있어 병벽이라 부르고 쌍계의 북쪽에 있는 기이한 바위는 붕암이라 한다. 시냇가에 우거진 밤나무는 겹겹이 푸르고 정자 아래로 논밭이 펼쳐져 봄이면 새싹이 무성하고 가을이면 누렇게 익은 벼가 구름처럼 일렁이니 참으로 기이하리만큼 좋은 땅이로다![12]

동오는 마을 쪽, 그러니까 서쪽에서 동쪽으로 뻗어 나온 언덕이다. 가볍게 굴곡을 그리지만 동오의 끝은 동쪽을 향하고 있다. 능선에 집을 지을 때는 능선이 진행하는 방향에 맞추어 집의 좌향을 정하는 것이 일반적이다. 이런 좌향을 '자연향' 혹은 '지세향'이라 한다. 자연향은 지세의 흐름에 맞추는 것이기 때문에 가장 자연스럽고 무리가 없다.

삼구정은 동향의 자연향을 버리고 남향을 선택했다. 그 이유는 아무래도 정자에서 보이는 주 경관 때문일 것이다. 사방이 탁 트인 돌혈의 정상이므로 자연향을 따라서 동향을 해도 아무런 무리가 없다. 그런데도 좌향을 비튼 것은 동쪽이 풍산읍 쪽이기 때문이다. 더구나 삼구정에서 바로 보이는 지금의 풍산읍 안교리安郊里는 원래 역참驛站이었던 곳으로 사람들이 빈번히 오고간 길이었다. 그런 곳에서는 정자의 운치가 살아나기 어렵다. 또한 우리 나라에서는 가

---

12) 같은 책, 같은 곳, "亭北又有山曰鶴駕. 有雙溪出自山間來入于洛, 其會水處爲屛潭, 或稱花川. 其峰又有石壁千餘丈曰屛壁, 雙溪北有奇巖曰鵬巖. 溪兩傍有栗樹千餘株, 層翠紛敷, 亭下有稻塍麥疄, 春則綠髮丰茸, 秋則黃雲穩秬, 眞奇勝之地也."

능하면 남향을 선호한다는 것은 두말할 필요가 없을 것이다.

  삼구정이 남향을 하고 있음으로써 동오에서 왼쪽으로 보이는 학가산鶴駕山(870m)은 삼구정의 뒤쪽에 위치하게 되었다. 학가산에서 내려오는 두 개울물 중 하나는 앞에서 살펴본 대로 소산리의 앞으로 흐르는 매곡천이고, 다른 하나는 서후면西後面 대두서리大豆西里를 지나 풍산읍 상리上里와 하리下里를 거쳐「삼구정기」에 나오는 '마라' 즉 지금의 풍산읍 마애리麻厓里 아래의 낙동강으로 흘러드는 상리천上里川이다. 풍산들은 낙동강의 범람과 상리천과 매곡천이 운반한 흙과 모래로 이루어진 충적 평야이다.

  풍산들은 유수한 안동 양반 가문의 경제적 기반이었다. 그러므로 명문가들이 풍산들을 둘러싸고 포진해 있었다. 대강 살펴보면 동쪽 상리 우렁골의 예안禮安 이씨, 북쪽 소산리의 선김과 후김, 가일의 안동 권씨, 서쪽 하회의 풍산 유씨, 오미동五美洞의 풍산 김씨 등이 있다. 성현은 풍산들에 물결치는 구름같은 벼들을 보며 그 경제적 풍요로움에 찬탄해 마지않았다. 승경勝景이 어찌 산과 나무와 바위와 물뿐이겠는가? 들판과 그곳에 가득한 곡식이야말로 더할 나위 없이 아름다운 경치이다.

신비한 동오

  동오의 끝에 있는 삼구정 자리가 바로 풍수학상 돌혈이라고 부르는 명당이다. 돌혈에 대한 설명은 앞의 '하회' 편에서 충분히 했으므로 중언부언할 일은 아니지만 기억도 되살릴 겸 다시 한 번 돌혈에 대해 설명하겠다. 돌혈은 중앙이 사방보다 높아서 땅의 가운데가 불룩한 곳이다. 그것은 마치 엎어놓은 가마솥이나 거북의 등처럼 생긴 땅으로 현침사懸針砂가 있으면 더욱 귀격이다. 소산리에서 역골로 넘어가는 언덕길 동오의 끝에서 삼구정으로 근접하면서 땅을 유심히 살펴보면 몇 가지 특별한 점을 발견할 수 있다.

첫째는 땅의 힘이다. 동오 언덕의 땅은 부드럽기 그지없다. 땅을 밟으면 마치 푹신한 양탄자를 밟는 듯하다. 그러나 그 부드러움의 안쪽에 팽팽한 힘이 있음을 느낄 수 있다. 발로 한번 힘껏 밟거나 양발로 쿵 하고 굴러 보면 대번에 그 힘을 느낄 수 있다. 부드러움은 용의 박환剝換이 완전히 끝났다는 뜻이며 그것은 곧 용이 모든 악기를 벗고 순수하게 되었다는 뜻이기도 하다. 팽팽함은 지기地氣가 흩어지지 않고 제대로 갈무리되었다는 뜻이다. 한없이 부드러우면서도 팽팽한 땅, 그것은 실로 열여섯 새아씨의 살결같은 땅이며 그러한 기운을 품고 있는 땅이다.

둘째는 땅이 뱀처럼 구불구불하다는 것이다. 이런 식으로 용이 진행하는 것을 '지현之玄'이라고 하는데, 이미 '하회' 편에서 언급하였다. 그런데 동오는 지현 변화를 하면서 또 한 가지 변화를 더하고 있다. 그것은 마치 뱀이 몇 마리의 개구리를 방금 잡아먹은 듯이 불룩불룩하다는 것이다. 땅이 불룩불룩한 것은 두 가지 경우이다. 하나는 아래위로 불쑥 솟는 것이고 다른 하나는 옆으로 불룩한 것인데, 동오는 후자에 해당한다. 불룩한 모양에 상관 없이 이러한 변화를 '속기束氣'라고 한다. 속기는 '과협過峽'의 일종이다. 과협과 속기도 '하회' 편에서 이미 설명하였다. 지현 변화와 속기가 동시에 일어난다는 것은 그 땅에 혈이 형성될 가능성이 아주 풍부하다는 표시이다.

셋째는 삼구정이 서 있는 자리로 갈수록 땅이 위로 솟구치고 있다는 것이다. 거듭 강조하거니와 땅을 살필 때는 사람이 얼마나 그 땅에 손을 대었는지를 알아내야 한다. 건물을 앉힌 자리든 산소든 어차피 땅을 자연 상태 그대로 두고 만들지는 않는다. 조금은 가감을 하게 마련이다. 풍수에서는 땅에 손을 가장 적게 대면서 바라는 바를 이룰 수 있는 땅이 바로 그 목적에 가장 잘 맞는 땅이라고 본다. 삼구정 자리는 정자를 짓기 위해 땅을 높인 것이 아니다. 오히려 집을 짓기 위해 깎아 낸 것으로 보아야 한다. 그러므로 원래의 모습은 지금보다도 더 위로 솟구치는 모습이 강했을 것이다. 이렇게 위로 솟구치는 용을 '비룡飛龍'이라고 한다. 비룡! 얼마나 가슴 설레게 하는 단어인가? 땅에서 하늘로 힘차게 날아오르는 용은 승천하는 용이며, 그런 용을 가리켜 '비룡상천飛龍上天'이라고 한다. 삼구정 자리는 예닐곱 길에 불과하지만 그곳에는 지현과 속기의 변화를 수반하면서 힘차게 하늘로 오르는 비룡의 기세가 올올이 서려 있다.

넷째는 용의 멈춤이다. 물을 만나거나 그렇지 않거나 간에 용이 둥지를 틀어 멈출 때는 그 힘이 고스란히 남아 있어야 한다. 지기地氣가 모여 있지 않는 곳은 형태만 그럴싸한 곳이 되므로 그런 자리를 '허화虛花'라고 한다. 만일 기가 새어 나간 곳이면 그곳은 무의미한 땅이 된다. 그러므로 허화가 아닌 곳 즉 지기를 보존하고 있는 땅의 형태를 보고 혈상穴象을 판단해야 한다. 즉 동오의 정상인 삼구정 자리에서 그 땅이 가진 힘을 느껴야 한다. 그리고 그곳이 사대혈상四大穴象 가운데 하나인 '돌혈' 임을 알아내야 한다. 비록 정자가 서 있어서 원래 땅의 모습을 볼 수 없다 하더라도 주위의 형세를 보고 그 자리가 돌혈의 형태라는 것을 아는 것이야말로 우리가 삼구정에 온 최종 목적이다.

다섯째는 동오의 끝이 소산천의 물과 만나는 지점이라는 것이다.

지금은 동오 앞에 소산천만 흐르지만 옛날에는 분명히 매곡천과 소산천이 만났을 것이고, 하상河床도 지금처럼 높지 않아 동오 앞에는 푸른 물결이 넘실거렸을 것이다. 용은 물을 만나면 멈춘다. 물을 만난 용이 멈춘 곳, 그곳이 바로 산이 다하고 물이 감아 도는 '산진수회山盡水回'의 땅이다. 용은 산진수회의 자리에 둥지를 트는 법이다. 용이 둥지를 틀었는지 즉 혈을 이루었는지를 살피는 것이 풍수의 최종 목적이다. 혈처를 이룬 용은 스스로 자신을 보호한다. 동오의 끝에는 봉정사의 당판當坂과 전순氈脣의 끝처럼 자연 암반巖盤이 있다. 그 굳센 바위가 혈처의 지기가 새는 것을 막고 물의 공격으로부터 혈장을 보호한다. 소산천과 매곡천은 어차피 사나운 물이 아니다. 그러므로 그 물이 용을 공격한다고 판단하기보다는 오히려 용의 식수로 보는 것이 마땅하다. 그렇다고는 하나 용도 물이 사나워질 때를 대비하여 바위로 자신을 지키고 있으니, 어찌 땅을 가리켜 신령스럽다 하지 않겠는가?

여섯째는 돌혈에 나타난 현침사이다. 삼구정 자리는 좁은 곳이다. 그렇기 때문에 현침사도 보일 듯 말 듯하다. 더구나 밭으로 내려온 용이며 물가에 다다른 용이므로 현침도 거의 물 속과 땅 속으로 들어가 있다. 하지만 동오에는 희미하나마 두 개의 현침사가 있으니 잘 찾아보기 바란다. 전부 말해 버리면 재미가 없지 않겠는가?

일곱째로 보고 즐길 것은 바로 동오에 있는 소나무와 느티나무다. 나무가 아무리 오래 살고 크게 자란다 하더라도 아무 곳에서나 힘있고 멋있게 자라는 것은 아니다. 똑같은 나무라도 어떤 땅에서 자라는가에 따라 다르다. 키우는 사람의 정성도 중요하지만 결국은 땅의 힘이 나무의 세력을 결정하는 법이다. 땅의 힘, 그것이 바로 지기地氣이다. 그리고 지기가 융성한 땅이 명당이다. 동오에 있는 나무처럼 윤기 있고 멋있는 소나무와 느티나무를 만날 수 있는 기회는 드물다. 더구나 한두 나무가 아니라 여러 그루의 나무가 마치 누가 더 멋있고 힘이 있는지를 뽐내는 듯한 곳을 찾는 일은 더욱 드물다.

마지막으로 다시 한번 세심하게 살펴야 하는 것이 바로 동오의 정상 곧 삼구정이 있는 자리이다. 지현 변화의 마지막을 이루는 동오의 끝을 조금만 유심히 살펴보면 독오른 독사가 고개를 들고 있는 듯한 모습을 하고 있음을 알 수 있다. 즉 그 형상은 힘이 없어 머리를 숙인 용이 아니다. 오히려 넘치는 힘으로 상대를 일격에 제압하기 위하여 똬리를 튼 형태이다. 나아가 그 끝 부분이 다시 한 번 지현 변화를 이루어 무어라 형용하기 힘들 정도의 기세를 뿜고 있다. 이곳의 원래 형태를 짐작하는 것은 오직 상상으로서만이 가능하다. 그런데 풍수에 상당한 소양이 없으면 상상만으로는 그 땅의 원래 모습을 복원하기란 어렵다. 즉 그곳이 돌혈이라는 것을 알아야만 정상부의 형태를 짐작할 수 있으며 그 땅에 서린 힘도 더 선명하게 느낄 수 있는 것이다. 추측컨대, 그 자리의 원래 높이는 삼구정 마루보다 조금 더 높은 정도였을 것이고 꼭대기 부분은 볼록하다기보다는 좀 평평한 느낌이 드는 곳이었을 것이다. 왜냐하면 그런 모습이 돌혈의 모양이기 때문이다.

이제 지금까지 살펴본 동오의 모습을 종합해 보자. 소설가 이외수李外秀는 이슬방울에 천지가 고스란히 담겨 있다는 사실을 깨달았지만, 동오에서 무엇을 깨달을지는 여러분 각자의 몫이다. 나는 내가 본 것을 말할 뿐이다. 동오는 한없이 부드러우면서 팽팽한 힘을 간직하고 있는 용이 자신의 힘을 온전히 갈무리한 채 지현과 속기의 변화를 이루며 힘차게 소산천에 다다라 물을 희롱하는 형세의 땅이다. 이러한 땅을 선인은 비룡희수飛龍戲水·갈룡음수渴龍飮

水 · 잠룡입수潛龍入首 · 황룡과강黃龍過江 · 비룡입해飛龍入海 등으로 표현하였다.

금귀입수

대개 산을 용이라 부르므로 형태에 상관없이 산이나 언덕을 용이라 칭해도 별 무리는 없다. 더구나 동오는 길쭉한 형상을 하고 있으므로 용이라는 표현이 잘 어울린다. 그러나 용이란 아무래도 상상 속의 영물이므로 형태를 짐작함에 조금은 무리가 따르는 법이다. 또한 돌혈의 형상을 설명할 때마다 누차 '돌혈은 거북의 등과 같다'고 표현했듯이 돌혈의 땅을 형국으로 비유할 때는 무엇보다도 거북 모양으로 비유하는 것이 이해가 빠르고 쉽다. 와혈이나 겸혈을 거북에 비유하지는 않기 때문이다.

그러므로 삼구정의 형국 이름을 정함에 있어서는 아무래도 거북 모양으로 비유하는 것이 이해하기에 가장 빠를 것이다. 예로부터 거북은 학鶴과 함께 장수長壽를 상징하고, 용龍 · 봉鳳 · 기린麒麟과 함께 사령四靈으로 불리는 신령한 동물로 알려져 왔다. 땅에 거북의 이름을 붙인 것은 그 신령한 기운을 받고자 한 것이다.

거북이 들어가는 물형으로는 금귀입수金龜入首 · 금귀입수金龜入水 · 금귀몰니金龜沒泥 · 금귀음수金龜飮水 · 금귀하전金龜下田 · 영귀하산靈龜下山 · 노귀예미老龜曳尾 · 귀갑형龜甲形 · 귀미형龜尾形 등이 있다. 물론 이 모든 이름이 돌혈을 의미하는 것은 아니다. 하지만 주로 돌혈에 쓰일 때 그 느낌이 선명해진다는 점은 확실하다.

삼구정 자리를 거북에 비유한다면 거북이 산에서 들로 내려왔으므로 영귀하산·영귀하전이 분명하고, 물가에 다다랐으니 금귀입수·금귀음수가 되며, 신체의 일부가 물가의 뻘에 잠겨 있으니 또한 금귀몰니가 된다. 그러므로 형국의 이름은 바라보는 사람이 땅의 성질과 서로 교감하며 정을 나누기 좋은 쪽으로 이해하면 별다른 무리는 없다. 삼구정은 자식의 극진한 효성이 서려 있는 곳이며 그 효성의 실질적 내용은 '장수長壽'이다. 그러니 삼구정 땅에 거북의 이름을 붙여 이해하는 것이 그 땅의 성질에 가장 맞지 않겠는가.

오성과 형국

형국形局의 이름 즉 용의 형태를 사물에 비유하는 것이 다소 자의적恣意的이고 또 여러 가지로 바꿀 수 있다고는 하지만, 형국명을 정할 때 아무런 기준이 없는 것은 아니다. 나는 주로 혈형穴形을 중심으로 형국명을 이야기하고 있지만 형국명을 정할 때 일정 지점인 혈장을 기준으로 삼지는 않는다. 혈장을 둘러싸고 있는 산 전체의 느낌을 더 중시하며 산의 전체적 모양에서 형국을 정하는 것이 더욱 흔하다.

이때 산을 오성五星으로 나누고 오성에 견주어 형국을 비유하는 원칙이 있다. 산형이 곧게 솟은(直聳) 것이 목성木星, 뾰족하고 날카로운(尖銳) 것이 화성火星인데, 목성과 화성의 산은 주로 사람에 비유한다. 반면 토성土星·금성金星·수성水星의 산은 짐승에 비유한다. 즉 네모지고 반듯한(方正) 것이 토성으로 길짐승에 비유하며, 크게 둥근(光圓) 것은 금성으로 날짐승에 비유하며, 구불구불하게 움직이는(曲動) 것은 수성으로 용과 뱀에 비유하는 원칙이다. 그러나 꼭 그런 것만도 아니다. 그렇다고 하더라도 원칙을 알고 있으면 형국명을 지을 때 실수를 줄일 수 있다.

동오의 주산인 소산리의 뒷산들은 모두 100여 미터의 나지막한 봉우리인데, 그 모양도 물이 흐르듯이 뱀이 기듯이 구불구불한 수성이다. 동오 역시 수성이다. 그러므로 삼구정의 형국명은 용에 비유하는 것이 자연스럽고 원칙에도 맞는다. 그러나 내가 판단하기에 그 자리는 용보다도 거북이 더 어울린다. 그 까닭은 그곳이 돌혈이며 장수를 비는 땅이기 때문이다.

김번 산소

소산에 입향한 비안 현감 김삼근의 집은 지금 '비안공구택'이라는 이름으로 경상북도 문화재 자료 제211호로 지정되어 보호받고 있는데, 〈소산리 지형도〉의 B에 해당한다. 비안공구택은 개축을 거듭하여 규모가 대폭 축소된 채로 '돈소당敦素堂'이라는 당호를 달고 소산리의 깊숙한 안쪽 언덕의 남향에 자리잡고 있다. 돈소당의 아래쪽에는 김삼근의 맏아들인 김계권의 다섯 아들 중 막내로서 성종조의 명신이며 사헌부 장령掌令을 역임한 양소당養素堂 김영수 金永銖(1446, 세종 28~1502, 연산 8)의 종택이 있으며, 〈소산리 지형도〉에는 C로 표시되어 있다. 김영수의 자는 적옹積翁인데, 그의 후손 중에서 과환科宦이 줄줄이 이어져 소산 김문은 명문의 반석에 오르게 된다.

김영수는 아들 셋을 두었는데 그 첫째가 삼당三塘 김영金瑛(1475~1528)이며, 김영의 손자 창균蒼筠 김기보金箕報가 회인懷仁 현감을 지낸 뒤 소산에 낙향한 이후로는 김기보의 후손들이 벼슬에서 물러나면 소산으로 돌아왔다. 그러므로 소산리의 안동 김씨는 바로

▲ 김번 산소

김영의 후손들이다.

　김영수의 둘째 아들은 김번金璠(1479, 성종 10~1544, 중종 39)으로, 자는 문서文瑞이다. 김번이 평양平壤 서윤庶尹을 지낼 때인 1523년, 관서 지방에 전염병이 만연하자 그는 농업에 힘쓰고 세금을 감면하는 등 선정을 베풀었으며, 이로 인해 그의 인망 또한 높아졌다. 하지만 김번의 이름이 인구에 회자된 주요 원인은 그가 후김 중 흔히 '장동壯洞 김씨' 라 불리는 안동 김씨 장동파의 파조派祖였기 때문이다. 장동이란 지금의 서울 효자동 근처인데, 장동 김씨는 장동에 자리를 잡고 있던 안동 소산 출신의 김씨 가운데 김번의 후손을 가리키는 말이다. 장동 김씨는 조선 후기 세도 정치의 주역으로 1864년 대원군의 집정으로 몰락하기까지 약 60여 년에 걸쳐 조선의 명맥을 좌지우지한 가문이다. 이 때문에 사람들은 안동 김씨라고 하면 대체로 장동에 세거한 안동 김씨만을 연상하게 된 것이다.

세도 정치의 공과를 떠나 장동 김씨가 조선의 국운을 틀어쥐게 된 이유 중의 하나로 흔히 거론되는 것이 김번의 묘가 조선 8대 명당이어서 복을 받게 된 것이라는 설명이다. 김학조가 잡았다고 전해지는 김번의 묘는 경기도 남양주시 와부읍 덕소리의 석실 마을에 있다. 마을 입구에는 안동 김씨 '분산墳山' 이라는 표지석이 있다. '무덤 산' 이라는 이름에 걸맞게 석실 마을을 빙 둘러싸고 있는 나지막한 산들에는 무덤이 즐비하다. 그 중앙에 남향을 하고 있는 산소가 바로 김번의 산소로 흔히 '옥호저수형玉壺貯水形' 이라 부른다. 청오靑奧 지창룡池昌龍의 『한국지리총람』(명문당, 1991)에 나오는 설명을 들어보자.

산천 형승은 동북방으로 수리산修理山이 병풍처럼 아늑히 솟아 있다. 이 산 낙맥이 수없이 기복하면서 갑묘甲卯 우선룡右旋龍으로 내려오다가 임자방壬子方에서 박환, 계입수癸入首로 자좌오향인 정남향을 이루고 있다. 맑은 물줄기는 손사방巽巳方에서 득수가 되니 청룡방이요, 곤신방坤申方에서 득수가 되니 백호방이다. 양쪽 물이 앞에서 합수가 되어 미신방未申方으로 파구를 얻는다.
동남간으로 갑산甲山이 높이 솟아 있는데 그 형상이 마치 사모관 머리와 같아 선동仙童이 시립한 듯하다. 서남간 정미방丁未方에 높이 솟은 문필봉은 하늘을 찌를 듯이 솟아 있고 병오정방丙午丁方인 안산의 형승은 '수봉이압천외數峰而押天外'로 문필, 호필봉豪筆峰이 영기를 뿜어 혈처를 마주하여 솟아 있다. 유유한 한강 물은 팔당 앞을 지나 넌지시 이 자리를 멀리 감싸주며 흘러간다. 주산에 올라 사방을 돌아보면 원근간에 만학천봉이 웅세를 자랑하며 위세를 떨친다.
기맥氣脈은 봉요蜂腰, 학슬鶴膝로 형체를 이루어 단정히 연결되어 있고 전후좌우의 산이 서로 만나 장풍藏風 취기聚氣가 역력하다. 나성羅星이 주밀하면서도 뒷면에는 양각兩角이 좌우로 가지런히 뻗어내려 물소 뿔을 연상케 한다.

청룡은 만궁세彎弓勢로 겹겹이 단제單提되어 혈처를 아늑하게 감싸주었고 백호는 청룡의 세에 뒤지지 않는 만궁세로 연이어 에워싸고 있다. 삼길자三吉者는 수려하게 솟아 있고 육수봉六秀峰은 천태만상 형형색색으로 영기를 뿜어내고 있다.

고장방庫藏方이 첨수尖秀하여 유자손有子孫이 삼공이요, 천심방天心方이 뾰족이 빼어나면 남녀가 문장이라. 청룡 밖의 관모봉冠帽峰은 자손이 영귀하고, 백호 밖의 뭇 봉우리는 문무가 끊이지 않는다.

중산지처衆山止處 시진혈是眞穴이요, 중산취처衆山聚處 시명당是明堂이라. 수구水口는 양변이 병용竝聳 금수禽獸의 한문捍門을 이루었고, 앞산이 나지막하게 옥대사玉帶砂로 가로놓여 있는 형용은 볼수록 일품이다.

지창룡은 명실공히 근대 대한 민국의 국풍國風이다. 그는 이승만과 박정희의 산소 자리를 정했을 뿐만 아니라 헬리콥터를 타고 전국을 살피면서 국립 묘지와 울산 공업 단지를 비롯하여 숱한 땅을 선정한 풍수사風水師였다. 그런데 위에 언급된 그의 설명은 어떠한가? 알아들을 수 있는가? 그 자리의 형상이 눈에 잡히는가? 그래서 아주 좋은 곳이라는 느낌이 드는가?

나는 위의 글이 의미하는 바를 알고 있다. 하지만 초보일 때는 절망스럽기만 하였다. 도대체 무슨 말인지 알아들을 수가 없었던 것이다. 풍수 용어 사전이 있는 것도 아니고 어디 물어 볼 데도 없었다. 지난날을 생각해 보니 참으로 끔직한 느낌마저 든다. 설명의 호오好惡를 떠나서 이런 식의 설명은 초심자가 풍수를 이해하는 데 전혀 도움이 되지 못한다. 아무런 설명도 없이 한자어를 나열해 놓은 풍수 용어는 일반인들을 풍수에서 멀어지게 만들 뿐이며, 또 한 가문의 영욕이 거의 묘 터에 달려 있다는 식의 주장은 풍수를 비난의 대상으로 만든 중요한 원인이기도 하다.

지창룡의 글에는 풍수의 두 갈래라고 할 수 있는 리기론理氣論과 형세론形勢論이 마구 섞여 있다. 암호 같은 단어들은 하나씩 익혀 나가면 된다. 풍수에서 사용하는 24개 방위는 주의를 기울이면 쉽게 익힐 수 있다. 한자로 도배를 해 놓은 듯한 문장은 한문을 습득하면 된다. 지창룡이 쓴 책에서 언급된 다른 산소에 대한 설명도 위의 글과 대동소이하다. 방위를 익히고 산을 형용하는 몇 가지 용어를 습득하고 나면 그의 설명을 이해하는 데 별 어려움이 없을 것이다. 한 가지 어려움이 있다면 한자와 한문을 어느 정도 알아야 한다는 것인데, 그것은 전통 문화를 공부하는 사람이라면 누구나 넘어야 할 산이므로 열심히 한문을 익히는 수밖에 없다.

그러나 나는 이런 식으로 산소 자리를 설명한 적이 없으며, 앞으로도 이런 식으로는 설명하지 않을 생각이다. 그리고 지창룡의 묘 터 발복 주장에 동의하지도 않는다. 하지만 지창룡이 내세우는 방식도 땅을 보는 하나의 방법이니 익히면 유용할지도 모른다. 나는 김번의 산소에 대해 중언부언할 필요를 느끼지 않는다. 다만 그곳에는 김상용과 김상헌의 산소를 비롯하여 20여 기의 산소가 있으며 그 상당수는 우리 역사에 이름을 남긴 인물이므로 풍수학인이라면 꼭 한번 들러보아야 할 곳이라는 점만 이야기하고 넘어가겠다.[13]

---

13) 김번의 산소에 대해서 제대로 된 설명을 보고 싶은 사람은 衡山 鄭景衍의 홈페이지에서 「나의 풍수유적 답사기」를 참조하기 바란다. 주소는 http://www.poongsoojiri.co.kr 이다.

김상용

　김번의 맏아들인 김생해金生海는 네 명의 아들을 두었는데, 큰아들 김대효金大孝는 아들이 없었고, 셋째인 김극효金克孝는 다섯 명의 아들을 두었다. 김극효의 아들 가운데 첫째가 김상용이며 넷째가 그 유명한 김상헌이다. 김상헌은 세 살 때 후사가 없던 큰아버지 김대효의 양자로 들어가 김번 계열의 종손이 되었다. 이 김상헌의 직계 후손이 바로 장동 김씨라 불리는 조선 세도 정치의 주역들이다.

　선원仙源 김상용金尙容(1561, 명종 16~1637, 인조 15)은 아우 김상헌의 성망에 가려 사람들에게 잘 알려지지 않았으나, 기실 그는 우의정에 발탁되고 영의정에 추증된 상신相臣으로서 병자호란 때는 종묘와 사직단의 신주를 받들고 빈궁嬪宮과 원손元孫을 모시고 강화도로 피난했다가 성이 함락되자 성 남쪽의 문루에 있는 화약에 불을 질러 순절殉節한 지사이다. 시호는 문충文忠이며 경기도 강화읍에 그의 순절비가 세워져 있다.

　또한 김상용은 일찍이 외조부이자 당대 최고의 학식과 인품으로 문형文衡에 오른 임당林塘 정유길鄭惟吉의 각별한 훈도를 받고 우계牛溪 성혼成渾과 율곡栗谷 이이李珥에게 학문을 수학한 당대의 대학자이다. 그는 당대 최고 문인인 월사月沙 이정귀李廷龜(1564~1635), 상촌象村 신흠申欽 등과 교우하였으며, 우복愚伏 정경세鄭經世와는 도의로써 사귀었다. 김상용은 특히 시와 글씨에 뛰어났는데, 그의 전서篆書는 중체衆體를 겸하여 많은 비에 전액篆額을 남겼다. 전액이란 비의 맨 위에 가로로 새긴 글씨를 가리킨다. 전액은 거의 대부분 전서로 쓰는데, 한자 서체 중 전서가 가장 오래되고 장중하기 때문이다.

삼구정 편액

　삼구정 안으로 들어서서 고개를 들면 그 장관에 감탄하게 된다. '삼구정三龜亭' 편액扁額을 비롯하여 기문과 시판詩板 26개가 사방에 빈틈없이 걸려 있는데, 그 가운데 단연 사람의 눈길을 끄는 것은 천장의 중앙 종도리에 높이 걸려 있는 편액이다. 대개 건물의 이름을 적은 현판은 중앙에 자리잡으며 다른 것들에 비해 글씨가 크기 때문에 눈에 띄기 쉬운 법이다. 하지만 삼구정 편액이 눈길을 끄는 것은 글씨의 크기 때문이 아니라 생김새 때문이다.

　처음 편액의 글씨를 보았을 때 사실 나는 조금은 어이가 없었다. '뭐 저런 글씨를 다 걸어 놓았지?' 하는 심정이었다. 글씨를 쓴 사람의 호, 용재慵齋라는 글자가 현판에 적혀 있지 않았다면 욕을 하였지도 모를 일이었다. 그런데 어쩐 일인지 '삼구정' 하면 으레 편액의 글씨부터 머릿속에 떠오르곤 한다. 신기하기도 하지! 그 못생긴(?) 글씨가 잊혀지지 않다니. 그것과 비슷한 느낌의 글씨를 몇 번 본 적이 있지만 '삼구정' 편액의 글씨는 그 어느 글씨와도 달랐다.

　삼구정 현판 글씨의 생김새는 마치 초등학생이 처음 서예를 배운 뒤 정성 들여 쓴 듯한 느낌이다. 자획字劃의 모양은 나가지 않는 붓을 억지로 밀어 낸 듯하다. 그러므로 일반적으로 명필을 형용하는 '일필휘지一筆揮之'·'용비봉무龍飛鳳舞'·'평사낙안平沙落雁' 등의 단어가 주는 느낌과는 거리가 멀어도 한참 멀다. 칼끝같은 기개도, 유려한 아름다움도, 초탈한 기운도 없다. 그냥 고졸古拙하다는 것과도 다른 맛을 풍긴다.

　그러나 그 글씨에서는 둔중한 나무망치로 말뚝을 박는 듯한 힘이 느껴지며 그 힘은 사람을 압도한다. 아니, 사람을 해방시킨다. 탈속

▲ 삼구정 편액

脫俗과는 분명히 다른 종류의 해방을 느끼게 한다. 그러니 그 글씨를 쓴 사람이 누군지 궁금할밖에. 현판에 용재라고 씌어 있으니 당연히 허백당 성현成俔이려니 했다. 성현은 허백당이라는 아호보다 용재로 더 널리 알려져 있다. 이 점은 그의 저서『용재총화慵齋叢話』를 보아도 알 수 있는데, 그는 삼구정의 기문을 쓰기도 했다.

그러나 아니었다. 현판을 쓴 용재는 성현이 아니라 같은 글자의 같은 호를 쓰는 이종준李宗準(?~1499)이었다. 그는 안동 사람인데,『영남인물고嶺南人物考』(탐구당, 1978)에 기록된 그의 행적을 간략히 살펴보면 다음과 같다.

이종준의 자는 중균, 호는 용재로 경주가 관향이며 대사헌 승직의 손자이다. 성종 정유년(1477)에 진사가 되고 을사년(1485)에 문과에 급제하여 벼슬이 대사성에 이르렀다. 연산군 무오년(1498)에 국문으로 죽으니 안동 경광사에 제향되었다.
공은 금도와 운치가 쇄락하여 바라보면 마치 신선 가운데에 있는 사람 같았다. 문장을 지으면 높고 위엄이 있으면서 고상하여 옛 풍취가 있었으며 글과 그림이 모두 절묘하고 뛰어났다. 일찍이 의성 군수로 있을 때 공이 비록 소첩에 함부로 쓴 것이라도 사람들은 그것을 보배로 여겨 간직하였다.

일찍이 이종준이 서장관이 되어 북경에 가다가 역관驛館에 있는 병풍 그림이 아름답지 않음을 보고 붓으로 칠하여 없애 버렸다. 이에 역관譯官이 통사를 불러 괴이하게 여기며 힐난하자 통사가 "이종준이 서화에 능한데 반드시 자기의 뜻에 차지 않아서 그렇게 한 것 같습니다"라 하였고, 이에 역관이 이를 깨닫고 수긍하였다. 돌아오는 길에 다시 그곳에 이르러 보니 흰 병풍 두 개를 새로 단장하여 펼쳐 놓았는데, 이종준이 하나에는 글을 쓰고 하나에는 그림을 그리니 모두 절묘하여 보는 사람마다 칭찬해 마지않았다.

무오년(1498)에 이종준은 북계(평안도)로 귀양을 가게 되었는데 고산역(함경도 안변)을 지날 때 이사중(宋人)의 "외로이 홀로 충성을 다짐하니, 뭇 사람이 더불지 못한다"는 시구를 벽에 쓰고 갔다. 감사가 조정에 소문을 내니 연산군이 '원망하는 뜻이 있다'고 하여 이종준을 체포하여 국문하니 결국 이종준은 죽고 말았다.[14]

내가 과문한 탓으로 평소에 이종준에 대해 아는 것이 없었다. 그가 시서에 뛰어났을 뿐 아니라 벼슬이 대사성에 오른 학자임도 이번에야 알게 되었다. 다만 눌재訥齋 이홍준李弘準의 이름은 겨우 기억하고 있었는데 그가 이종준의 동생이라는 사실은 이때 비로소 알

---

14) 『嶺南人物考』, "李宗準字中勻號慵齋慶州人大司憲繩直孫. 成宗丁酉進士乙巳文科官大司成. 燕山戊午勒殺之享安東鏡光祠. 公襟韻洒落, 望之如神仙中人, 爲文章倬偉高古, 書畵俱妙絶, 嘗宰聞韶, 雖訴牒胡題, 人輒珍藏. 嘗以書狀官赴京, 見驛館畵屛不佳, 以筆塗抹殆盡. 驛官招通事, 怪詰之, 通事曰, '書狀能書畵, 必以不滿其意而然也.' 驛官悟而首肯之. 回程至其處, 張新粧素屛二坐, 宗準一書一畵, 俱盡其妙, 觀者歎賞. 戊午謫北界, 路經高山驛, 書李師中, '孤忠自許衆不與', 一律于壁上而去, 監司以聞, 燕山以爲有怨意, 逮鞠殺之."

게 되었다. 내가 이홍준을 기억하게 된 이유는 그 자신이 쓴 묘비명 때문이었다. 이홍준은 형의 죽음을 보고 벼슬길을 버리고 안동에서 봉화로 이거移居하여 초야에 묻혀 살다가 생을 마감하였는데 그의 묘비명은 이렇다.

이미 재주 없거늘 또 덕마저 없으니 그냥 사람일 따름이다.
살아서는 벼슬 못하고 죽어서는 이름 없으니 혼백일 따름이다.
근심도 즐거움도 비워 버리고 비방과 명예도 그쳤으니 흙일 뿐이로다.[15]

삼구정 편액의 글씨를 다시 보면서 형제의 삶을 더듬는다. 이종준의 글씨에 서려 있던 해방의 기운이 이홍준을 만나 형체를 가지게 되었다. 그렇다. 이종준의 글씨는 흙이다. 그리고 우리 모두 역시 '흙일 뿐이다.'

삼구정팔경

현판에서 눈을 돌리면 사방에 가득한 시판들이 있다. 그 시판들을 유심히 살펴보면 같은 제목의 시판이 눈에 띄는데 바로 삼구정팔경三龜亭八景을 노래한 것들이다. 삼구정팔경은 '학교청봉鶴嶠晴峰'(학가산 맑은 봉우리)·'마애초벽馬崖峭壁'(마애의 가파른 절벽)·'현리연화縣里烟花'(풍산에 피어오르는 밥 짓는 연기)·'역동한송驛洞寒松'(역골의 겨울 소나무)·'장교관가長郊觀稼'(풍산들에 일렁이는 곡식)·'곡저타어曲渚打魚'(냇가의 고기잡이)·'삼복피서三伏避暑'(삼복날 더위 피하기)·'중추완월仲秋翫月'(한가위의 보름달 보기)'의 여덟 가지이다. 김상용의 삼구정팔영 가운데 '학교청

---

15) 旣無才又無德人而已. 生無爵死無名魂而已. 憂樂空毁譽息土而已.

봉' 한 수를 감상해보자.

연꽃같은 산 하나 허공에 솟구치니,	芙蓉一朶聳晴空,
아득한 구름이 눈 안에 가득하다.	縹緲雲烟望眼中.
어찌하면 바람 타고 산꼭대기 올라서서,	安得御風凌絶頂,
붉은 해 떠오르는 동쪽 하늘 굽어볼까?[16]	俯看紅日上天東.

김상용의 산소는 할아버지 김번의 묘소가 있는 석실 마을의 안동 김씨 분산 선영에 있다. 그곳에는 김상용의 아버지인 김극효와 조부인 김생해 및 동생인 김상헌의 산소가 있으며 후손인 영의정 김창집金昌集의 산소도 있다. 김상용의 신도비는 그의 묘소 아래에 건립되어 있다. 그런데 그 비의 전액은 김상용 자신의 글씨이다. 더구나 김상용보다 15년이나 뒤에 세상을 뜬 동생 김상헌의 신도비 전액도 김상용의 전서이다. 김상용은 세상을 뜨기 전에 미리 자신과 동생의 전액을 써 놓았던 것이다.

경기도 포천군 내촌면 금현리에 백사白沙 이항복李恒福(1556~1618)의 묘소와 신도비가 있는데 그 신도비의 전액도 김상용의 글씨이다. 그리고 안동시 와룡면 서지리의 학봉鶴峰 김성일金誠一(1538~1593)의 신도비 전액 역시 김상용의 글씨이다.

---

16) 김상용의 나머지 시는 다음과 같다. 「馬崖峭壁」, "創立巉巉石骨靑, 天工活畵妙難形, 朝朝對臥看眞面, 絶勝元暉水墨屛."; 「縣里烟花」, "淸明花柳暗前村, 滿眼韶光正斷魂, 靑斾誰家誇酒美, 欲乘新月夜鼓門."; 「驛洞寒松」, "蒼髥鬱鬱逸 山岡, 爽籟遙聞夏亦凉, 勁節本來凌虐雪, 肯隨桃李媚春陽."; 「長郊觀稼」, "霜落江鄕萬穀成, 村村簫鼓賽神聲, 扶筇縱眺斜陽外, 十里黃雲眼底平."; 「曲渚打魚」, "桃花晴浪鱖魚肥, 小艇撑來疾若飛, 日暮沙頭爭擧網, 滿筐收得雪鱗歸."; 「三伏避暑」, "赤日當中草木焦, 塵寰無處脫煩歊, 憑蘭斗覺風生腋, 快若乘雲上玉宵."; 「仲秋翫月」, "碧落烟消桂影斜, 星河收彩露凝華, 人間一樣今宵月, 箇裏淸光分外多."

신흠의 삼구정팔경

상촌象村 신흠申欽(1566, 명종 21~1628, 인조 6)은 조선조 '고문사대가古文四大家'의 한 사람으로 그 이름이 청사에 드높다. 고문사대가는 흔히 '월상계택月象谿澤'으로 불리는데 이는 월사 이정귀, 상촌 신흠, 계곡谿谷 장유張維(1587~1638), 택당澤堂 이식李植(1584~1647)의 아호 첫 글자를 딴 것이다. 여기서 고문이란 시에 대하여 부르는 것으로 산문散文을 말한다.

조선조 16세기에 이르러 우수한 산문 작가들이 많이 배출된 것은 임진·병자 양란을 겪으면서 복잡했던 국제 관계에서 야기된 어려운 문제들을 해결하기 위한 외교 문서가 많이 작성되었기 때문이다. 외교 문서는 이해와 설득이 필요하므로 의사를 충분히 전달할 수 있는 우수한 문장가가 절실히 필요하였다. 이와 같이 사회적으로 산문이 발달할 수 있는 여건이 조성되면서 여러 산문 작가들이 배출되었고 그 가운데 대표적인 인물이 바로 고문사대가로 일컬어지는 이들 네 사람이다.

신흠의 자는 경숙敬叔으로 벼슬이 영의정에 이르렀다. 신흠은 문학의 근본 문제에 대해 차분히 생각을 가다듬고자 한 사람으로서 문학과 도학道學의 관계에 관한 오랜 논란을 다시금 쟁점화하였다. 문학은 작은 재주이므로 비록 도학에는 미치지 못하지만 도학에 지극한 도가 있어도 글이 아니면 전해질 수 없다는 논리로 신흠은 문학을 옹호하였다. 그는 인품이 장중하고 단정하였으며 문장이 출중하여 일찍부터 사람들의 중망을 받았다. 또한 왕실과 혼인한 관계로 40여 년 동안 관직에 있으면서도 언제나 겸손하고 삼가서 아무런 우를 범하지 않았으므로 사림士林들의 존경을 한 몸에 받았다.

김상헌의 증손자이자 영의정 몽와夢窩 김창집金昌集(1648~1722)의 아우, 농암農巖 김창협金昌協(1651~1708)은 "신흠의 문장이 천재적으로 민묘敏妙하기는 하나 심후하지 못하고, 명나라 대가들의 문장을 좋아했으므로 화려하고 현란하기는 하나 실질적인 맛이 적다"고 하였다. 또, 신흠을 이정귀와 비교하여 "당시 문단에서는 신흠이 우수하다고 했으나 근간에 송시열宋時烈은 이정귀가 우수하다고 하니, 신흠은 수식에 치중하고 이정귀는 서사에 치중했으므로 보는 사람에 따라 취향이 다를 수 있다"고 평하였다. 신흠은 문장뿐만 아니라 시에도 능하였는데, 그의 문집 60권 중 전전 20권이 시집이다.

삼구정 북쪽에 신흠이 삼구정팔경을 노래한 시가 걸려 있다. 거기에는 다른 시판과 달리 시를 짓게 된 연유를 밝힌 '병서竝序'가 있는데, 신흠은 삼구정팔경을 쓰게 된 동기에 대해 "김씨 가문의 후예인 청음공(김상헌)이 삼구정팔경으로써 나에게 시를 청하였다"(金氏之裔淸陰公以亭之八景要余詩之.)라고 적고 있다. 신흠이 직접 삼구정에 와서 주위를 보고 시를 지었는지에 대해서는 언급되어 있지 않지만, 아마도 신흠은 삼구정에 와서 직접 경관을 보고 시를 읊었을 것이다. 신흠의 삼구정팔경 중 한 수인 '역동한송'을 감상해 보자.

푸르디푸른 울창한 소나무,	蒼蒼萬株松,
독야청청 뭇초목과 다르도다.	獨也殊凡卉.
솔이여! 너는 공경할 만하니,	松乎爾可敬,
천지가 바른 기운을 주었도다.[17]	天地有正氣.

---

17) 신흠의 나머지 시는 다음과 같다.「鶴嶠晴峰」, "何年鬼斧鐫, 石骨天然秀, 要看眞面目, 正是新晴後.";「縣里烟花」, "江陵千樹橘, 渭川千畝竹, 爭如一縣花, 向我亭前馥.";「驛洞寒松」, "蒼蒼萬株松, 獨也殊凡卉, 松乎爾可敬, 天地有正氣.";「長郊觀稼」, "禾罷禾亞千頃稻, 塍隴如繡錯, 但願化日長, 永享升平樂.";「曲渚打魚」, "矢魚曲江渚, 施罟何溅溅, 却笑陽喬魚, 級綸爭鱍鱍.";「三伏避暑」, "人間三伏日, 大地焦如火, 玆亭夫如何, 靈籟來龍座.";「仲秋翫月」, "一年仲秋節, 中秋此夜月, 冷然淸心肝, 使我探月窟."

우리는 조선을 너무 모른다. 일본 제국주의의 왜곡과 서양의 이데올로기에 찌들어서 우리는 우리 역사를 바로 보지 못했다. 내남없이 우리 역사를 비하하고 헐뜯기에 바빴다. 그러나 아니다. 조선은 문명을 꽃피운 나라이다. 우리 역사에 대한 자긍심을 회복하는 일을 미루어서는 안 된다. 외국의 인물과 역사를 칭송하는 것이 지식인의 표상인 양 간주되어서는 안 된다. 그러한 어리석음을 더 이상 계속해서는 안 된다. 우리가 그들보다 훨씬 더 훌륭하다. 이는 삼구정의 시판들이 그 일단을 증명하고 있다.

청원루

삼구정 구경을 마치고 소산리에 들어서면 가장 먼저 눈길을 끄는 건물이 마을 입구에 있는 청원루淸遠樓다. 청원루는 청음 김상헌金尙憲(1570, 선조 3~1652, 효종 3)의 뜻이 서려 있는 집으로 〈소산리 지형도〉의 E에 있다.

청원루는 매우 독특한 형식의 건물이다. 경사진 지형을 이용하여 본채는 1층, 좌우의 날개채는 2층인 구조를 이루고 있다. 본채의 중앙 대청은 출입을 용이하도록 계단을 설치했으며 마루에도 한 단의 높낮이를 두었다. 청원루 좌우에는 같은 크기와 모양의 누각 두 개가 정면을 향해 돌출되어 있으며 가운데 안쪽 깊숙한 곳에는 대청이 자리잡고 있다. 본채는 정면 5칸, 측면 2칸이며 가운데 6칸은 마루를 깔았고 동서 양쪽은 방을 꾸몄다. 좌우의 날개채는 2층 구조로 각각 2칸이나 칸살이 넓어 상당한 규모이다. 날개채의 1층은 고방庫房이고 2층은 누각이다.

청원루는 삼구정을 세운 양소당 김영수의 둘째 아들 김번이 여생

▲ 청원루

을 보내기 위해 지은 집이었으나, 100여 년이 지난 인조 23년(1645)에 청나라에 끌려갔던 김상헌이 풀려 나온 뒤 누각식으로 중건하고 '청나라를 멀리한다'는 뜻으로 '청원루'라 이름하였다.

　고건축물을 볼 때마다 가장 가슴 아픈 점은 '사람이 살고 있지 않다'는 것이다. 사람이 거처하지 않는 목조 건물은 급속하게 퇴락한다. 죽은 나무는 완전히 죽은 것이 아니다. 온도와 습도에 따라 신축하고 휘기도 하는 살아 있는 존재이다. 겨울이면 불을 지펴 온돌과 벽과 나무를 보호해야 하고, 여름이면 자주 쓸고 닦아야 한다. 사람의 손길이 닿아야 나무가 기름을 먹고 벽지에도 스며들어 제대로 윤기를 띠고 오래 보존되는 법이다.

　현대적 삶의 방식이 과거의 건축물과 어우러지기 힘든 것은 분명하다. 하지만 조금만 생각을 바꾸면 과거의 건축물이 여러모로 쓸모 있음을 알 수 있다. 문중에서는 조상의 유물을 보존하는 차원에서 그냥 가만히 둘 것이 아니라 사람이 거처하도록 만들어야 한다. 비록 사람이 늘 거처할 수는 없더라도 여름 한 철만이라도 사람들이 거처할 수 있도록 해야 한다. 또한 관리인을 두는 대신에 잠시 사용하고자 하는 사람들에게 무료로 거처를 제공하는 것도 한 방법일 것이다. 지금은 민도民度가 높아져 과거처럼 문화재를 훼손하는 일이 적다. 문중뿐 아니라 자치 단체에서 특히 관심을 기울여야 한다. 자치 단체의 입장에서는 어차피 문화재를 관리하고 보존해야 하는데 사람이 거주한다면 관리 면에서 예산을 줄이는 것이 되고, 또 문화 관광 차원에서 수입을 기대할 수도 있게 된다. 이런 맥락에서 안동의 오지 중에도 오지에 있는 지례 예술촌은 많은 점을 시사한다.

청원루도 안동의 다른 건축 문화재처럼 날로 퇴락하고 있다. 제대로 수리하여 겉모습은 이상이 없는 듯하지만 내부의 관리는 서글프기 짝이 없다. 근래에 소산 김문은 이 집이 김상헌의 정신이 배어있는 집임을 나타내기 위해 청원루 마당 오른쪽에 '청음김공상헌선생시비淸陰金公尙憲先生詩碑'를 세우고 김상헌이 읊은 시 한 수[16]와 시조 한 수[17]를 나란히 새겨 놓았다.

일흔의 나이로 청나라에 압송되어 가는 김상헌이 어찌 다시 고국으로 돌아올 것을 기약할 수 있었겠는가? 한스러운 적국에서 눈을 감으리라 각오하는 그가 마지막으로 이별하는 대상은 임금도, 부모

---

16) 「咏始祖太師事示同宗諸君」, "麗代論功在史編, 煌煌吾祖冠張權. 一時帶礪還餘事, 淸白傳家八百年."

17) 가노라 三角山아 다시 보자 漢江水야! / 故國山川을 떠나고자 ᄒ랴마ᄂᆞᆫ / 時節이 하 殊常ᄒ니 올동말동ᄒ여라.

도 아닌 고국의 '산천'이었다는 것은 무엇을 말하는가?

김상헌

김상헌은 인조·효종 때의 상신相臣이며 조선조의 대표적 절의節義 지사이다. 그는 1596년에 문과에 급제한 뒤 교리·직제학·동부승지 등을 지냈다. 광해군 5년인 1613년에 대북파大北派가 영창대군과 그 반대파를 제거하기 위해 일으킨 이른바 칠서지옥七庶之獄의 계축옥사에 연루되어 안동의 풍산으로 이사한다. 인조 반정(1623) 이후 다시 등용되어 여러 요직을 두루 거쳤으며, 1635년에 대사헌으로 재등용되었을 때에는 군비를 확보하고 북방의 군사 시설을 확충할 것을 강력히 주장하였다. 이듬해인 1636년 병자호란이 일어나자 당시 예조 판서였던 그는 주화론主和論을 배척하고 끝까지 주전론主戰論을 폈다. 그러나 인조가 항복하자 벼슬을 버리고 안동으로 돌아갔다.

1639년 김상헌은 '명나라를 칠 것이니 군사를 출동시키라'는 청나라의 요구에 반대하는 상소를 올렸고, 이로 인해 이듬해 심양瀋陽으로 끌려가게 되었다. 그곳에서 그는 6년여에 걸쳐 모진 고문을 당했으나 끝까지 절개를 지켰으며, 이에 감탄한 청나라 왕은 그를 고국으로 돌려보냈다. 1645년, 10년 동안 볼모로 잡혀 있던 봉림대군과 함께 돌아온 그는 특별히 좌의정에 제수되었고 기로소耆老所에 들어갔다. 기로소란 고관을 우대하기 위해 설치한 관아로 실직實職에 있는 정이품 이상의 문신이 일흔을 넘어야만 들어갈 수 있는 곳이다. 기로소에 들어가면 영수각靈壽閣에 영정이 걸리고 연회가 열리며 농토와 노비를 하사받는다.

봉림대군인 효종이 즉위하여 북벌을 추진하게 되자 김상헌은 북벌의 상징적 인물로서 '대로大老'라 일컬음을 받게 된다. '대로'란 『맹자孟子』에 나오는 말로 '백이伯夷'와 '태공太公'을 가리킨다. 백이와 태공은 주紂 임금을 피해 각각 북해와 동해 가에서 거처하다 문왕文王이 일어났다는 소식을 듣고 문왕에게 귀의하였다. 백이와 태공을 따라 천하 사람들이 모두 귀의하니 이들을 '천하의 아버지' 곧 대로라 부르게 되었던 것이다. 효종이 북벌을 추진함에 있어 김상헌을 '대로'로 높인 것은 조선의 모든 사람들로 하여금 북벌에 참가하도록 하였다는 것을 의미한다.

김상헌은 1652년 여든셋의 나이로 세상을 떠났으며, 이듬해 바로 영의정에 추증되었다. 1661년(현종 2)에 효종 묘정에 배향되었고, 시호는 문정文正이다. 1640년 김상헌이 청나라로 압송될 당시에 그는 안동시 풍산읍 서미동에 거처하고 있었다.

서미동 가는 길

서미동 가는 시골길은 갈래길이 많기 때문에 대개의 경우 초행자는 몹시 헤매게 된다. 〈서미동 지도〉를 참고하여 자세하게 길 안내를 해보겠다.

안동에서 34번 국도를 따라 풍산에 다다르면 풍산을 우회하는 도로가 있다. 우회도로로 가지 말고 풍산읍으로 난 옛길을 따라 읍내로 접어들면 읍내를 거의 벗어날 즈음에 풍산읍사무소가 나타난다. 읍사무소에서 서미동까지는 7.2킬로미터이다(이제부터 킬로미터로 나타낸 숫자는 읍사무소에서부터 잰 길이이다). 읍사무소 옆으로 난 길이 만운리晩雲里와 신양리新陽里로 가는 길이다. 그 길로 접어들

▲ 〈서미동 지도〉

면 34번 국도가 지나가는 굴다리가 보이는데 굴다리까지의 거리는 약 800미터이다. 굴다리를 지나 왼쪽으로 100여 미터 가면 집으로 둘러싸인 삼거리가 나오며 정면으로 새로 놓은 다리가 보인다. 그 다리 이름이 매곡교이다. 매곡교를 건너자마자 다시 조그만 다리가 나오는데 그 지점에서 우회전을 한다. 콘크리트로 포장된 둑길을 따라가면 2.4킬로미터 되는 지점에 다리가 있고 그 다리에서 우회전하여 2.8킬로미터 되는 지점에 이르면 오른쪽으로 내려가는 길이 보이며 '조파'라는 표지석을 볼 수 있다. 그 표지석 쪽으로 들어서지 말고 곧장 바로가면 눈 아래에 제법 넓은 마을이 펼쳐진다. 3.6킬로미터 지점에 이르면 오른쪽에 신양교가 있다. 신양교를 지나 신양리로 들어서면 정면으로 중앙고속도로가 하늘을 가로지르며 걸려 있다. 나와 함께 신양에 도착한 『안동소주』의 작가 미천眉川 안상학安相學(1962~) 시인이 고속도로 뒤쪽의 산을 보면서 대뜸 하는 말이 걸작이다. "저 산은 마치 새끼 쥐가 어미 쥐 등에 업혀 있는 것 같다."

시인은 왜 시인이 되었을까? 안상학과 함께 안동을 돌아다니면 나는 무척 행복하다. 그는 안동에서 태어나 그곳을 지키고 있는 사람이다. 아마 그는 안동을 가장 잘 아는 안동 사람 중에서도 다섯 손가락 안에 들 것이다. 나는 그의 시를 읽을 때마다 가슴 저 밑바닥의 육중한 떨림을 느끼곤 한다.

고속도로 밑을 지나 가파른 산길을 올라가면 6.9킬로미터 지점 왼쪽에 근래에 세운 비석이 있다. 비문은 '영의정문충공유적비領議政文忠公遺跡碑'이다. 임란을 극복한 유성룡이 낙향하여 1606년 3월 서미동에 초가인 농환재弄丸齋를 완성했다고 기록되어 있으나, 현재는 그 장소가 어디인지 알 수 없어 이곳 서미동 입구에 유적비를 세웠다고 한다. 유적비를 지나면 왼쪽으로 신양못이 보이는데 못의 상류에 못으로 들어오는 개울에 걸린 다리가 있다. 그 다리 끝에서 왼쪽은 오치동 가는 길이며 오른쪽 언덕길은 서미동으로 가는 길이다. 그 길을 따라서 6.9킬로미터 지점에 느티나무가 서 있는 마을이 있다. 마을을 지나서 300미터를 가면 '청음유허비淸陰遺墟碑'가 있는 마을에 다다른다. 그곳이 바로 서미 중에서도 서미이다.

서미동

　땅 이름 즉 지명은 여러 가지 사연으로 바뀐다. 더구나 우리 나라는 오랫동안 한자를 사용했기 때문에 한글 이름이 한자로 바뀐 예가 허다하다. 또 한자 표기가 일치하지 않는 경우도 비일비재하다. 지명의 유래와 변화를 살피는 것은 왕왕 그 땅에 서려 있는 역사의 변천을 살피는 것과도 같다. 서미도 그렇다.

　서미는 처음에 '서미西美'였다. 그런데 임진왜란을 극복한 유성룡이 서미동에 들어와 징비록懲毖錄을 집필하면서 이름을 '이화梨花'로 바꾸었다. 아마 배나무가 많기 때문에 그러한 이름을 붙였을 것이다. 그 뒤 40여 년이 지나 이화동에 들어온 김상헌은 수양산에서 고사리를 뜯던 백이伯夷와 숙제叔齊를 기린다는 뜻으로 마을 이름을 '서미西薇'로 바꾸었는데, 그의 자취는 오늘날 서미 곳곳에 남아 있다. 그러므로 서미로 가는 것은 곧 김상헌의 자취를 찾아가는 것과 같다.

　병자호란은 1636년 12월부터 이듬해 1월 30일까지 비록 한 달 남짓한 동안에 일어났던 전쟁이었으나 7년에 걸친 임진왜란에 버금가는 피해를 남겼다. 그것은 조선의 완벽한 패배였으며 일찍이 당해보지 못한 치욕이었다. 청과의 화의를 끝까지 반대하다가 자결에 실패한 김상헌은 '삼전도三田渡의 굴욕'으로 조선이 청에 복속되자 안동으로 내려갔다. 김상헌이 안동으로 낙남落南하여 은거한 곳이 바로 서미이다. 서미는 우리가 흔히 오지 중의 오지에 있는 마을을 형용하여 '하늘 아래 첫 동네'라고 하는 말에 걸맞는 곳이다. 서미 뒤로는 가파르고 높은 산이 장막을 두르고 있다. 이 산들은 워낙 가파르기 때문에 처음부터 올라가고 싶은 마음이 들지 않을 정도이다.

은자암

　신양못을 지나 서미동으로 가는 산길로 접어들자마자 바로 오른쪽 아래의 논둑에 커다란 바위 몇 개가 시내와 함께 어우러져 있어 사람의 눈길을 끄는데, 그 중 가장 위쪽의 큰 바위에 길에서도 보일 정도의 큰 글씨가 새겨져 있다. 가까이 가서 살펴보면 '은자암隱者巖'이라는 글씨가 가로로 새겨져 있다. '은隱' 자와 '암巖' 자는 초서이고, '자者' 자는 해서이다. 은자암 각자 밑에는 조금 작은 글씨로 '경진춘부사김학순서庚辰春府使金學淳書'라 적혀 있어 이 글자를 새긴 사람과 그 시기를 정확히 알 수 있다. 또한 왜 이곳에 글자를 새겼는지를 미루어 짐작케 해준다.

　김학순金學淳(1767, 영조 43~1845, 헌종 11)의 자는 이습而習, 호는 화서華棲이다. 그는 1798년 31세에 사마시에 합격하고 1805년 증광시에 장원급제하였으며, 전시殿試에 병과로 급제하여 승문원에 등용되었다. 이후 40여 년 동안 주요 관직을 두루 역임하면서 왕의 자문과 정사에 깊이 관여하였다. 김학순은 청렴과 근면으로 그 이름이 높았는데, 그가 바로 김상헌의 7대 손이다.

　경진년은 서기 1820년으로, 당시 김학순은 안동 부사로 있었다. 그는 선조의 숨결이 배어 있는 서미동을 찾았다가 김상헌의 정신을 오래도록 기리고 선양하기 위해 바위에 글자를 새긴 것이다.

　암각화는 인류 문화의 보배이다. 암각서 역시 그에 못지 않다. 무식한 자들이 명승 고적에 자신의 이름을 새겨서 두고두고 욕을 얻어먹는 경우도 있지만, 대개의 암각서에는 나름의 의미와 멋이 깃들여 있다. 그렇기 때문에 바위에 새겨진 글씨를 발견하면 그 내용이 무엇인지 무척 궁금해지는 것이다.

바위에 글씨를 새기는 일은 몹시 어렵다. 우선 바위 표면을 깎아 글씨를 새길 수 있는 공간을 만들어야 한다. 만약 높고 큰 바위라면 비계를 설치해 작업을 해야 하기 때문에 시간과 노력이 많이 든다. 또한 바위의 글씨는 수백 년을 두고 이어지므로 제대로 새기지 않으면 후손들의 웃음거리가 될 뿐이다. 그러므로 암각서는 우선 글씨 자체가 좋아야 한다. 또한 글을 쓴 사람이 직접 돌에 새기는 것이 아니므로 좋은 석공을 만나야 글씨가 가진 본연의 맛을 살릴 수 있다. 나아가 암각서에 제대로 된 의미가 담겨 있지 않다면 그야말로 자연의 아름다움을 파괴하는 흉물로 전락할 따름이다.

'은자암'은 특정 조상을 찬양한 글귀이다. 이는 항상 경계의 대상이 되는 일이다. 그럼에도 불구하고 김학순이 자신 있게 글씨를 새긴 것은 김상헌이 그럴 만한 인물이라는 확신을 갖고 있었기 때문일 것이다. 김상헌이 서미동에 은거한 뜻은 후손들이 본받아 마땅하다는 김학순의 자부심이 암각서에 새겨져 있다.

유교에서는 세상을 떠나 은거하는 사람을 훌륭하다고 인정하지 않는다. 일신의 영달과 부귀영화를 추구하지도 않지만, 그렇다고 인간 세상을 등지고 신적인 존재와 함께 초월의 영생을 추구하는 것을 바람직하게 생각하지도 않는다. 따라서 난세라 하여, 또는 세상이 자기를 알아주지 않는다 하여 산림에 은거하는 것은 선비의 도리가 아니다. 공맹의 가르침을 따르는 자는 마땅히 세상의 어려움을 구하는 데 추호의 망설임도 없어야 한다. 그러므로 은자隱者는 공맹의 가르침을 따르는 자가 아니다. 그래서일 것이다. 김학순은 김상헌이 공맹의 가르침을 떠난 은자가 아니라는 사실을 밝히기 위해 은자암에 다시금 "海東首陽 山南栗里"라는 글귀를 세로로 새겨 넣었다.

이 짤막한 문장에는 중국의 대표적인 고사 두 가지가 들어 있다. 하나는 수양산의 백이와 숙제에 관련된 고사이다. 흔히 백이와 숙제를 합하여 '이제夷齊'라 한다. 다음은 사마천司馬遷(기원전 145?~기원전 86?)이 지은 『시기史記』「백이열전」의 내용을 간추린 것이다.

이제는 고죽국孤竹國 국왕의 두 아들이다. 국왕은 셋째인 숙제를 다음 임금으로 삼으려 하였으나 국왕이 죽은 뒤 숙제는 맏형인 백이에게 임금 자리를 양보하고 피해버렸다. 그러자 백이는 "아버지의 명령이었다"라면서 자신도 숨어버렸다. 이에 백성들은 둘째인 중자仲子를 왕으로 옹립하였다.
숨어 있던 이제는 서백西伯 창昌이 늙은이를 잘 봉양한다는 말을 듣고 서백에게 의지하고자 했다. 그러나 가서보니 서백은 이미 죽었고 그의 아들 무왕武王이 아버지를 추존하여 문왕文王이라 하고 수레에 나무 위패를 받들어 실은 채 동쪽으로 은殷 주왕紂王을 정벌하고자 했다.
이에 백이와 숙제는 무왕의 말고삐를 잡고 이르기를 "부친이 돌아가셨는데 장례를 치르지 않고 바로 전쟁을 일으키니 이를 효라고 할 수 있습니까? 신하된 자로서 군주를 시해하려고 하니 이를 인이라 할 수 있습니까?"라고 하였다. 그러자 좌우의 신하들이 그들의 목을 치려 하였으나, 태공은 "이들은 의인義人이다"라며 그들을 보호하고 돌려보냈다.
그 뒤 무왕이 은나라를 정벌하고 주周나라를 세워 천하가 주나라를 섬겼지만 백이 숙제는 주나라의 백성이 되는 것을 치욕으로 여겨 주나라의 양식을 먹지 않고 수양산에 들어가 고사리를 먹으며 연명하다가 결국 굶어 죽었다.

백이 숙제의 채미採薇 고사는 지조와 절개를 위해 목숨을 초개처럼 던진 동양 선비들의 정신적 바탕과 삶의 지표가 되었다. 김학순은 김상헌이 서미동에 들어온 것이 단순한 은거가 아니라 이제의 절개와 같다는 점을 알리고 싶었으리라. 이곳은 조선의 수양산이며 김상헌은 이제의 정신을 본받고 실천하기 위해 이 땅으로 들어왔다. 그러므로 이곳은 '해동수양海東首陽'인 것이다. 나는 김학순의 판단에 동의하고 그의 심정에 동조한다.

그러나 내가 백이와 숙제를 생각할 때마다 떠올리는 사람은 정작 김상헌이 아니다. 이제와 관련된 많은 이야기 중에서도 언제나 나를 전율로 몰아 넣는 것은 학창 시절에 외운 매죽헌梅竹軒 성삼문成三問(1418~1456)의 시조 한 수이다.

수양산 바라보며 이제를 한하노라.
주려 죽은들 채미는 하난것가?
비록에 푸세에것인들 긔 뉘따헤 났더뇨.

성삼문이 중국에 사신으로 가서 백이 숙제의 비석 앞에서 이 시를 읊었을 때 비석에서 식은땀이 비오듯 쏟아졌다는 이야기 속에는 조선 선비의 기개가 어떠했는가를 보여 주는 통쾌함이 있다. 나약한 나도 이 시조를 외울 때면 주먹을 불끈 쥐게 된다. 그러나 내 삶의 어느 구석에 한 조각이나마 절조가 있단 말인가? 오직 부끄러울 따름이다.

두 번째는 오류五柳 선생 연명淵明 도잠陶潛(365~427)의 이야기다. 「귀거래사歸去來辭」로 유명한 도잠에 관해서는 졸고拙稿, 『안동 풍수 기행, 와혈의 땅과 인물』의 '임청각' 편을 참고하기 바란다. 도잠의 집이 있던 곳이 팽택彭澤의 율리栗里이다. 그러므로 율리란 말에는 자신의 지조를 굽혀 세속의 명리를 따르기보다는 차라리 전원으로 돌아가 천지를 벗삼겠다는 도잠의 정신이 담겨 있다. 그리고 산남山南은 교남嶠南과 같은 뜻으로 영남嶺南을 가리킨다.

서간사

은자암을 지나면서 작은 개울을 사이에 두고 좌우로 산들이 이어진다. 그 사이로 논과 밭이 펼쳐지는데 그 광경이 평화롭고 고즈넉하다. 그리 넓지는 않지만 산간 골짜기에 있는 논밭으로는 제법 규모가 큰 편이다. 길을 따라 얼마쯤 가면 왼쪽 산기슭의 자그마한 능선에 기댄 집들이 여기저기 불규칙하게 들어서 있으며 마을 뒤로는 높고 가파른 산들이 병풍처럼 둘러쳐 있다. 서미동은 그렇다. 그곳은 하늘 아래 첫 동네다. 서미동의 집들은 첫 동네의 집들이 가진 모습을 아직도 많이 간직하고 있다.

마을 안으로 작은 개울이 흐르고 개울을 따라 나있는 길을 올라가면 서간사西磵祠가 있다. 사祠라는 명칭으로 보아 사당이 있어야 하지만 지금은 남아 있지 않고 강당인 강린당講麟堂만이 날로 퇴락해가며 외로이 서 있다. 편액도 걸려 있지 않고 문짝도 떨어진 강린당은 정면 3칸, 측면 2칸의 팔작지붕 건물로 가운데 대청을 두고 좌우로 1칸의 방이 있으며 전면은 툇마루로 되어 있다. 오른쪽 방 안에는 강린당 현액 2개가 나뒹굴고 있다.

서간사가 김상헌과 관련있는 것은 사실이지만, 김상헌이 서간사를 지은 것은 아니다. 김상헌은 1637년 1월 30일 삼전도의 굴욕 이후 안동으로 내려와 처음에는 소산의 청원루에 거처했다. 그러나 곧 망국의 선비가 사는 마을이 너무 번화하고 거처하는 집 역시 너무 화려하다고 판단했다. 그리하여 이곳 하늘 아래 첫 동네인 서미동에 두어 칸의 초가를 엮어 목석거木石居, 만석산방萬石山房이라 이름 짓고 나라를 잃은 분노를 달랬다.

김상헌이 서미동에서 어느 정도 규모의 건축을 했는지는 알 길이

▲ 서간사의 시판

없다. 『경북마을지』에 따르면 헌종 10년(1669) 지방 사림에서 선생을 추모하고 제향하기 위해 서간사를 세워 위패를 봉안했다고 한다. 정조 10년(1786)에 서간사라는 사액賜額이 내려졌으나 현재는 남아 있지 않다. 강린당에 게판된 「서간사중건기」에 따르면 지금의 강당은 1897년 대한제국 원년인 광무光武 1년에 새로 세운 건물이다.

조선 500년 역사에서 살아서 대원군이 된 유일한 인물, 흥선대원군興宣大院君 이하응李昰應(1820, 순조 20~1898)은 참으로 파란만장한 삶을 살다 간 인물이다. 여기서 그가 남긴 정치적 역정의 잘잘못을 평가하는 일은 내 능력 밖의 일이다. 대원군의 서원 철폐가 완결된 시점은 1871년인데, 서간사와 강린당도 그때 철폐되었다. 그 뒤 1873년 대원군이 실각하자 전국에서 다시 서원을 복설復設하기 시작했으며 지금의 강린당은 그 즈음에 이루어진 것이다.

강린당 오른쪽 방문 위에는 "고사리를 캐는 백이·숙제를 노래한다"는 뜻의 '영미루咏薇樓' 현판이 걸려 있고, 왼쪽 대들보에는 큰 글씨로 '서간섬학소西磵贍學所'가 게판되어 있다. 서산西山은 수양산을 가리킨다. 아마도 김상헌은 마을 안으로 한 줄기 개울이 바위를 따라 흐르는 것을 보고 서간西磵이라 명명했을 것이다. 섬학은 박학博學과 같은 뜻이니 비록 서미동이 궁벽한 산골이지만 백이·숙제의 정신을 기리며 젊은이들의 배움을 넓혀주겠다는 김상헌의 의지가 서간사의 강린당에 강하게 배어 있다.

이 현판들 외에 몇 개의 시판과 기문, 상량문이 먼지를 뒤집어쓴 채 강당의 여기저기에 걸려 있다. 가장 눈길을 끄는 것이 흰 바탕에 검은 글씨의 시판이다. 시판이나 기문을 비롯한 대개의 현액懸額은 검은 바탕에 흰 글씨를 새긴다. 그러므로 흰 바탕의 현액은 얼른 눈에 들어오기 마련이다. 아마도 의도적으로 그러한 효과를 노린 게 아닐까? 게다가 그 시판은 일필휘지一筆揮之, 날아가는 듯한 초서이다.

중대

백판白板의 시는 김상헌이 서미에 은거하면서 자신의 심경을 노래한 칠언절구로 시의 제목은 「중대中臺」이다.[18] 중대는 서미동 뒷산에 있는 중대 바위를 가리키는데 가파른 산마루에 수십 길 높이로 솟아 있다. 김상헌은 매일 중대에 올라 북녘을 바라보면서 나라 잃은 설움을 눈물로 달랬다고 한다.

석실 선생 한 번 은거하심에,	石室先生一角巾,
모년까지 원학과 함께하셨다.	暮年猿鶴與爲群.
가을 바람 낙엽은 자취마저 없는데,	秋風落葉無行跡,
홀로 중대에 올라 구름 위에 누웠다.	獨上中臺臥白雲.

---

18) 이 시의 원제목은 「西磵草堂偶吟」이지만 시판에 쓰여 있듯이 「中臺」로 알려진 듯하다.

석실 선생은 송宋의 육유지陸維之를 가리킨다. 그는 여항餘杭 사람으로 어렸을 때부터 세상을 벗어나고자 하는 뜻을 갖고 여항에 있는 대척산 대척동천大滌洞天 석실石室에 은거하였으므로 사람들이 그를 석실 선생이라 일컬었다. 각건角巾은 처사나 은자가 쓰는 두건頭巾이다. 김상헌이 석실 선생을 기려 '석실산인石室山人'이라고 자호自號한 때가 언제인지는 알 수 없으나, 김상헌의 선영이 있는 곳이 지금의 남양주시 와부읍 석실이며 그도 또한 그곳에서 영면하고 있으니 이래저래 석실과 관계가 깊다고 할 수 있다.

서간사에 김상헌의 중대 시를 게판한 인물과 그 시기는 시판의 끝에 언급되어 있다. 게판한 사람은 김조순金祖淳(1765, 영조 41~1832, 순조 32)이며,[19] 그 시기는 경진년(1820, 순조 20) 가을이다. 김조순의 호는 풍고楓皐, 시호는 충문忠文으로 순조의 장인이며 영의정 창집昌集의 4대 손이다.

김조순은 1785년 약관 스물의 나이에 정시문과 병과에 급제하여 홍문관 검열檢閱이 되었고 초계문신抄啓文臣으로 발탁되었다. 초계문신이란 규장각에 소속되어 재교육 과정을 밟는 연소한 문신을 이른다. 정조는 규장각의 성격을 일신하여 국가 권력의 핵심 기관으로 만들었다. 37세 이하의 재능 있는 문신들을 의정부에서 초계抄啓하여 규장각에 위탁 교육을 시키고 40세가 되면 졸업을 시키는 이 인재 양성 재교육 제도로 인해 18세기 말에서 19세기 전반기에 이르는 시기의 공경대부 대부분이 초계문신들이었다.

1788년 규장각 대교待敎 때에 김조순은 당시 시파와 벽파 싸움에서 중립을 지키며 당쟁을 없앨 것을 단호히 주장하였다. 1802년 김조순은 양관 대제학에 올랐으며, 그의 딸이 순조의 비(純元王后)가

---

19) 착오가 있었다. 「中臺」시를 게판한 사람은 김학순이며, 김조순의 시판은 옆에 걸려 있다.

되자 영안부원군에 봉해졌다. 사후에 정조의 묘정에 배향되었다.

김조순은 어릴 때부터 기량과 식견이 뛰어났고 성격이 곧고 밝아 정조의 사랑을 듬뿍 받았으며 왕세자의 보도輔導를 맡기도 하였다. 또한 그는 국구國舅가 된 뒤로는 일심으로 왕을 보필하여 임금의 덕을 함양시키는 일에 주력하였으며 요직에 제수될 때마다 이를 극구 사양하였다. 또한 당파를 싫어하고 권세를 탐하지 않았으나 그를 둘러싼 척족 세력들로 인해 결과적으로 안동 김씨 세도의 기반을 조성하는 역할을 하게 되었다. 한편, 문장에도 뛰어나 많은 저술을 남기기도 하였다.

이쯤 되면 눈치를 챘으리라. 은자암을 새긴 시기와 중대 시판을 게판한 시기가 같고 김학순과 김조순의 이름이 비슷하니 두 사람이 가까운 사이라는 것을. 사실 그 둘은 같은 항렬인 김상헌의 7대 손으로 사종간四從間이었다. 당대의 세도가인 장동 김씨가 서미에서 한껏(?) 위선爲先 사업을 벌였다고 하지만 나는 그게 싫지만은 않다. 그 까닭은 기릴 만한 조상을 기렸고 나아가 조상을 기리는 품새가 세련되고 절제가 있었기 때문이다. 오늘날 위선 사업을 하는 사람들은 마땅히 이를 본받아야 하리라.

김학순이 은자암에 '해동수양 산남율리'라고 새겨 김상헌을 기렸듯이 김조순 또한 김상헌을 추모하는 정을 중대 시에 차운次韻하여 서간사에 남겨 두었다.

절의를 저버리는 인간들을 통렬히 비웃나니,	痛笑人間倒屨巾,
차라리 깊은 산 속 조수가 함께할 만하도다.	深山鳥獸可同群.
이제 시험 삼아 선생의 자취를 찾아보니,	秖今試覓先生跡,
오직 맑은 바람 흰 구름만 이곳에 있구나.	唯有淸風與白雲.

누군들 기릴 만한 조상을 갖고 싶지 않으랴? 하지만 참으로 그럴

만한 조상을 두는 것은 내 뜻으로 되는 일이 아니니 어렵고도 어려운 일이다. 그러나 뜬금없는 외국 사람을 칭송하느니 나는 기꺼이 우리의 선조를 칭송하리라.

청음유허비

서미동에 들어서면 가장 먼저 눈에 띄는 것이 산마루의 우람한 중대 바위다. 마을 뒤쪽에도 큰 바위가 있는데 그것이 바로 빗집 바우다. 나는 빗집 바우 위에 우뚝하게 솟은 물체를 보고 그것이 무엇인지 몹시 궁금하였다. 그것은 비각이었다. 비각을 그런 곳에 세운다는 것은 일반인의 상상을 넘어선 일이다. 그만큼 바위 위의 비각이 주는 느낌은 강렬하다. 바위와 비각이 그려 내는 모습은 마치 산마루의 중대 바위를 아래에 옮겨 놓은 듯한 형상이다.

비각은 사방 한 길이 넘는 바위 위에 있기 때문에 사다리가 없으면 비석을 볼 수 없다. 처음부터 비석을 바위 위에 세운 것은 확실한데, 언제쯤 비각이 세워졌는지는 알 수 없다. 높이 171센티미터, 넓이 72센티미터, 두께 21센티미터인 비석에는 숭정崇禎(1628~1644) 기원후 83년인 경인庚寅 3월에 세워졌다고 기록되어 있다. 이로써 보면 비를 세운 시기는 숙종 36년(1710)이 되니, 김상헌 사후 불과 58년이 지났을 뿐이다. 다시 말하면 김상헌은 일찍부터 존숭받았던 것이지 장동 김씨가 실권을 잡아 세도 정치를 함으로써 높임을 받게 된 인물은 아니라는 것이다.

비석은 300여 년이 지났으되 아직까지 보존 상태가 양호한 편이다. 그러나 글씨가 마모되어 판독할 수 없는 글자가 20여 자가 넘고 음기陰記에 적혀 있는 글과 글씨를 쓴 사람의 이름을 판독할 수 없

▲ 중대 바위

는 점으로 미루어보면 처음부터 비각으로 보호하지는 않은 것 같다. 내 생각으로는 1820년에 김학순이 암각서를 새길 때 같이 비각을 세운 듯하다. 비문의 마지막 구절을 소개하면 다음과 같다.

   오직 이곳에 있는 한 그루의 나무와 한 개의 돌일지라도, 아! 백세의 뒤 일망정 헐지 말라. 해치지 말라![20]

유물의 보존과 보호는 두 가지 경우에 가능하다. 하나는 모르기 때문에 그냥 그대로 놓아 두는 경우이고, 다른 하나는 나라가 부강하고 국민들의 지적 수준이 높아져 유물의 가치를 제대로 알고 보존

---

20) 惟此一木一石, 嗟! 百世之後, 勿毁. 勿傷!

하는 경우이다. 지금 우리의 상황은 두 경우 모두 매우 어설프다. 유적이 철없는 관광객의 단순한 구경거리로 전락하면 그 훼손의 정도는 차라리 그냥 방치하는 것만도 못하다. 아무쪼록 우리 문화 유산들이 제대로 보존되기를 빌고 또 빌 뿐이다.

목석거

비각 정면 바위 상단에는 '목석거木石居'라는 글씨가 가로로 새겨져 있고 그 아래에 낯익은 암각서가 세로로 새겨져 있다. "경진중춘선생칠대손본부사학순근서庚辰仲春先生七代孫本府使學淳謹書."(1820, 경진년 봄이 한창일 때 선생의 7대 손인 안동 부사 학순이 삼가 쓰노라.) 은자암을 새긴 김학순이 다시 바위에 암각을 남겨 김상헌을 기린 것이다. 목석거란 김상헌이 거처한 집의 이름인데, 이 말은 『맹자』에 나온다.

> 맹자가 말하였다. "순 임금께서 깊은 산 속에 살 때에는 나무와 돌과 함께 살고 사슴과 멧돼지와 함께 노시니 깊은 산 속의 천한 사람과 다를 바가 거의 없으셨는데, 한번 좋은 말을 듣고 한 가지 착한 행실을 봄에 이르러서는 마치 양자강과 황하의 물을 터놓은 듯 우르렁 쾅쾅 흐르니 아무도 막을 수가 없었다."[21]

순 임금이 요 임금에게 천하를 물려받기 전 순은 역산歷山에서 농사를 짓고 있었다. 순이 농사를 지을 때는 다른 농사꾼과 거의 다르지 않았는데, 다만 아름다운 언행을 듣거나 보면 추호의 망설임도

---

21) 『孟子』, 「盡心」上, "孟子曰, 舜之居深山之中, 與木石居, 與鹿豕遊, 其所以異於深山之野人者幾希, 及其聞一善言, 見一善行, 若決江河, 沛然莫之能禦也."

없이 그 언행을 자기 것으로 만드는데 그 신속함과 강렬함이 마치 막혔던 황하의 물을 터놓은 듯하였다. 그러므로 순이 비록 밭갈고 질그릇 굽던 사람이었음에도 불구하고 천하를 이어받게 되었으니 사람의 길이 어디엔들 없겠는가? 김상헌이 이 궁벽한 서미의 골짜기에 은거한 것은 세상을 피한 것이 아니라 순 임금을 본받기 위함이었다. 은자암에는 세로로 된 두 줄의 암각서가 있어 김상헌의 뜻을 드러내는데, 목석거에도 글귀가 없을 수 없다. 목석거 오른쪽에는 유려한 초서로 새긴 다음의 글이 남아 있다.

萬石遺墟 百世淸風

　김상헌이 서미에 남긴 정신과 기상은 영원토록 이어지리니 그 자취는 마치 맑은 바람처럼 변함이 없으며 시원한 바람이 되어 후인들을 어루만질 것이다. 나는 다시 한번 김학순의 생각에 동의하고 그의 심정에 동조한다. 빗집 바우에서 중대 바위를 올려다보며 김상헌의 기상을 생각하고 서미를 내려다보며 김상헌의 바람을 느낀다. 그렇다. 김상헌은 '백세청풍지사百世淸風之士'이다.
　사족 하나를 덧붙이자. 서미에서 암각서를 구경하면서 나는 슬픈 생각이 들었다. 이제 거의 모든 비석 글씨는 기계로 새겨지기 때문에 글씨가 갖는 아름다움은 눈을 씻고 보아도 찾을 수 없다. 더구나 바위에 글씨를 새기는 사람도 없을 뿐더러 있다 하더라도 그 솜씨는 한마디로 가관이다. 우리는 후손에게 이제 더 이상 멋있는 암각서 하나 남겨 줄 수 없단 말인가?

삼구정 유감

산천이 인물을 빛나게 하는 것은 아니다. 인물이 산천을 빛나게 하는 법이다. 소산이 배출한 유수한 인물 중에 김상헌의 행적이 우뚝하므로 그의 자취를 좇아서 서미까지 왔다. 이제 서미를 뒤로하고 다시 삼구정으로 가 보자. 그곳 삼구정 안에는 김상헌이 청나라로 압송되기 전에 삼구정에 올라 읊은 시, '등삼구정유감登三龜亭有感'이 걸려 있으니 이 시를 감상하면서 삼구정 구경을 마무리하자.

앞 사람 지은 정자 이곳에 있으니,	先人遺構此亭存,
가꾸고 보존하여 후손에 물리게.	扶護相傳有子孫.
멀고 가까이 둘러앉은 강산처럼,	三面江山環遠近,
철 따라 마을 사람 우의를 나누었네.	四時鄕薰酌卑尊.
이어온 풍속이 지금 더욱 아름다워,	流風可繼今爲美,
옛적의 두터운 뜻 어찌 잊으랴.	厚誼寧忘古所敦.
천리 길 홀로 오니 슬픔이 더하는데,	千里獨來增感慨,
늙은 몸 올라 보니 정신마저 아득하네.	白頭登望一傷魂.
백년 교목들 비바람에 늙어 가며,	百年喬木老風霜,
드넓은 그늘로 정자를 안았구나.	十畝淸陰擁一堂.
아득한 옛날 이 나라 생겼으되,	從古地靈生此國,
지금에 이르러 이곳이 으뜸일세.	至今形勝擅吾鄕.
시냇물 바위야 슬픔을 견디지만,	平泉花石猶堪惜,
천년 유택 두른 나무 어이 참으리.	防墓松楸可忍傷.
학가산과 낙동강은 예와 같으니,	鶴嶠未平江未陸,
정자와 거북도 그러함을 보리라.	共看龜算與俱長.

4. 돌성묘
— 더도 덜도 말고 딱 이만큼만

그래, 오월

개나리 진달래 다 피고 지도록 꿈쩍 않더니
밤새 비 그치고 나무 나무 묵은 가지들마다 내걸린
오 저 빛나는 깃발, 혁명처럼 잎새들 연두빛 새순들
순하고 여린 것들이 피워 놓은 환장하게 환한 세상
그래 그래 한번은 저렇듯 불 밝혀 봐야지 않겠는가
오월 하늘 푸르른 것 순전히 저 탓이다.[1]

'그래 그래' 맞아. '오월 하늘 푸르른 것'은 '순전히' '잎새들 연두빛 새순들' 때문이야. 나는 그것도 모르고 오월이면 자꾸 하늘만 쳐다본 바보였다. 더구나 그 '잎새들 새순들'이 바로 '깃발'이며 '혁명'임을 깨닫지 못한 채, 그 '여린 것들이 피워 놓은 환장하게 환한' 2000년 오월 초이렛날, 나는 이 글을 쓰기 위해 안동시 와룡면 중가구동의 가느실에 있는 김천金涍의 산소로 가고 있었다. 그의 산소가 돌혈이기 때문이다.

몇 년 동안, 혼자서 안동의 유명한 인물들의 산소를 찾아다닐 때는 아직 풍수에 대한 소양이 부족한 터라 산소를 보아도 여러모로 갑갑했다. 하지만 갑갑함보다는 궁금증이 더 많았다. 어디의 누구 산소든 산소를 찾아갈 때면 '그 산소는 어떤 모습을 하고 있을까?'에 대한 기대 섞인 궁금증이 나를 사로잡곤 하였다. 그 궁금증은 대학 신입생 시절 미팅할 때의 궁금증과 비슷했다.

원예학과를 나온 고향 친구가 골프장을 설계하고 직접 시공하는 일에 종사한다는 사실을, 고향을 떠난 뒤 십수 년이 지난 90년 초에서야 알게 되었다. 아직도 골프는 서민과 거리가 먼 운동이지만 그

---

1) 박남준, 「그래 그래」, 『다만 흘러가는 것들을 듣는다』(문학동네, 2000).

당시에는 말할 것도 없었다. 더구나 골프에 대한 비판 여론이 세계적으로 확산되어 가고 우리 나라의 경우에도 골프장 건설을 둘러싸고 논란이 그치지 않고 있다. 나는 몇 가지 궁금한 점을 그 친구에게 물어보았다.

"야, 골프장 그거 말 많던데 자꾸 만들어야 되냐?"
"만들어야 돼."
"왜?"
"골프 치는 애들은 어차피 돈이 많아서 주체를 못하는 애들인데 걔네들이 노는 것 중에 골프가 가장 건전한 놀이야. 만약 걔들 골프 못 치게 하면 대부분 뽕 맞거나 마작에, 카드에, 여자들과 뒹굴게 돼 있어. 그리고 그거 일종의 부의 재분배 아니냐? 돈 많은 애들 돈 좀 쓰게 놔둬."
"일리 있다. 근데 넌 얼마나 치냐?"
"나는 돈도 안 들고 시간도 자유로우니까 곧 싱글을 치게 될 거야."

그 친구를 통해 골프에 관한 여러 가지를 알게 되었다. 골프 용어에서부터 경기 규칙, 골프장 건설과 골프장에서 벌어지는, 우리와는 또 다른 세계의 일들을 알게 되었다. 두어 시간에 걸쳐 골프에 관한 여러 궁금증을 해결하고 나서 나는 마지막으로 물었다.

"야, 니 실력 대단하네. 그런데 골프가 얼마나 재미있냐?"
"말도 못하게 재미있다. 다른 건 상대가 안 된다. 너도 당구 칠 줄 아니까 당구와 비교해 보면, 당구의 한 백 배 정도는 재미있다고 생각하면 돼."
"그래? 재미의 핵심이 뭔데?"
"당구를 예로 들면, 당구는 경우의 수가 적어. 당구대가 작으니까 비슷한 경우의 공을 자주 만나잖아. 하지만 골프는 평생을 쳐도 같은 경우의 공은 만날 수가 없어. 항상 다르니까 엄청나게 재미있지."

"충분히 이해가 간다. 헌데, 그 점은 풍수가 더 할걸?"
"그래, 나도 골프장 만들다 보니 풍수 얘기가 자주 나와서 공부를 좀 했는데, 그거 잘 안 되더라. 지금은 거의 포기했지만, 네 말에 동의한다."

그랬다. 당구대보다 골프장이 엄청나게 더 크지만 골프장이 제 아무리 크다고 한들 어찌 전 국토를 대상으로 하는 풍수만 하랴. 하지만 또 어떤 일이 그렇지 아니하랴. 모든 일은 다 저마다 변화무쌍한 법 아닌가?

어떻든 산소를 만나는 일은 재미있다. 서로 비슷비슷한 듯하지만 다르고, 확연하게 다른 곳도 많다. 더욱이 보통의 산소와는 확실하게 다른 산소를 만날 때의 기쁨은 골프의 파에 비교할 바가 아니다. 아마추어가 어떻게 버디를 잡겠는가마는 소 뒷걸음에 쥐 잡는 우연도 있으니, 버디에 버금간다고 해두자. 김천의 산소는 바로 그 버디에 해당하는 특별한 자리이다.

의성 김씨

김천金洊(1362, 공민왕 11~?)은 의성 김씨이다. 의성 김씨는 경북 의성義城을 성으로 하는 김씨이다. 다시 말하면 의성을 식읍食邑으로 받은 조상을 시조로 하는 김씨라는 뜻이다. 의성의 옛 이름은 문소聞韶이다. 그래서 의성 김씨를 문소 김씨라고 부르기도 한다. 우리 나라의 성씨는 대개 그 연원을 신라로 잡고 있다. 의성 김씨도 신라의 마지막 왕인 경순왕敬順王(?~978)의 넷째 아들이며, 고려 태조 왕건의 외손자로 의성군義城君에 봉해진 석錫을 시조로 한다.

그러나 대부분의 다른 가문들이 그러하듯이, 의성 김씨의 세계世

系도 상고하기는 힘들다. 의성 김씨가 실질적인 시조로 받드는 인물은 고려 말 태자첨사太子詹事를 지낸 9세손 김용비金龍庇이다. 김용비의 묘비를 지은 후손 동강東岡 김우옹金宇顒(1540~1603)은 비문의 첫머리에 "우리 시조는 고려 태자첨사 용비"라고 적었다. 태자첨사란 태자궁에 속하여 동궁의 덕의德義를 기르는 일을 맡아 보던 관직으로 품계는 종1·2품이다.

김용비의 생몰과 행적에 대해서는 알려진 바가 별로 없다. 다만 충렬공 김방경金方慶(1212~1300)의 증손녀가 김용비의 증손부이므로, 김용비의 생몰이 김방경과 비슷할 것이라는 추측을 할 수 있다. 한편 김용비가 의성 고을을 다스릴 때 선정을 베풀어 읍인들이 그를 추모하는 사당을 세우고 춘추로 제향했음은 분명한 사실이다. 동강의 김용비 비문에는 다음과 같은 내용이 실려 있다.

> 읍인들이 부군께서 백성들에게 베푼 공덕을 오래도록 잊지 않기 위하여 오토산에서 나무를 베고 꿀을 뜨지 못하게 하였으며 또 읍내에 사당을 세우고 때맞춰 제사를 올려 경건함을 다했다. 경내에 있는 노비는 관에서 부역을 면해 주고 제사 일을 받들게 하였는데 이렇게 하기를 수백 년이었다.[2]

김용비의 생전 행적이 어떠했던 간에 그의 산소가 의성군 사곡면 舍谷面 토현리土峴里에 있으며 일찍부터 명당으로 알려져 많은 사람들의 입에 오르내리고 있음은 사실이다. 음택 명당의 발복을 믿는 사람들은 의성 김씨가 훌륭한 인물을 배출한 까닭이 김용비 묘의 발복 때문이라고 믿고 있다.

---

[2] 縣人以府君有功德於民, 久而不忘, 共爲禁樵牧, 又相與立祠縣中, 以時修祀, 罔敢不虔. 臧獲之在境內者, 官復其徭, 以奉祀事, 如是數百年.

오토산 가는 길

안동에서 남쪽을 향해 4차선으로 시원하게 뚫린 5번 국도에 올라서서 30여 킬로미터를 가면 의성읍에 이른다. 의성읍에서 영천으로 가는 28번 국도를 따라 읍내를 막 벗어날 즈음에 도로 왼쪽으로 경진 아파트가 나타나고, 이어서 바로 옥산·사곡 방면으로 가는 912번 도로 표지판이 보이는데, 표지판 아래 쪽에 있는 삼거리에 등운사와 오토산 입구라는 표지석이 있다.

그 길을 따라 5킬로미터 정도 가면 길 좌우로 몇 채의 집과 버드나무가 서 있는 오상리梧上里에 다다른다. 오상리에도 '의성 김씨 오토산 입구'라고 새겨 놓은 표지석이 있으며 그 오른쪽에 시내를 가로지른 귀천교龜川橋가 있다. 귀천교가 걸린 시내 이름이 남대천南大川인데, 이 물은 오토산의 동쪽을 돌아 의성 읍내로 빠져나간다. 그런데 남대천을 귀천이라 부르는 이유는 그곳 마을이 행정명으로는 오상리지만, 마을 어귀에 거북 모양의 바위가 있고 마을 앞의 언덕이 마치 거북이가 기어가는 형상을 하고 있기 때문이라고 한다. 귀천교를 건너가면 김용비의 묘를 수호하는 재사가 있으며 그 재사 뒤 오토산 중턱에 바로 김용비의 묘가 있다.

오토산

오토산五土山(475m)이 오토라는 이름을 갖게 된 사연에는 몇 가지 설이 있다. 우선 오토산의 생김새가 마치 다섯 개의 손가락처럼 다섯 개의 지맥을 가지고 있고 그 모두가 명산이기 때문이라는 설이다. 산은 얼굴이 있고 등이 있다. 이것을 산의 면배面背라고 하는데 산의 면과 배를 구분하는 것은 상당히 중요한 일이다. 〈오토산 지도〉

▲ 〈오토산 지도〉

를 살펴보자. 지도의 중앙 아래에 방위 표시가 있으니, 오토산을 중심으로 28번 국도가 서쪽으로 지나가고 912번 지방도와 갈래길이 동쪽과 남쪽을 돌아 28번 국도와 연결되는 것을 볼 수 있다. 그러므로 그 길의 어디에서나 오토산을 볼 수 있다.

그런데 어느 쪽에서 보는 오토산이 가장 오토산다울까? 즉 오토산의 얼굴은 어느 쪽일까? 바로 동쪽이다. 동쪽 중에서도 귀천 마을

▲ 오토산 전경

　주변에서 보는 오토산이 가장 오토산답다. 그곳에서 오토산을 바라보면 마치 거인의 손가락처럼 대여섯 개의 용맥龍脈이 내려오는데 그 전체적인 모습이 불가사리와 흡사하다. 산의 모양이야 원래 제각각이지만 오토산처럼 생긴 산은 드물기에 명산으로 소문이 난 것이다.
　오토산이라는 이름을 갖게 된 또 다른 설로는 김용비가 죽자 그의 묘자리를 잡기 위해 연을 띄웠는데 연이 오토산에 떨어져 그 자리를 파 보니 다섯 가지 빛깔의 흙이 나와 오토산이라 부르게 되었다는 것이다. 오색토五色土란 혈토穴土를 가리키는데, 실제로 다섯 가지 색깔의 흙이 선명하게 나오지는 않으며 황색을 주조로 하여 푸른색·붉은색·검은색·흰색의 흙이 섞여 있는 것을 말한다. 어떻게 흙이 다섯 가지 색깔을 동시에 띨 수 있을까 하고 의아하게 생각하기 쉽지만 혈토를 잘 살펴보면 그렇다는 것을 알 수 있다.

그 외, 토산이란 풍수에서 산을 가리킬 때 쓰는 토성과 같은 의미로 대체로 산봉우리가 평평한 형태를 말하는데, 오토산의 형상이 바로 그러하므로 지금의 이름을 갖게 되었다는 설이다.

오토산은 그곳에 다섯 개의 명당이 있다고 하여 오명산五名山이라고도 불리는데, 다섯 개의 명당이 있는 지점과 형국의 이름이 오늘날까지 전해져 내려오고 있다. 즉 오토산 정상 부근에는 제비집 모양의 연소혈燕巢穴, 동쪽 산록에는 등잔을 걸어 놓은 듯한 괘등혈掛燈穴, 서쪽에는 직각자 모양의 곡척혈曲尺穴, 남쪽에는 벌의 허리처럼 잘록한 봉요혈蜂腰穴, 북쪽에는 개구리 발자국 모양의 와적혈蝸跡穴이 있다고 한다. 이렇게 구체적이고 보니 옛날부터 많은 술가術家들이 명당을 찾아 몰려들었다.

이런 유의 이야기는 전국에 산재해 있다. 하지만 오토산에는 전설로 전해오는 이야기와 같은 명당을 찾아 산소를 모신 뒤 그 자손이 발복을 받았다고 하는 실제의 명당이 존재하기 때문에 더욱 호사가들의 관심을 끈다. 명당이라고 알려진 곳 중 가장 대표적인 곳이 김용비의 괘등혈이다.

오토산과 주변 마을

〈오토산 지도〉를 보면 오토산 주위에 여러 개의 마을이 있음을 알 수 있다. 그 마을들의 자리 매김은 다음 두 가지의 형태로 뚜렷하게 구분된다. 하나는 오토산에 기대고 있는 마을의 형태이다. 즉 오토산에서 사방으로 뻗어 내린 산줄기의 어느 한 부분에 자리를 잡고 오토산을 마을의 주산으로 삼은 형태이다. 지도에 나와 있는 마을만 열거하면 서북쪽의 오리리와 새터, 남동쪽의 토현리, 남쪽의 만천리, 서쪽의 정자리가 그러하다. 다른 하나는 오토산을 바라보고 있는 마을의 형태이다. 즉 오토산을 안산으로 삼고 있는 것인데 주로 오토산의 동쪽에 집중되어 있는 치선리와 오상리가 그러하다. 지도에서 볼 때 치선리는 선암 마을에 해당하며, 오상리는 귀천·중리·오동 마을에 해당한다.

오토산은 일찍부터 명산名山(明山)으로 여겨졌다. 우리 민족에게 산은 단순한 하나의 산이 아니다. 산, 그 이상의 엄청난 의미가 있으며 그 점은 우리 민족이 아니면 이해하기 힘들다. 산 주변에 사는 사람들은 산과 연관지어 자신들의 삶을 이해한다. 그 산이 명산일 경우 영향의 강도는 훨씬 강하며 오랜 시간을 통해 형성되고 구전되는 법이다. 오토산 주변에 사는 사람들도 어떤 식으로든 오토산에 대한 나름의 관념을 갖고 있다.

결국, 땅과 사람은 서로 교감交感하며 땅은 사람의 삶에 영향을 준다는 생각에 바탕을 두고 있는 것이 바로 '풍수'다. 이를 지인상관地人相關이라고 하는데, 이런 관점에서 마을 사람들이 느끼는 오토산에 대한 느낌을 살펴보자. 오토산에 기대고 있는 마을과 오토산을 바라보고 있는 마을의 차이점은 무엇일까? 그 두 마을 사람들은 마을의 풍수적 지세를 어떻게 생각하고 있으며 오토산이 그들의 삶에 어떤 영향을 주었다고 이해하고 있을까?

결론부터 말하면 오토산에 기대어 사는 사람들은 자신들의 삶터를 자랑스럽게 이해하는 반면, 오토산을 바라보며 사는 사람들은 여러 방식으로 오토산의 영향에서 벗어나려고 한다. 전자의 경우를 이해하기는 쉽다. 마을 사람들은 명산의 정기를 받으며 산다고 생각하여 자신들의 삶터에 긍지를 갖고 있으며 아울러 미래에 좋은 일이 있을 것이라는 강한 믿음을 보이고 있다. 반면 후자의 경우, 마을 사람들은 오토산 때문에 자신들의 삶터가 위협받고 있다고 생각하고 있다. 그 이유는 오토산이 아무리 명산이라고 하지만 오토산을 바라보는 입장에서는 산이 지나치게 높기 때문이다. 마을이나 집 앞에 너무 높은 산이 가까이 있으면 그 산을 보는 사람들은 능압凌壓에 걸린다. 비록 오토산의 동쪽이 산의 얼굴이라 다른 곳에 비해 유정有情한 기운을 내뿜는다 하더라도 남대천 너머로 오토산을 바라보는 오상리 사람들에게 오토산은 명산이 아니라 그들을 누르는 능압봉凌壓峰일 따름이다. 더구나 별로 유정하지도 않은 오토산의 북쪽을 바라보는 치선리 사람들의 입장에서는 그야말로 '매 앞의 꿩'이라 할 수 있다.[3]

김용비 산소

오토산은 영천의 보현산普賢山(1,124m)에서 북서쪽으로 치달려 온 산줄기이다. 보현산에서 출발한 산줄기가 응봉鷹峰(800m)을 거쳐 의성군 춘산면의 구무산(676m)에 이르러 서쪽으로 금성면의 비봉산(672m)과 금성산(530m)을 일으키는데, 오토산은 바로 비봉산에서 갈라져 북쪽으로 들어온 산이다.

거듭되는 이야기이지만 백두대간白頭大幹에 대한 이해 없이는 우리 나라의 산 흐름을 이해할 수가 없다. 백두산에서 출발한 대간

---

3) 이몽일은 〈영남일보〉에 연재하는 「영남신풍수기행」에서 오토산 주변 마을 사람들이 오토산을 어떻게 이해해 왔는지에 대해 자세히 설명해 놓았다.

은 태백산에서 내륙으로 몸을 돌려 소백산·속리산·덕유산·지리산으로 이어진다. 이 대간의 북쪽으로 흐르는 강이 한강이며 남쪽으로 흐르는 강이 낙동강이다. 낙동강의 아래쪽을 받치는 산들은 대부분 동해를 따라 형성된 낙동 정맥에 있는 보현산의 줄기들이다.

『신한국풍수』는 〈중앙경제신문〉 기자로 있던 최영주崔漢周가 이수학회理數學會의 고문인 수강秀崗 유종근柳鍾根과 함께 전국의 이름난 곳을 답사하고 신문에 연재한 내용을 엮은 책이다. 그 중 오토산의 김용비 산소에 대한 설명을 조금 수정하고 보완하여 여기에 싣는다.

오토산 정상에서 동쪽으로 낙맥한 용이 좌우에 수水 형상과 토土 형상의 산을 거느리고 다시 한번 봉우리를 만들고 급히 동쪽으로 떨어져 혈을 만들었다. 묘의 좌향은 묘좌유향卯坐酉向이다. 이곳의 형국은 보기에 따라 여러 가지 형국이 나올 수 있다. 가령 토성이 젖꼭지처럼 혈을 만들면 와우형臥牛形이 되고 양쪽으로 팔을 벌리고 내려오면 맹호형猛虎形이 된다. 또 혈 앞에 두 개의 산봉우리가 마치 여의주처럼 생겨 비룡농주형飛龍弄珠形으로도 볼 수 있다. 그러나 토성이 복두幞頭[4]처럼 낙맥하면 곧 등불을 걸어 놓은 듯한 괘등혈이 된다. 종합해 보건대 혈 앞의 조산과 안산에 운무가 전혀 없이 많은 산들이 겹겹이 쌓여 있고 곳곳에 문필봉과 책상 모양의 산들이 펼쳐져 있으니 곧 도를 묻고 강론하는 모양의 '문도취강격問道聚講格'이라 혈의 형국은 '괘등혈'이 분명하다.

물의 흐름을 살펴보면 남대천南大川이 동남쪽인 손사방巽巳方에서 나와

---

4) 복두란 과거에 급제한 사람이 홍패를 받을 때 쓰던 관으로 모양이 'L'자를 왼쪽으로 90도 돌린 형태이며 紗帽와 비슷하다. 산 정상의 모양이 길게 '一'자 형으로 생긴 것을 一字文星이라고 한다. 복두는 일자문성 두 개가 위아래로 겹쳐 있는 형태로 왕후장상이 배출되는 귀한 산으로 여긴다. 구미의 주산인 金烏山(977m)과 정면으로 마주 보고 있는 天生山(407m)이 정확하게 복두형이다.

북쪽으로 흘러가는 중에 오는 쪽은 광활하고 빠져나가는 쪽은 폐쇄되어 있으니 이 또한 법도에 맞다고 하겠다. 다만 아쉬운 점은 물의 흐름을 왼쪽 산인 청룡이 막아주는 것은 다행인데, 청룡이 백호 쪽 산보다 못생겨 균형이 맞지 않음이 안타깝지만 가히 선비가 쓸 묘 자리이고 대지 대혈임이 분명하다.

유종근의 설명은 시종일관 형국을 중심으로 하고 있다. 나는 형국보다 혈형穴形에 더 관심이 많은데 혈형에 대한 이야기는 한마디도 없다. 이몽일은 〈영남일보〉에 연재하는 「영남신풍수기행」에서 김용비 산소 자리의 혈형을 돌혈突穴이라고 했는데, 나는 이에 동의하지 않는다. 내 판단에 그 자리는 유혈乳穴이다.

괘등혈

김용비의 산소가 명당이라는 사실은 여러 경로로 전해오고 있다. 그런데 그의 산소를 거론할 때마다 등장하는 것이 '괘등혈掛燈穴'이라는 말이다. 괘掛는 '걸다'는 뜻이고 '등燈'은 등잔 또는 등불이니, 괘등혈이란 등불을 등잔걸이에 걸어 놓은 듯한 형태의 땅을 말한다.

괘등혈은 형국 이름이다. 앞에서 살펴본 봉황포란·옥녀단좌·연화부수·연소혈처럼 땅의 모습을 특정 사물에 견주어 이해하는 방식이다. 형국론은 지세가 특정 물건의 모양과 비슷할 경우 그 물형物形에 상응하는 후손을 배출한다는 믿음이 더해져 발복 풍수에서 많이 거론되고 있다. 김용비의 산소를 괘등혈이라 하는 것도 그 생김새가 비슷하기 때문이겠지만, 결국은 후손의 발복 상황이 괘등의 뜻과 비슷하다는 판단에서 나온 것이기도 하다.

▲ 김용비 산소와 조안

그럼 괘등혈은 어떤 모양의 땅이고 그 소응은 어떠한가를 살펴보자. 등불의 가치는 사방을 밝히는 데에 있다. 그러므로 등불은 항상 높직하게 걸려야 한다. 밝혀야 할 장소가 크면 클수록 더욱 높게 걸려야 하는 것은 당연하다. 대개 등불로 표현되는 산소는 일반적인 산소보다 높은 곳에 자리잡고 있다. 따라서 괘등혈이란 혈처가 주위보다 높은 곳에 우뚝하게 자리잡고 있으면서 사방을 밝히는 등불 같은 밝음과 기세가 서린 땅을 가리킨다. 바로 김용비의 산소가 자리잡은 땅의 형태가 그러하다. 오토산은 해발 475미터이다. 산의 정상에서 중출中出로 뻗어내린 용맥의 중턱에 혈을 만들었으니 일반적인 산소에 비해 혈의 높이가 대단히 높다. 실제로 김용비의 산소에 올라서면 일망무제一望無際라는 말을 실감할 수 있다. 혈은 대체로 행룡行龍이 끝나는 지점 즉 용진처龍盡處에 결지結地하는 법이므로 산소가 그렇게 높은 곳에 있는 경우는 드물다. 등불이 높이 걸려 있는 듯한 형태의 괘등혈 역시 드물다.

높은 곳에 있는 산소는 대체로 괘등혈인가? 그렇지는 않다. 우선 높이 걸린 등불이 밝은 빛을 뿜는 것처럼 그 자리가 밝아야 한다. 또한 일정한 거리에서 바라볼 때 등불을 보듯이 뚜렷하게 보여야 한다. 그런데 그렇게 밝고 뚜렷하게 보이는 지점은 풍살風殺 즉 바람이 침범하기 쉽다. '높이 있어서 뚜렷하게 보인다'는 것과 '풍살을 맞지 않는다'는 것은 모순이다. 그러나 그 모순이 해결된 땅이라야만 괘등혈이 된다. 그러므로 괘등혈은 드물다.[5]

또한 등불에 걸맞는 후손들을 배출해야만 괘등혈 명당으로 인정받게 된다. 괘등의 형국에 걸맞는 인물은 어떤 인물인가? 등불이 주위보다 높이 솟아 사방을 밝히듯 사방의 사람들이 우러러보는 인물이라야 한다. 등불 밑에서는 무엇을 하는가? 공부를 한다. 그러므로 그 인물은 구름같이 몰려드는 인재들을 가르치고 등불처럼 세상을 밝히는 대학자여야 한다. 그가 누구인가? 김용비의 직계 후손인 학봉鶴峰 김성일金誠一(1538~1593)과 동강東岡 김우옹을 필두로 영남 학맥의 큰 흐름을 이어간 의성 김문의 기라성 같은 인재들을 들 수 있다.

나는 그다지 음택 명당 발복을 믿지 않는다. 하지만 만약 음택 발복으로 후손이 좋아진다면 우리가 찾아가는 산소의 주인공인 김천의 묘소도 그러한 영향을 끼쳤을 것이다. 김천은 김용비의 곤손昆孫(6세손)이자 김성일의 6대조이다.

---

5) 경북 善山郡 海平面에 있는 桃李寺는 잘 짜여진 괘등혈이다.

의성 김씨 안동 입향조

김용비의 후손 중 누가, 무엇 때문에 안동으로 오게 된 것일까? 의성 김씨 안동 입향조는 김용비의 5세손인 공조전서工曹典書 김거두金居斗이다. 입향조는 여러 면에서 기억해 두어야 할 인물이다. 그것은 한 가문뿐만이 아니라 그 지방의 역사와 문화를 이해하기 위한 좋은 자료가 되기 때문이다.

집안에 전해오는 김거두의 행적에 따르면 그는 고려 충숙왕 8년(1339)에 태어났으며 고려의 국운이 끝나갈 무렵 동생인 김거익金居翼과 함께 개성을 떠나 낙남落南한다. 그때 한양성 남문밖에 이르러 김거두는 동생 김거익에게 "우리 형제가 같은 곳으로 가게 되면 뒷날 반드시 사는 곳이 좁아질 것이니 일찍부터 서로 떨어지는 것만 못할 것이다. 너는 호남으로 가고 나는 영남으로 가서 사는 것이 옳을 것"6)이라 하고는 안동 풍산현 신지동新池洞, 즉 지금의 상리上里에 정착한다. 김거두가 풍산에 터를 잡은 이유는 이웃한 소산리에 선외가인 충렬공 김방경의 후인들이 세거하고 있었기 때문이다.

그런데 1997년에 안동 의성 김씨 문중에서 펴낸 『방적세헌邦適世獻』에 따르면, 고려말 불사이군不事二君의 충절로 외아들 김천과 함께 안동으로 낙남한 김거두가 조선 태조 2년(1393)에 경주 부사로 재직했다고 한다. 재직시에 김거두는 『삼국사기』를 복간하는데 그 사실이 현재의 『삼국사기』「발문」에 실려 있다. 김거두가 조선조에 벼슬을 살게 된 사연은 알 수 없으나, 동명이인이 아니라면 『삼국사기』를 복간한 일은 의성 김문의 자랑이 되기에 충분하다.

---

6) 吾兄弟俱爲同道, 則居必狹隘, 莫如早自分離, 汝往湖南, 吾可嶺南居.

『삼국사기』의 인쇄본이 경주에 있었는데 세월이 오래되어 없어지고 지금은 그 필사본이 전해지고 있다. 안렴사 심효생이 한 질을 얻어 전 부사 진의귀와 더불어 간행하기를 도모하였는데 계유년(조선 태조 2년, 1393) 7월에 본부에서 첩안牒案이 내려와 그 해 8월에 비로소 목판을 새기기 시작하였다. 얼마 안 되어 심, 진 두 사람이 교체되었고 그 해 10월 나는 부사로 부임하게 되었다. 관찰사 민개閔開의 명령을 받아 나는 간행의 뜻을 이어 명령에 따라 장인들의 손을 그치지 않게 하였으니, 갑술년 (1394) 4월 간행의 일이 모두 이루어짐을 알릴 수 있게 되었다.

오호라! 이것은 내가 능히 감당할 만한 일을 지휘하여 행하게 함으로써 완성할 수 있었던 일이 아니라 오직 세 분의 힘이 있었기 때문이니 내가 무슨 힘이 있었으리오. 다만 이 일의 처음과 끝을 갖추어 책 끝에 적을 따름이다. —부사가선대부 김거두 발[7]

『삼국사기』는 고려 인종 23년(1145)에 김부식이 왕명을 받들어 편찬한, 우리 나라에서 가장 귀중한 사서史書이다. 그 뒤 150여 년의 세월이 흘러 거의 없어지고 영영 없어질 위기에서 당시 경주 부사로 있던 거두의 주관으로 복간되어 오늘까지 전하니 그 공이 참으로 크다.

김천

김거두는 외아들인 김천과 함께 안동 풍산으로 낙남한다. 나중에

---

7) 『三國史記』「跋文」 "三國史印本之在鷄林, 歲久而泯, 世以寫本行. 安廉使沈公孝生得一本, 與前府使陳公義貴圖所以刊行, 於癸酉七月, 下牒于府, 八月始鋟諸梓. 未幾二公見代, 余以其年冬十月至府, 承觀察使閔相公之命, 因繼其志, 乃助之施令, 工不斷手, 至甲戌夏四月告成. 嗚呼! 指揮能事, 以至於成, 惟三公是賴, 余何力之有焉, 但具事之終始, 書于券末耳. —府使, 嘉善大夫, 金居斗, 跋."

김천은 안동부의 방적동으로 이거하는데 그의 행적을 묘갈墓碣의 음기陰記를 통해 살펴보자.

> 공의 이름은 '천洊'이요, 성은 김씨로 신라 경순왕의 왕자 의성군 석의 후예다.[8]

사람의 이름을 짓는 데에는 원칙적으로 일정한 법식이 없다. 그러나 이름이 갖는 의미는 상당하기 때문에 아무렇게나 짓지는 않는다. 더구나 이름에는 항렬과 같은 나름의 법식이 있고, 또 우리나라 사람들이 짓는 이름은 거의 한자어이기 때문에 글자가 갖는 의미가 중시된다. 나아가 이름을 부를 때 받는 소리의 느낌이 있기 때문에 이름을 지을 때는 심사숙고하게 된다. 그리고 이름을 지어 보면 알지만 마음에 드는 이름을 짓는 일은 보통 어려운 일이 아니다.

내가 처음 김천의 이름을 알았을 때 우선은 글자의 생소함에 놀랐다. '천洊'은 '물이 이르다, 물이 연거푸 흐르다'는 뜻을 나타내는 보기 드문 글자이다. 왜 이렇게 어려운 글자를 선택했을까? 글자가 어려운 반면 글자에 특별히 좋은(?) 뜻이 있는 것 같지도 않다. '수水'자가 들어가는 글자가 항렬 자라고 하더라도 하고많은 삼수변(氵) 글자 중에 왜 이 글자를 선택했을까? 쓸데없는 고민인 듯하지만 이름자에 관심이 많은 사람이라면 한 번쯤 의문을 가져볼 만한 일이다. 이 의문은 몇 해가 지난 뒤 『주역』을 보다가 풀렸다. 「감괘坎卦」에 "물이 거듭거듭 이르는 것이 습감이니, 군자가 그를 본받아 덕스러운 행실을 생활화하고 가르치는 일을 열심히 익혀야 하느니

---

8) "公諱洊, 姓金氏, 新羅敬順王子義城君錫之后也."

라"⁹⁾라고 씌어 있었다. 그렇다. 거듭하여 쉬지 않고 이르는 물처럼 자신을 닦음에 쉼이 없어야 하지 않겠는가? 이어지는 비문碑文을 보자.

> 공은 원나라 대덕 임인년(공민왕 11년, 1362)에 출생하여 고려말에 진례도도만호가 되었다. 장차 국운이 끝나려는 것을 보고 전서공을 모시고 남하하여 안동부 부성의 동쪽에 살 자리를 골라 정하고 그 동리의 이름을 '방적'이라고 하였으니, 대개 '나라가 바뀌었구나. 나는 어디로 돌아갈 것인가?' 하는 뜻이다.¹⁰⁾

김천이 태어난 때가 원나라 대덕大德(1297~1307) 임인壬寅(1302)이라고 언급되었는데 이는 잘못이다. 지정至正 임인년(1362)이 옳다. 출생 연도의 연호를 틀리게 기술하는 일은 아주 드물다. 무슨 다른 이유가 있는지, 단순한 실수인지는 알 수가 없다.

김천의 관작官爵은 정략장군진례도도만호定略將軍進禮島都萬戶이다. 정략장군은 무관의 종4품 관계官階이다. 진례는 충남 금산錦山의 옛 이름이다. 진례도는 어느 섬이나 해안 지방인 듯한데 알 수가 없다. 도만호는 만호 중 가장 높은 벼슬로 직급은 3·4품이다. 만호는 고려 시대 한 지방의 군정軍政을 맡아 다스리던 기관인 만호부萬戶府의 책임자로서 만호부는 주로 해안과 군사 요충지에 설치했다.

김천이 풍산에서 안동으로 들어와 살기로 결정한 곳이 지금의 안동시 율세동栗世洞으로, 지금도 이곳을 '밤적골'이라 부른다. 비문에서 그가 마을의 이름을 방적邦適이라고 한 까닭을 밝히고 있는데,

---

9) 『周易』, 「象傳」, '坎卦', "象曰, 水洊至習坎, 君子以, 常德行, 習敎事."
10) 『邦適世獻』, "公生于元大德壬寅, 高麗末爲進禮島都萬戶. 見國運將訖, 奉典書南下, 卜居于安東府城東, 名其洞曰邦適, 蓋邦之革矣, 我安適歸之意也."

나라의 녹을 먹은 장수가 쓰러지는 국운을 세우지 못하고 떠나야 하는 슬픈 심사가 잘 표현되어 있다. 이어지는 비문을 살펴보자.

> 양촌 권근이 일찍이 공과 더불어 한 동네에서 살았다. 양촌이 공을 제문한 글에 "고사리로 주림을 잊으시니 완악한 이를 청렴하게 하고 나약한 이가 뜻을 세우게 하셨다"는 말이 있다. 돌아가신 해는 알 수가 없으며 묘는 안동 전암箭岩의 남쪽으로 향한 언덕에 있다.[11]

위의 글을 통해 김천의 행적 두 가지를 추측할 수 있다. 첫째는 그가 나이 마흔일곱이 되기 전에 세상을 떴다는 것이다. 양촌陽村 권근權近(1352~1409)은 공민왕 18년(1369)에 열여덟의 어린 나이로 과거에 급제한 천재다. 그는 여러 관직을 역임하다 공양왕 2년(1390)에 옥사에 연루되어 유배되었으며, 유배에서 풀려난 이후에는 충주에 임시로 거처하였는데 이때에 조선 왕조의 개국을 맞이하였다. 태조 2년(1393)에 그는 왕의 특별한 부름을 받고 계룡산 행재소行在所에 달려가 새 왕조의 창업을 칭송하는 노래를 지어 올리고 출사出仕하였다. 이로써 그는 정도전鄭道傳(1337~1398)과 함께 조선 왕조의 기틀을 다진 일등공신이 되었으나, 이로 인해 그에 대한 평가는 칭찬과 비난으로 엇갈리게 되었다. 그가 태종 9년(1409)에 죽었다는 것은 확실하다. 그러므로 그가 김천의 제문祭文을 지었다고 한 점으로부터 알 수 있듯이 김천의 생년은 1409년을 넘을 수 없다.[12]

둘째는 김천이 고려에 대한 절의를 지켜 벼슬길에 나아가지 않았

---

11) 『邦適世獻』, "權陽村近, 嘗與公同里閈, 祭公文有, 薇蕨忘飢, 廉頑立懦之語. 卒歲未詳, 墓在安東箭岩午向之原."

으며 그의 삶이 몹시 고단했을 것이라는 사실이다. 그러한 사실은 권근이 김천의 삶에 대해 '미궐망기薇蕨忘飢, 염완립나廉頑立懦'라고 한 것에서 알 수 있다. 이 말은 『맹자』에 나온다.

맹자가 말했다. "백이는 눈으로는 나쁜 색깔을 보지 않고 귀로는 나쁜 소리를 듣지 않았으며 섬길 만한 임금이 아니면 섬기지 않았고 부릴 만한 백성이 아니면 부리지 않았다. 세상이 다스려지면 나아가고 혼란하면 곧 물러났으며 포악한 정사가 일어나는 곳과 횡포한 백성이 있는 곳에는 차마 거처하지 못했다. 버릇없는 사람들과 함께 거처하는 것은 마치 관복을 입고 흙구덩이나 불구덩이에 앉아 있는 것과 같다고 여겼다. 주 임금이 폭정을 할 때는 북해의 바닷가에 살면서 천하가 맑아지기를 기다렸다. 그러므로 백이의 풍모를 들은 자들은 완고하고 욕심 많은 사람일지라도 청렴해지고, 마음이 약하고 겁이 많은 사람일지라도 꿋꿋한 뜻을 세우게 된다." [13]

백이와 숙제는 출정하는 무왕武王의 말고삐를 잡고 은殷 나라를 정벌하는 것은 옳지 않다고 극간하다가 주周 나라가 세워지자 급기야 수양산首陽山에 들어가 고사리를 캐어 먹다 죽은 인물들로서 충

---

12) 『臥龍面誌』, 「塚墓」조에는 김천의 제문을 쓴 사람이 권근이 아니라 桑村 金自粹(1351~1413)라고 씌어 있다. 인용된 제문의 내용은 "返我初服, 薇蕨忘飢, 樂我名教, 與世相違, 頑夫可立, 懦夫可起, 諒公平生, 庶幾無媿."로 음기에 실린 것보다 자세하다. 김자수의 고향은 안동으로 두문동 72현 가운데 한 사람이다. 공민왕 23년(1374)에 문과에 급제하여 여러 관직을 거쳐 고려 말에는 형조판서에 이르렀으나 고려가 망하자 두문동에 은거하다 안동으로 낙향하였다. 태종이 병조판서를 제수하였으나 나아가지 않고 자손들에게 묘갈을 만들지 말라고 유언한 뒤 자결하였다. 경기도 광주에 그의 순절비가 있으며 안동시 안기동 도로 가에 효자비가 있다.

13) 『孟子』, 「萬章」下, "孟子曰, 伯夷, 目不視惡色, 耳不聽惡聲, 非其君不事, 非其民不使, 治則進, 亂則退, 橫政之所出, 橫民之所止, 不忍居也. 思與鄉人處, 如以朝衣朝冠, 坐於塗炭也. 當紂之時, 居北海之濱, 以待天下之淸也. 故聞伯夷之風者, 頑夫廉, 懦夫有立志."

신의 표본으로 여겨지고 있다. 김천이 그와 같았다는 것이 권근의 생각이었으니, 우리는 이를 통해 김천의 삶을 짐작할 수 있다.

이제 김천의 산소가 있는 전암箭岩으로 가보자. 전암은 현지의 주민들이 '살바우'라 부르는 곳으로 정확한 위치는 안동시 와룡면 중가구리의 가느실이다.

퇴계로

안동 시내에서 북동쪽으로 뻗어 있는 35번 국도는 예안禮安과 도산을 지나 명산名山 청량산을 오른쪽에 두고 봉화의 소천을 거쳐 태백·강릉으로 가는 길이다. 이 길을 안동 사람들은 '예안길'·'도산길'·'청량산 가는 길' 등으로 부른다. 지금 이 도로의 공식 명칭은 '퇴계로'이다. 1969년에 박정희 대통령의 지시로 이루어진 도산서원 성역화 사업의 일환으로 도로가 포장되고, 퇴계 이황의 유훈을 기린다는 뜻에서 퇴계로라 명명했다. 안막재를 오르는 초입에는 박정희 대통령의 글씨로 씌어진 퇴계로 표지석이 여러 개의 깃대와 함께 세워져 있다. 그러므로 도산서원까지 이어지는 퇴계로는 35번 국도의 별칭이며 안동에서 유일하게 사람의 이름을 따서 붙인 도로명으로서 안동에서의 이황의 위상을 실감케 해준다. 우리의 목적지인 김천의 산소가 있는 가느실은 퇴계로를 따라서 간다.

퇴계로는 길원여고를 지나면서 가파른 오르막길이 시작되는데 길의 왼쪽이 안막동이고 오른쪽은 상아동이며 고개가 안막재이다. 고려 공민왕 시절 순흥 안씨의 한 효자가 지금의 길원여고 자리에 여막廬幕을 짓고 시묘侍墓를 했다 하여 안씨의 시묘막이라는 뜻의 '안막安幕'으로 불리게 되었다고 한다. 이 안막재를 흔히 '청머리

▲ 〈와룡 지도〉

재'라고 부르는데 안상학 시인이 현지 주민에게서 들은 내용과 안상학 시인의 생각을 그대로 옮겨 보면 다음과 같다.

"청머리재라고는 처음 들어봅니다. 제가 여기 산 지는 십 수년밖에 안 됩니다만, 제가 알기로는 첫머리재입니다. 와룡 사람들이 시장 가는 첫 고갯길이라서 그렇게 부르는 모양입니다. 그리고 시내에서는 안막재, 여기 상아동 사람들은 버꾸재라고 그럽니다. 옛날부터 장꾼들이 안동장을 드나들며 이곳 주막에 들러 한 잔 하고 따따따 떠들고 싸우는 소리가 버꾸 치는 소리 같다고 해서 버꾸재라고도 합니다."

설영완 씨는 사투리를 쓰지 않고 조리 있게 말을 또박또박 정확하게 발음하였다. 그는 내가 알고 있는 청머리재에 대한 것보다 훨씬 설득력 있게 소견을 밝혔다. 그리고 버꾸재라고 하는 것도 재미있는 이야기였다. 버꾸는 민속 악기로 소구를 닮은 작은북을 이르는 말이다. 크기에 비해 소리가 엄청나게 큰 악기이다. 안동 사람들은 흔히 격에 맞지 않게 노는 모양새에 대해 '지랄 버꾸통 떤다'는 말을 잘 쓴다. 설영완 씨에 따르면 그 동네가 그렇게 시끌벅적했다고 한다.

길원여고에서부터 안막재의 도로 좌우에는 매우 특이한 가로수가 줄지어 서 있는데 그 나무 이름이 메타세쿼이어(Metasequoia)이다. 키가 30미터가 넘고 지름이 2미터에 이르는 낙엽 침엽수로 여름에나 겨울에나 그 특별한 자태를 한눈에 알아볼 수 있다. 나는 안동에서 처음으로 그 나무를 보았는데 아마도 안동대학교에서였을 것이다. 교문 안쪽 진입로에 서 있는 나무의 품새가 하도 위풍당당하여 감탄했던 기억이 새롭다. 그 나무의 이름을 알고 나니 더 자주 만날 수 있었다. 그 나무는 시내 낙동강 강둑에도 서 있어 나는 지나갈 때마다 어김없이 눈길을 주곤 하였다. 중국이 원산지인 메타세쿼이어는 은행과 함께 지구상에 살아 남은 세 종류의 화석 식물 가운데 하나이다. 나는 꽃보다 나무를 좋아하는데 메타세쿼이어는 연륜·생김새·색깔·느낌 등 언제 보아도 정이 가는 특별한 나무이다.

메타세쿼이어를 보면서 안막재를 내려와 중앙선 굴다리를 지나면 견훤甄萱과 삼태사三太師[14]의 병산甁山 전투 현장이 나타난다. 도로 왼쪽에서 오른쪽 계곡을 지나 낙동강 본류로 들어가는 시내가

---

14) 權幸, 金宣平, 張吉이 후백제 견훤의 군사를 이곳에서 무찔러 고려 건국에 이바지한 공으로 三韓壁上功臣三重大匡太師亞父에 봉해지고 나란히 안동을 성姓으로 받아 각각 안동 권씨, 안동 김씨, 안동 장씨의 시조가 되었으며 이들을 삼태사라 한다.

가수내인데 지금은 축대를 쌓고 중앙선 철로[15]가 통과하기 때문에 이곳이 전투 현장이라는 실감이 잘 나지 않는다. 하지만 백죽당栢竹堂 묘소로 가는 표지석과 '성낭골' 표지석이 좌우에 서 있는 길을 따라 철로에 올라서면 심하게 감입곡류嵌入曲流하면서 낭떠러지를 이루고 있는 가수내의 원래 모습을 볼 수 있다. 그 주변이 병산이고 그 지점이 병산 전투의 현장이다.

가수내를 지나 다시 자그마한 고개를 넘으면 심하게 구부러진 퇴계로의 선형을 고친 새 길이 있다. 그 길의 끝 즉 다시 구부러지는 지점의 오른쪽 개울에는 크고 넓적한 바위가 마치 석벽처럼 드리워져 있다. 그 바위 이름이 치마바위이다. 왜 치마바위일까? 치마바위의 맞은편인 도로 왼쪽 언덕을 살펴보면 그 까닭을 짐작할 수 있다. 그곳에 장성한 남자의 생식기 형태의 바위가 있는데 음낭 위의 성기가 치마바위를 향해 돌진하는 듯한 형상을 하고 있다. 그래서 그 바위의 이름이 좆바위이다. 길 양쪽에 현저한 크기의 바위가 있는 경우 그런 자리를 형용하는 말이 석문石門인데, 이곳은 '성문性門'이라 불러야 할 듯하다.

성문을 지나가면 도로 오른쪽에 자그마한 다리가 놓여 있는 것을 볼 수 있다. 그곳이 합강合江인데 실제로 두 개의 개울이 만나는 지점이다. 합강교 옆에 남홍재사 표지석이 서 있고 다리를 건너 산으로 오르는 길이 가느실로 가는 길이다. 다리를 건너 1킬로미터 정도 지점에 다시 작은 고개가 있고 고개 아래로 보이는 작은 마을이 중가구동의 가느실이다. 퇴계로 좌우의 중가구를 비롯하여 18개의 마

---

[15] 〈와룡 지도〉에서 알 수 있듯이 이 부근의 철도는 와룡 · 성남 · 사동의 세 터널을 통과하면서 기형적으로 굽어 있다. 그 까닭은 일제의 풍수 침략인 斷脈 때문이다. 자세한 내용은 졸저,『안동의 풍수 기행, 와혈의 땅과 인물』, '임청각' 편을 참고하기 바란다.

을을 거느리고 있는 이 일대가 안동시 와룡면臥龍面이다.

와룡

　와룡臥龍이라는 지명은 와룡산臥龍山(461m)에서 유래한다. 와룡이라, 가슴 설레지 않는가? 무언가 특별한 것이 있음 직하지 않은가? 더구나 청소년 시절, 그 풀잎같던 시절에 밤을 세우며 읽던 『삼국지』가 있지 않은가. 도원의 결의를 보며 나도 이들과 같은 사람이 되리라 다짐했고, 현덕의 덕망과 관우와 익덕의 무용武勇으로도 패하기만 하는 안타까움에 가슴 졸이다 삼고초려 끝에 와룡 선생을 만나는 장면에 이르면 얼마나 환희작약했던가? 신출귀몰하는 병법으로 연전연승을 이루는 공명의 용병을 따라가다 급기야 바람을 불러 적벽대전을 승리로 이끈 뒤 관우를 보내어 패주하는 조조를 살려 주는 데에 이르면 참으로 공명이 '용'이었음을 확인하지 않았던가?

　누워 있는 용이 은인자중하다가 때를 만나 운우雲雨를 부리며 하늘로 승천하는 비룡이 되듯이 와룡 땅은 아직 자신의 때를 만나지 못한 영웅호걸이 숨어 있는 땅인가? 즉 범이 웅크리고 용이 잠겨 있는 와호장룡臥虎藏龍의 터전인가? 『주역』에서는 "구름은 용을 따르고 바람은 범을 따른다"[16]고 했다. 언젠가는 이 와룡 땅에서 범같고 용같은 인물이 일어날 것이다. 바로 그 날 잠룡潛龍은 비룡飛龍이 되어 천하를 이끌리라!

　풍수 사상의 백미는 '인물풍수론'이다. 그것은 인걸지령人傑地靈으로 요약되는 희망의 인생학人生學이다. 내가 사는 땅이 갖고

---

16) 『周易』, 「乾卦」, "雲從龍, 風從虎."

있는 신령한 기운이 그 기운만큼이나 신령한 인물을 낳을 것이라는 소망이 인물풍수론이다. 그러나 특정한 어떤 땅이 신령한 기운을 갖고 있다고 어떻게 믿을 수 있는가? 또한 그 증거는 어디에서 찾아야 하는가? 그 점은 늘 눈 밝은 선인들이 예언하는 법으로, 백담柏潭 구봉령具鳳齡(1526~1586)은 와룡 땅이 신령한 기운을 가진 땅이라고 주장하였다.

구봉령은 일곱 살 때 어머니를 여의었고, 열한 살 때 아버지마저 여의었다. 그는 어린 나이에 상주가 되어 상례를 집전함에 있어 어른을 능가하여 마을 사람들의 찬탄을 받았다. 스무 살 약관의 나이에 사마시에 합격한 뒤 1560년 별시문과에 급제했다. 1564년 문신정시文臣庭試에서 장원하였고 이후 대사간·대사성·대사헌을 역임한 뒤 암행어사가 되어 민심을 수습하였다. 시문에 뛰어났던 구봉령은 이황과 8년여에 걸쳐 사단칠정에 관한 논쟁을 전개한 고봉高峰 기대승奇大升(1527~1572)에 비견되었으며, 천문학에도 조예가 깊어 『혼천의기渾天儀記』라는 책을 짓기도 하였다.

와룡산의 원래 이름은 수다산水多山이다. 와룡산 줄기에 낙동강의 본류가 흐르고 있으므로 수다산이라는 이름이 잘 어울리는데, 안동댐이 이루어지고 보니 이제는 수다란 말이 딱 들어맞게 되었다. 어떻든 수다산의 형상이 마치 '용이 누운 듯하다' 고 하여 구봉령이 수다산의 이름을 와룡산으로 고쳤다고 한다.

그러나 내가 이 와룡 땅에서 용이 누워 있는 듯한 산세라고 느낀 곳은 와룡산에서가 아니라 와룡면 방잠리芳岑里에서였다. 방잠은 나소동羅所洞에 속한 작은 마을이다. 마을 뒷산인 수정봉水晶峰에는 광산 김씨 예안파의 탁청정濯淸亭 김유金綏(1491~1552)의 산소가 있고, 그 뒤에는 그의 셋째 아들 설월당雪月堂 김부륜金富倫

(1532~1599)의 묘가 있다. 김부륜의 묘에서 보이는 조안朝案의 형상은 그야말로 와룡이다. 나는 바로 그곳에서 이 와룡 땅을 왜 와룡이라고 하는지 실감할 수 있었다.

가느실

가느실은 안동시 와룡면 중가구동中佳邱洞에 있는 작은 마을로 세곡細谷이라고 적는다. 글자 그대로 좁은 골짜기다. 와룡면에는 가구동과 중가구동이 있는데 가구佳邱란 '아름다운 언덕'이라는 뜻이니, 이곳 주변의 산세가 험하거나 가파르지 않고 올망졸망한 언덕이 아름답게 펼쳐져 있음을 형용하는 이름이다. 실제로 와룡의 어디를 가더라도 산세가 유순하고 고만고만한 높이의 산들이 마치 언덕처럼 솟아 있기 때문에 곧 친근함을 느낄 수 있다.

〈가느실 지형도〉를 보면 300여 미터에 이르는 봉우리들이 있음을 알 수 있다. 300미터 산이라면 상당한 높이다. 하지만 안동 지방이 원래 우리 나라 지형을 형용하는 경동지괴傾動地塊의 높은 부분인 동쪽에 치우쳐 있기 때문에 체감 높이는 실제 높이에 비해 그리 높지 않다. 게다가 와룡은 넓은 들이 없는 산간 지역이므로 눈에 보이는 봉우리들이 나지막하고 올망졸망하게 느껴진다. 그래서 와룡이라는 미칭을 얻었을 것이다.

〈가느실 지형도〉의 가느실 마을 안에 삼거리가 있다. 아래쪽은 영양英陽 남씨南氏의 집성촌인 남흥리南興里로 가는 길이고, 동쪽은 안동댐 우안右岸에 위치한 동악골로 가는 길이다. 근래에는 길이 포장되어 다니기가 한결 쉬워졌다.

가느실 삼거리에서 동쪽 즉 동악골 가는 길로 500미터를 가면 왼

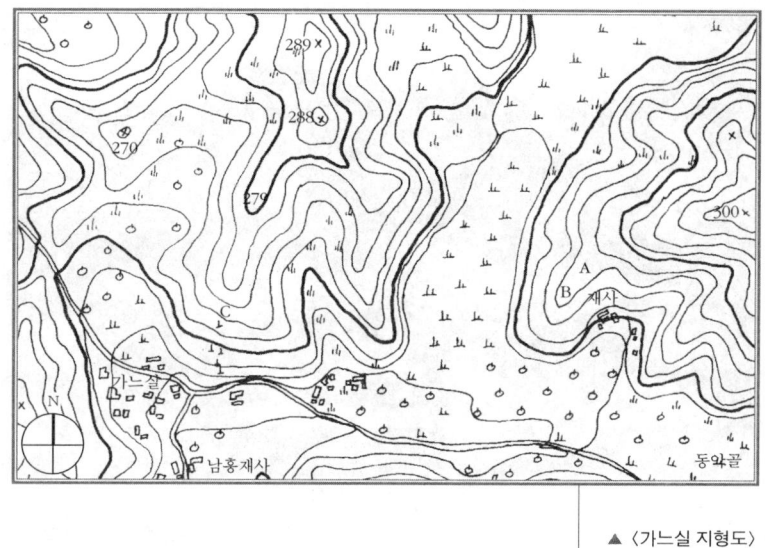

▲ 〈가느실 지형도〉

쪽에 사과밭이 나타나고 밭으로 난 길 끝에 재사가 보인다. 재사 이름이 숭의재崇義齋인데, 재사 앞에는 몇 대의 차가 주차할 수 있는 공간이 있다. 내가 갔을 때는 오월이라 주차장에 냉이꽃이 만발했는데 차바퀴에 깔리는 냉이가 안쓰러웠다.

더도 덜도 말고 딱 이만큼만

김천의 산소는 숭의재 뒤쪽 〈가느실 지형도〉의 A 지점에 있다. 아래의 B 지점에는 그의 둘째 아들인 신령新寧 현감 김영명金永命의 산소가 있다. 마을 사람들은 김천의 산소를 '돌성묘'(石城墓)라

▲ 김천의 산소인 돌성묘

고 부른다. 그 까닭은 산소의 사방을 마치 성벽처럼 돌로 쌓아 놓았기 때문이다. 비록 왕릉의 곡장曲墻처럼 높지는 않지만 산소의 사방을 자연석으로 쌓아 놓은 묘는 아주 드물다. 왜 그렇게 했을까?

　돌성묘는 고려 시대의 무덤 양식이다. 고려 때의 분묘는 아래를 네모나게 다듬고 봉분을 둥글게 만드는데 이런 형식을 상원하방上圓下方 혹은 하방상원下方上圓이라고 한다. 이는 '하늘은 둥글고 땅은 네모지다'는 천원지방天圓地方의 우주관을 반영한 것이다. 사방을 네모지게 돌로 쌓은 점은 고려조의 일반 분묘와 같다. 다만, 다른 분묘는 무덤의 아랫부분에 형식적으로 한두 단을 쌓는 데 반해 이 돌성묘는 더 높이 쌓아 마치 벽 같은 느낌을 준다는 점이 다르다. 이 때문에 돌성묘라는 별칭을 얻게 된 것이다. 내가 본 안동 지방에 있는 무덤 중 돌성묘와 같은 형식의 무덤은 가수내 위에 있는 백죽당栢竹堂 배상지裵尙志(?~1413)와 서후면 교리의 예의판서 권인勸靷과 녹전면 죽송리의 보문관직제학 유극서柳克恕, 그리고 풍천면 구담리의 감사 권집경權執經(?~1415)의 묘인데, 이들은 모두 여말선초麗末鮮初의 인물들이다. 이 가운데 권인의 산소가 돌성묘와 같은 돌혈이다.

'더도 덜도 말고 딱 이만큼만'이라는 수식어에 어울리는 무덤의 크기는 얼마쯤인가? 어느 정도의 크기가 무덤으로서 적당한가를 평가하는 기준은 사람마다 다를 것이다. 내가 처음 돌성묘를 보고 충격을 받은 것은 돌성이나 무덤의 형식 때문이 아니라 바로 그 크기 때문이었다. 가로 610센티미터, 세로 870센티미터인 돌성묘는 너무 아담하여 주머니에 넣어 가지고 다니고 싶을 정도였다.

모든 산소는 느낌이 다 다르다. 하지만 돌성묘를 처음 볼 때의 느낌은 다른 어떤 산소에서 받은 느낌보다 더 선명하게 내 뇌리에 남아 있으며 다시 보아도 그 감동은 줄어들지 않는다. 더구나 이곳은 돌혈이다. 돌혈은 혈처가 주위 사방보다 높은 자리를 가리킨다. 그러므로 돌성묘는 마치 장난감같이 작은 성城이 공중에 떠 있는 듯한 느낌을 준다. 나는 그런 형태와 그런 크기의 돌혈 산소를 한번도 본 적이 없었기 때문에 매우 신기하게 생각되었다. 그리고 바로 이어진 생각이 "아! 산소가 이 정도 크기라면 더할 것도 덜 것도 없겠구나" 하는 것이었다. 지세의 흐름에 따라 이런 크기로 산소를 만든다면 누가 감히 '산소가 국토를 해치는 주범'이라는 주장을 펼칠 수 있겠는가. 이후 나는 쓸데없이 크기만 한 산소를 볼 때마다 돌성묘를 떠올리는 것이 습관처럼 되었다.

현침사

돌성묘는 돌혈이다. 돌혈에 대해서는 이미 하회와 삼구정을 언급할 때 자세히 설명하였다. 그러나 하회는 너무 넓고, 삼구정은 혈처에 정자를 세우고 주변이 논으로 바뀌는 과정에서 원래의 모습이 많이 훼손되었기 때문에 돌혈의 형태를 이해하기 어렵다. 그에 비해 돌성묘가 있는 이곳은 원래의 모습이 고스란히 남아 있기 때문에 돌혈을 이해하는 장소로는 더할 나위 없이 좋다. 그러므로 돌성묘를 더 자세히 관찰해 보자. 그래서 돌혈에 대해 확실한 느낌을 가질 수 있도록 해보자.

돌혈을 판단하는 첫 번째 기준은 혈처가 있는 당판이 사방보다 높다는 것이다. 길을 갈 때나 산에 오를 때 우리 눈에 보이는 대부분의 산소는 산의 경사진 부분이나 능선의 어느 한 지점에 자리잡고 있다. 그 산소들은 대개 앞과 좌우는 낮지만 뒤는 높다. 즉 산소의 뒤쪽이 산소가 자리한 위치보다 높다. 산소의 뒤쪽이라고 하는 지점은 봉분을 둘러싸고 있는 일정한 넓이의 '바로 뒤쪽'을 가리키는데, 이 부분을 '입수도두入首到頭' 또는 '도두到頭'라고 한다. 그리고 도두와 접속되는 용맥을 입수일절룡入首一節龍이라 하는데, 이는 현무봉玄武峰에서 혈장穴場에 이르는 행룡行龍 과정 중 혈에 제일 가까운 마지막 변화 지점에서 혈장의 도두까지를 말한다. 산소 바로 뒤쪽 즉 도두의 뒤가 푹 꺼지지 않으면 삼면은 산소보다 낮게 되지만 뒷면은 산소보다 높게 된다. 그것은 돌혈이 아니라 유혈乳穴이다. 다시 말하면, 돌혈이 되기 위해서는 당판을 제외한 사방이 전부 산소 자리보다 낮아야 하는 것이다. 그러므로 '산소의 뒤쪽 능선이 아래로 푹 꺼져 있는가, 그렇지 않은가'를 살펴보는 것이 돌혈을 판단할 때 처음으로 주의해서 보아야 할 부분이다. 즉 산소 뒤쪽의 일정 지점에서 입수도두 지점을 바라볼 때, 산소로 들어가는 내룡來龍이 산소가 있는 지점을 향하여 위로 솟구치는 형상을 하고 있으면 이를 '비룡飛龍' 또는 '비룡입수飛龍入首'라고 한다. 이렇게 능선의 형태가 비룡을 이루면 우선 돌혈일 가능성이 높다.

그렇기 때문에 혈상穴象에 대한 경험이 적은 사람들은 산소가 높직한 곳에 자리잡고 있거나 산소가 사방보다 높은 자리에 있는 경우, 즉 산소의 뒤가 비룡처럼 되어 있으면 바로 돌혈이라고 판단하기 쉽다. 그러나 그것은 틀린 판단이다. 산소 뒤쪽이 낮다고 해서 돌혈이 되는 것은 아니다. 산소 뒤쪽이 낮아 마치 돌혈처럼 보이는 유혈 산소도 드물지 않게 찾아볼 수 있다. 우리는 삼구정이 있는 풍산읍 소산리의 역골에서 이미 그런 산소를 보았다. 바로 김계권金係權의 산소가 돌혈처럼 도두 뒤쪽이 낮아 비룡의 모습을 하고 있는 유혈인 것이다. 오토산에 있는 김용비의 산소도 높은 곳에 있다는 점을 제외하면 돌혈의 특징을 갖고 있지 않다. 더구나 뒤쪽도 낮지 않으므로 그곳은 틀림없는 유혈이다.

비룡입수가 된 당판에서 돌혈인지 아닌지를 판단하는 두번째 기준은 현침사懸針砂이다. 현침사야말로 돌혈임을 증명하는 확실한 증거이다. 현침사는 돌혈 당판에 달려 있는 작은 능선으로, 마치 거북의 다리처럼 당판을 받치고 있다. 말만 들어서는 이해하기 어려우나 직접 가서 보면 단번에 알 수 있다. 돌성묘에는 두 개의 현침사가 있다. 산소의 봉분을 중심으로 오른쪽 앞과 왼쪽 뒤에 있다. 두 개만 있다고 실망하거나 부족하다고 여겨서는 안 된다. 실제의 거북도 다리는 잘 펼치지 않는 법이다. 더구나 사람이 육안으로 볼 수 있는 상태의 거북은 더욱 그렇다. 그러므로 현침사가 있으면 돌혈이라고 판단해도 된다.

하지만 세상일이 다 그렇게 쉽지 않듯이 돌혈에 현침사가 없는 경우도 있다. 마치 거북이 다리를 오므리고 있는 것처럼. 하회가 그렇다. 그럼 어떻게 해야 하는가? 느낌으로 알 수밖에 없다. 느낌을 무시해서는 안 된다. 모든 공부의 마지막은 결국 느낌의 강약으로 승부가 나는 법이다. 첫눈에 땅을 알았다는 말은 사기이거나 진정한 고수의 말, 그 둘 중의 하나이다. 고수가 되면 느낌만으로도 알 수가 있다. 그러나 그렇게 되기 위해서는 끊임없이 노력해야 한다. 대개의 경우 느낌은 노력 이후에 찾아오는 법이다. 처음부터 느낌만으로 알았다고 말하는 사람은 십중팔구 사기꾼이다. 우리는 그런 유의 사람들을 심심찮게 보아왔지 않은가?

더도 말고 덜도 말고 거북의 등 같다는 느낌이 드는 곳이 돌혈이다. 너무 도드라지게 볼록하면 유혈이다. 완만하게 두둑하여 거북 등 같은 곳, 그곳이 바로 돌혈이다. 돌성묘에서 현침사를 확인하고 난 뒤 앞쪽에 있는 김영명의 산소를 관찰하고 다시 돌성묘로 돌아와 봉분에 서 보면 그곳이 거북의 등이고 김영명의 산소 자리가 머리라는 느낌이 강하게 들 것이다. 느낌은 나만이 아는 사실이다. 느낌이 강하게 들면 돌혈에 대한 이해가 된 것이고 약하다면 더욱 열심히 답산을 해야 한다. 공부가 얼마만큼 되었는지는 자기 자신이 가장 잘 아는 법이다. 고수는 어떤 이가 얼마만큼의 공부를 했는지 눈감고도 알 수 있다. 고수는 낭중지추囊中之錐[17]요, 하수는 일일지구一日之狗[18]인 법이다.

---

17) '주머니 속의 송곳'을 말한다. 유능한 사람은 숨어 있어도 자연히 그 존재가 드러나게 됨을 뜻한다.
18) 하룻강아지

석물동 산소

가느실 마을의 중앙, 〈가느실 지형도〉의 C 능선에는 다섯 기의 산소가 있는데 바로 순흥順興 안씨安氏[19]의 산소이다. 그런데 안씨 사람들은 이 산소를 '석물동 산소'라고 부른다. 그 이유를 알기 위해서는 산소에 직접 올라가야 한다. 능선을 따라 넓게 자리잡은 석물동 산소는 산소가 차지한 땅의 힘도 크거니와 그 규국規局도 일반 산소에 비해 매우 넓다. 그러나 산소의 크기나 넓이보다도 보는 이의 시선을 사로잡는 것은 잘 정비된 석물石物이다. 축대를 비롯하여 향로석·상석·망주·문인석 등 그 어느 것 하나 소홀한 점이 없다. 크기도 하거니와 석질石質도 훌륭하고 다듬은 솜씨도 뛰어나다. 아마도 그런 까닭에 석물동 산소라 부르게 되었을 것이다.

왜 그렇게 산소를 치장했을까? 그곳의 석물은 지나치다는 느낌이 들 정도이다. 요즘에 일부 몰지각한 사람들이 조성하는 호화 분묘처럼 남들에게 과시하기 위해서일까? 아니다. 석물동 산소의 석물에는 애절한 사연이 있다. 그 산소의 주인공은 동고東皐 안제安霽(1538, 중종 33~1602, 선조 35)이며, 사연의 주인공은 그의 셋째 부인 안동 권씨이다.

와룡면의 가구佳邱에 처음으로 들어온 순흥 안씨는 장사랑將仕郞 안선손安善孫으로 그가 자리잡은 곳이 중가구동에 있는 밤실이다. 그리고 안선손의 손자 헌납獻納 안수安琇(1489~1546)가 밤실에서 남쪽으로 언덕 하나를 넘어 개척한 마을이 가느실이며, 안제는 안수가 쉰 살에 낳은 아들이다. 석물동 산소 아래에는 안제와 부인

---

19) 순흥 안씨는 고려 시대의 文成公 晦軒 安珦(1243~1306)이 시조이다. 그는 문묘에 배향된 '동방 18현'의 한 분으로 우리 나라 주자학의 선구자이다.

▲ 석물동 산소의 조안

의 산소가 있고, 그 위에는 안수와 그 부인의 산소가 있다.

안제는 일찍이 백담柏潭을 스승으로 모시고 있었는데, 한 살 아래인 회곡晦谷 권춘란權春蘭(1539~1617)[20]이 백담의 문하로 들어오게 되면서 각별한 교우를 맺게 되었다. 안제는 신유년(1561)에 사마시에 합격하고 경진년(1580)에 문과에 급제하여 사헌부 감찰·형

---

20) 권춘란은 성품이 介潔하고 배움을 좋아한 선비이다. 23세에 사마시에 합격하고 35세에 문과에 급제하였다. 여러 관직에 제수되었으나 대부분 사양하고 부모를 모시기 위해서 外職을 자청하였다. 정해년(1587)에 부친상을 겪고 임진왜란 때는 안동에서 의병 활동을 하였다. 신축년(1601)에 청송 부사로 부임한 지 3개월 만에 모친상을 당하자 세상에 미련을 끊고 산림에 은거하여 독서와 강학으로 일생을 마쳤다. 그가 만년을 보낸 집, 회곡 고택이 청송군 청기면 기포리에 남아 있는데 매우 외진 곳이다. 그와 그의 아버지 참봉 權錫忠 및 관찰사인 아들 權泰一의 산소가 와룡면사무소 뒤 台洞 지리산에 있는데 권석충 산소의 석물을 다듬은 솜씨가 석물동 산소와 거의 같다. 권씨 부인의 뜻을 받아들인 권춘란이 안제의 산소를 조성할 때 같은 석공에게 일을 시킨 듯하다.

조좌랑을 거쳐 신묘년(1591)에 충청도사에 배명拜命되었다. 또한 그는 임진왜란 때에는 가산을 기울여 군대를 도왔으며 계사년(1593)에는 용궁현감으로 재직하면서 전쟁에 시달린 백성들을 자식처럼 보살펴 많은 치적을 남겼다. 그러다가 권신權臣 이이첨李爾瞻(1560~1623)의 미움을 받게 되자 스스로 벼슬을 버리고 가느실로 낙향하여 '영모루永慕樓'를 짓고 소요자적하다 예순다섯 살에 세상을 떠났다.

그런데 안제에게는 후사後嗣가 없었다. 부인을 셋이나 맞았지만 후사를 얻는 데는 실패하여 동생 안담安霮의 아들을 양자로 들였다. 안제가 세상을 뜰 때의 상황이 권춘란이 지은 갈명碣銘에 드러나 있다.

> 부인 권씨가 집에 있으면서 상례와 장례를 다스리고 또 비석을 세워 (동고의 행적과 산소가 영원토록) 없어지지 않을 것을 도모하였다. 세 부인이 모두 자식이 없어 동생 담의 아들 경엄景淹을 후사로 삼으니 나이 겨우 여덟 살인데 상복을 입고 있으니 사람들이 모두 애통해 하였다.[21]

후사가 없어 양자를 들인 집안이 어찌 한두 집안이겠는가? 하지만 권씨 부인은 그것을 뼈저리게 여겨 시아버님 아래에 지아비를 모신 뒤 가산을 기울여 묘역을 단장하고 석물을 장대하게 설치하여 이승에서 풀지 못한 자신과 지아비의 한을 달랬던 것이다.

늙은 무덤

가느실에서 자그마한 돌성묘와 장대한 석물동 산소를 둘러보았

---

21) 夫人權氏在家營喪葬, 且立碑以圖不朽. 三室皆無子, 以弟霮之子景淹爲後, 年甫八歲, 猶服喪人皆哀之.

다. 모든 사람의 삶에는 저마다의 색과 향이 있듯이 모든 산소에도 그 나름의 의미가 있다. 그러나 뒷사람들에게 기억될만한 삶의 흔적을 남기는 사람이 과연 천에 하나일까 만에 하나일까? 오래 보존된 '늙은 무덤'은 우리에게 무슨 이야기를 들려주는가? 나는 박남준의 다음 시 한 수로 마음을 달래며 가느실을 뒤로한다.

누구의 깊은 잠인가 무덤이 늙었다
서릿발의 늦가을 꼼지락꼼지락
가을꽃들 게워 내며 남은 햇볕에 꾸벅이는
무덤이 늙었다 살아서는 자식들에 죽어서는
저 풀꽃들에 자리 다 내어 줘도 품안이 모자라다
어디에선가 오래 전 살던 이 먼길 떠나고
홀로 흔들리던 낡은 집 풀썩 무너져 가는 소리
잊혀진다는 것은 얼마나 눈물나는 것이냐
전생의 어느 아득한 이름을 부르며 나를 여기 이끌었나
저 늙고 잔등 헐은 무덤에 내 등을 내밀며
한세상 훌쩍 건너고 싶다.[22]

---

22) 박남준, 「늙은 무덤」, 『다만 흘러가는 것들을 듣는다』

5. 이해 산소
— 온전한 거북 한 마리

온계

　온계溫溪는 안동시 도산면 온혜리 앞을 흐르는 시내 이름이다. 우리가 흔히 볼 수 있는 것과 하나도 틀릴 것이 없는 아주 작고 평범한 시내다. 너무 작아서 안동 사투리로 그냥 거랑(도랑, 개울)이라고 부르는 것이 더 나을 정도다. 그러나 그 시냇가에 살던 사람이 시내의 이름을 따서 자신의 아호로 삼은 뒤부터 온계는 그 사람을 상징하게 되었다.

　그는 누구인가? 이해李瀣[1](1496, 연산군 2～1550, 명종 5)이다. 내 경험에 의하면 안동에서도 이해를 알고 있는 사람은 드물다. 나도 그의 이름을 언젠가 들어 본 적은 있는 것 같은데 곧 잊어버리고 말았다. 그러다 『안동의 분묘』(안동문화원, 1994)에 실려 있는 114개의 산소를 섭렵하면서 이해의 묘소를 만나게 되었다. 그리고 나는 충격을 받았다. 그것은 산소 때문이었다.

　이해의 산소는 땅의 형태가 거의 온전한 '한 마리 거북'의 모습을 하고 있었다. 머리와 목 거기에 네 개의 다리에 꼬리까지! 더구나 꼬리를 길게 끌며 산에서 내려와 목을 쭉 뽑고 물을 마시고 있는 형상을 하고 있었다. 네 다리를 귀갑龜甲 아래에서 빼내었으니 거북은 자신의 모습을 남김없이 보여주고 있었다. 그야말로 노귀예미老龜曳尾・영귀하산靈龜下山에 영귀음수靈龜飮水이다.

　그러면 이 거북 명당의 주인공인 이해는 누구인가? 그는 퇴계退

---

1) 자전에 보면 瀣자는 '이슬 기운, 바다 기운, 북쪽 바다의 기운' 등을 뜻을 가지고 있다. 그런데 이 글자는 僻字이다. 사서삼경에는 물론이고 『예기』와 『춘추좌씨전』에도 나오지 않을 뿐더러 『노자』와 『장자』에도 나오지 않는다. 그런데 이 글자는 『초사』에 나온다. 아마도 『초사』에 나오기 때문에 기억되는 글자가 아닐까 싶다.

▲ 이해 산소

溪 이황李滉(1501, 연산군 7~1570, 선조 4)의 친형이다. "수양산 그늘이 강동 80리를 간다"는 속담이 있다. 영향력이 먼 데까지 미치는 것을 이르는 말로 어떤 한 사람이 크게 되면 친척이나 친구들까지 그 덕을 입는다는 뜻이다. 안동에서 가장 큰 영향력을 가진 인물은 누구인가? 물어볼 것도 없이 이황이다. 그의 영향력은 그가 살던 시대에만 그랬던 것이 아니라 오늘날의 시대에도 여전하다. 아니, 어쩌면 점점 더 커지고 있는지도 모른다.

그러므로 이황의 후손뿐만이 아니라 어떤 식으로든 이황의 영향력을 입을 수 있었던 사람들은 이황이 있음을 무척 다행으로 여겼다. 그러나 반드시 그런 것만은 아니다. 수양산과 같은 인물 때문에 엄청나게 괴로운 사람도 있는 법이다. 이를테면 수양산보다 작은 산들에 비유되는 사람들이 그러하다. 수양산만 없다면 그들도 우뚝한 산이련만 너무 큰 수양산의 그늘에 가리워 그 존재조차 희미해지고 만 것이다. 영화 〈아마데우스(Amades)〉를 보고 난 뒤 나는 그들을 '살리에리'(Salieri)라 불렀으며, 그 심적 상태를 '살리에리즘'(salierism)이라 명명했다.

이해는 강직하고 청렴한 학자요 목민관牧民官이었다. 사람들은 이해와 이황을 가리켜 금곤옥우金昆玉友 즉 '금쪽같은 형과 옥돌같은 아우'라 칭송했다. 그러므로 이해는 살아 생전에 살리에리즘에 시달리지는 않았을 것이다. 하지만 오늘날의 사람들은 이해를 기억하지 못한다. 아우인 이황의 그늘에 가리운 탓이 아닐까? 이황의 형이라고 해야 '아!' 하는 감탄사와 함께 그제야 이해의 존재를 인식한다. 그러므로 어떤 의미에서 이해는 살리에리다. 이제 이해가 어떤 인물인지 그가 나서 자라고 또 그의 산소가 있는 안동시 도산면 온혜리로 가보자.

예안길

가느실에 있는 도만호都萬戶 김천金洊의 산소를 구경하고 나서 돌아나와 합강교에서 우회전하여 35번 국도를 타고 태백과 도산서원 쪽으로 가는 길을 나타내는 도로 표지판을 지나면 와룡면사무소가 나타난다. 그곳에서 우리의 목적지까지는 약 18킬로미터 정도인데, 굽은 길을 직선화하는 도로 선형 개량 공사 때문에 정확하지는 않다. 면사무소를 지나 약한 오르막길을 가다보면 도로에서 보이는 좌우의 능선들이 와룡 같다는 느낌이 들 것이다. 이어서 와룡 중학교(4.1km)가 보이고 내리막길을 따라 5.3킬로미터 가면 가야리佳野

리 표지석이 있다. 표지석이 서 있는 작은 길을 따라 고개를 넘으면 '눌실'이라 부르는 눌곡訥谷이 나타난다. 눌실은 안동 권씨 부정공파 눌실입향조 호양湖陽 권익창權益昌(1562~1645)이 병란을 피하기 위해 자리를 잡은 곳이다. '부정공세려副正公世廬'라고 편액한 종택 바로 뒤에 권익창의 산소가 있다. 10여 호의 자그마한 마을이지만 종택도 구경하고 산소도 볼 겸 한번 들러보기를 권한다.

가야리를 지나 왼쪽으로 오룡 초등학교가 폐교되어 바뀐 예절 학교가 있는 감애를 거쳐 녹전祿轉으로 가는 갈림길을 통과한 8.9킬로미터 지점의 커브 길에 '이사' 표지석이 있다. 거기에서 1시 방향으로 보이는 산 중턱에는 여러 채의 고가古家가 밀집해 있다. 그곳이 오천烏川 군자리君子里이다. 왜 그런 고가들이 즐비한지, 고택들의 주인은 누구이며 어떤 사람들이었는지에 대해서는 뒤에 자세하게 알아볼 때가 있으니 지금은 그냥 지나치기로 한다.

10.3킬로미터 지점에 안동댐의 물이 보이는데 그곳은 한때 안동댐에서 가장 유명한 낚시터였다. 자세히 살펴보면 물 속으로 이어져 있는 흔적마저 희미한 길을 찾을 수 있다. 만약 그곳에 길이 있다는 것을 미리 알지 못한다면 그 희미한 흔적을 길이라고 생각하지 못했을 것이다. 그런데 댐의 수위가 낮아져 바닥이 드러나면 옛길과 함께 그 길에 걸려 있던 다리가 모습을 드러내곤 한다. 길이 사라진 그 물 속이 지난날 예안인 것이다.

한 구비를 돌면 예안교禮安橋가 있다. 예안교는 와룡면과 도산면의 경계 지점이었고 다리 아래 오른쪽으로 보이는 넓은 물 밑은 지난날 예안면 면소재지였다. 물 속에 잠긴 그곳, 예안은 한때 예안 특별시로 불리던 특별한 고을이었다.

물에 잠겨 고향을 잃어버린 사람들의 아픔을 내가 나서서 이러쿵

저러쿵 말하고 싶지는 않다. 안동에는 그런 사람들이 아주 많고 또 그들이 살았던 이곳 낙동강 상류는 우리 나라에서도 가장 아름다운 곳이었다. 더구나 그곳에서 대대로 살아온 가문들은 한때 전 영남을 대표하는 집안이었다. 삶터를 모조리 물 속에 묻어 두고 조상의 산소를 면례緬禮한 뒤 남아 있는 많은 유적 중 일부를 여기저기에 옮긴 그 가문들의 쓰라림은 생활이 좋아지면 좋아질수록 더한 법이다. 도산 길의 오른쪽에는 그러한 슬픔들이 녹아 강으로 흐르고 있다.

도산길

예안교를 지나면 행정구역상 도산면이다. 다리를 건너자마자 만나는 고갯마루에 올라서 보면 눈 아래로 도로 표지판과 검문소가 보인다. 검문소를 지나면 가파른 오르막길의 오른쪽에 언덕을 절개하여 조성해 놓은 마을이 있다. 그 마을이 물에 잠긴 예안 주민 중 일부가 이주한 서부동이다. 서부동과 도로 왼쪽에 있는 한국국학원 건물을 지나 시작되는 내리막길의 오른쪽, 정확하게 13.3킬로미터가 되는 곳에 아래로 내려가는 작은 길이 있다. 그러나 내려가는 길의 중간쯤에 있는데다가 작은 길이어서 차의 속도를 줄이고 주의 깊게 살피지 않으면 그냥 지나치기 쉽다. 그 작은 길 끝에 '예안 향교'가 있다.

향교를 지나 새로 놓인 다리를 건너 14.5킬로미터 지점에 다다르면 오른쪽으로 들어가는 갈래길 아래에 '다래' 표지석이 있다. 그 길로 한번 들어가 보기를 권한다. 거의 산의 정상 부위로 난 길의 여러 지점에서 북쪽을 보면 도산서원이 마치 작은 집처럼 보인다. 도산서원만이 아니다. 도산면의 경계를 이루는 건지산騫芝山(559m) · 청량산淸凉山(870m)·용두산龍頭山(661m)·국망봉國望峰(481m)·영지산靈芝山(444m)까지 눈 아래로 볼 수 있을뿐더러 만수滿水 때면 막강한 안동댐의 물을 볼 수 있고 갈수渴水 때는 도산의 원래 모습을 짐작할 수 있다. 다래로 가는 길이 나 있는 산이 바로 부용봉芙蓉峯이다.

'다래'를 한자로는 월천月川이라고 쓰는데, 이는 '달내'를 한자로 옮긴 것이다. 달빛 가득한 내! 초승달에서 상현달·보름달·하현달을 거쳐 그믐에 사라졌다가 다시 소생하는 달처럼 온갖 변화가 구비마다 서려 있는 내(川)가 달내인 것이다. 내가 처음 안동에 온 것은 1981년이었다. 이미 안동댐이 완성되어[2] 그 옛날의 다래는 찾아볼 수 없었다. 물론 앞으로도 영원히 못 볼 것이다. 그러나 나는 달내가 '달같고 달빛 가득한' 내라고 굳게 믿고 있다. 어디 꼭 직접 봐야만 아는 것은 아니지 않은가?

다래길의 끝에 몇 가구의 집이 있고 월천月川 조목趙穆(1524~1606)이 세운 월천서당月川書堂이 있다. 원래 그곳에 있던 마을의 이름은 월천인데, 조목의 호가 월천이므로 선현을 존중하는 뜻에서 마을 이름을 바꿔 달애, 월애月涯라고도 불렀다고 한다. 조목은 특별한 인물이었다. 관향은 횡성橫城으로, 나이 열다섯에 이황 문하에 나아간 뒤 일체의 벼슬을 하지 않고 평생 학문에만 정진하였다.

---

[2] 안동댐은 1971년 4월에 건설을 시작하여 5년 6개월이 지난 76년 10월 28일에 완공된 사력댐이다. 안동에 있는 또 하나의 댐, 임하댐은 1984년 12월에 축조하기 시작하여 장장 10년 6개월이 경과된 95년 5월 13일에 완공되었다. 안동댐보다 작은 임하댐은 10년이나 걸려서 준공됐는데 왜 안동댐은 그 반 정도의 시간밖에 걸리지 않았을까? 여러 이유 중에서 분명한 것은 수몰민에 대한 배려를 거의 하지 않아 다리와 도로를 개설하지 않고 수몰 문화재에 대한 보존 역시 생각하지 않았다는 것이다. 그 결과 안동댐 주변에는 고립무원의 마을들이 많이 생겨났고 귀중한 문화재가 다시는 돌아오지 못할 곳으로 떠나갔다.

이황이 세상을 떠난 후, 기라성 같은 문인들이 한결같이 조목이 상례를 집전할 것을 청하여 상례를 주관하였으며, 3년 동안 시묘를 하고 이황의 『언행총록言行總錄』을 지었다.

월천서당의 연륜을 묵묵히 보여주는 것은 오랜 은행나무이다. 자그마한 서당의 왼쪽에 걸려 있는 '월천서당月川書堂' 편액(160cm×60cm)은 이황의 친필이다. '월月' 자의 위치 때문일까? 편액은 묘한 분위기를 풍긴다. 관리하는 분께 부탁하여 서당 마루에 들어설 수 있었는데, 그곳에는 엄청나게 크고 반듯하고 힘있는 해서체의 '시재是齋' 편액(120cm×70cm)이 걸려 있다. 조목이 추구한 배움의 길과 삶을 한 글자, '시是' 로 표현한 듯하다.

월천서당 왼쪽에는 작은 계곡이 있다. 계곡 건너에 은행만큼이나 나이를 먹었을 느티나무가 있는데 그 아래에 곧 무너질 듯이 퇴락한 집이 있다. 그 집이 바로 '겸재謙齋'로, 조목의 동생 조정趙頲이 지은 정자이다. 상량에 1975년에 중건했다고 씌어 있는데 관리를 하지 않은 탓에 벌써 집 모습을 잃어 가고 있으니 참으로 안타깝다. 향산響山 이만도李晩燾가 쓴 「기문」을 보면 겸재의 '겸謙'은 『주역』의 겸괘에서 따온 이름이다. 형제가 서로 다정하게 이곳 다래에서 세속의 명리를 좇지 않고 배움을 추구한 모습이 눈에 잡힐 듯한데, 퇴락해 가는 건물에 겹쳐지는 그들 형제의 모습이 애처롭게 느껴진다.

다래길은 마을 앞에서 물 속으로 사라진다. 강의 맞은편은 부포浮浦로, 이름처럼 나루가 있는 곳이다. 다래길이 끝나는 이곳은 안동댐의 상류이기 때문에 가끔씩 바닥이 드러날 때가 있다. 그럴 때면 걷거나 차로 부포까지 갈 수 있다. 부포에는 이황의 문인인 성재惺齋 금난수琴蘭秀(1530~1604)의 종택인 성성재惺惺齋가 있다. 댐 때문에 새로 낸 도로가 종택 대문 앞을 지나는데 종택 아래에 작은

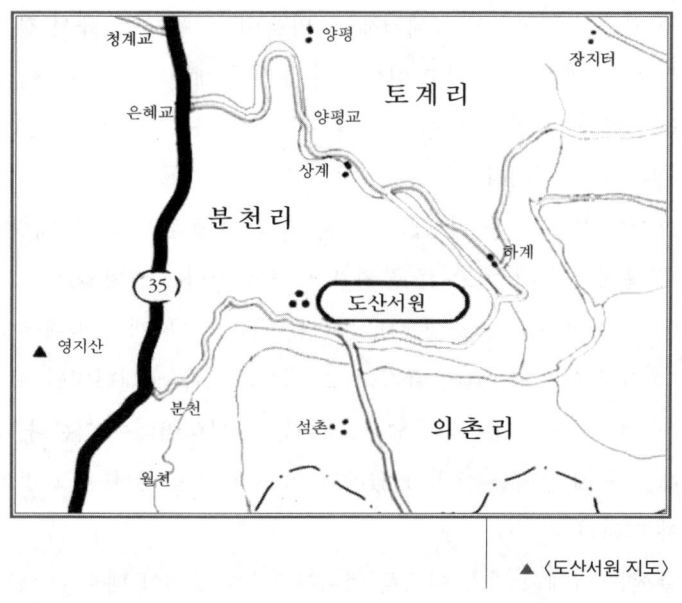

▲ 〈도산서원 지도〉

개울을 앞에 둔 정자 성재惺齋가 있다. 개울과 주변의 바위에는 임경대臨鏡臺·활원당活源塘·풍호대風乎臺 글씨가 단정한 해서로 새겨져 있다. 성재 안으로 들어서면 월천서당에서 본 것과 비슷한 크기의 '성재' 편액이 걸려 있는 것을 볼 수 있다. 이제 이쯤에서 〈도산서원 지도〉를 살펴보자.

다래를 돌아 나와 다시 35번 국도를 타고 가다 보면 고개 위 (15.4km)에 '분천리' 표지석이 있고 오른쪽 아래에는 집 몇 채가 있는 것을 볼 수 있다. 그 마을 아래로 보이는 곳이 '부내' 즉 분천汾川이다. '분汾'은 많은 물이 빙 돌아서 흐르는 모양을 형용한 글자이다. 부내는 농암聾巖 이현보李賢輔(1467~1555)를 비롯한 영천永

川 이씨들이 600년 이상 세거해 온 마을이다. 이제 그 유서 깊은 마을은 물 속에 깊이 잠겼고 이현보의 유적인 애일당愛日堂만이 부내를 외면한 채 분천 마을 아래에 외로이 서 있다. 그래서 우리가 가는 이 길은 슬픈 길이다.

그래도 부내는 꼭 가 봐야 한다. 마을 아래로 난 길을 내려가면 길 왼쪽에 바위가 있고 큰 글씨가 새겨져 있다. '농암聾巖', '선생先生', '정대亭臺', '구장舊庄'이라는 글자가 네 개의 바위에 나뉘어 새겨져 있는 것이다. 글자의 크기는 가로가 60센티미터 이상이며, 세로는 100센티미터가 넘고, 깊이는 10센티미터에 이른다. 암각서에는 원래 남다른 아취가 있지만 이렇게 큰 암각서는 그 멋의 깊이가 더하다.

글씨는 크게 쓰기가 어려운 법이다. 작은 글씨야 대강(?) 써도 모양이 나지만 큰 글씨는 전혀 그렇지 않다. 큰 글씨를 멋있게 쓰기는 아주 어렵다. 또 서체는 흔히 정자正子라 부르는 해서楷書가 가장 쓰기 어렵다. 나는 서예를 배우지는 않았지만 들은 풍월은 있다. 서예에 입문하면 맨 먼저 배우는 서체가 해서라고 한다. 하지만 사실상 해서는, 자신의 글씨가 나름의 격을 얻었다고 판단한 서예 대가가 마지막으로 그 경지를 확인하기 위해 온 정성과 실력을 다하여 쓰는 글씨체이다. 그러므로 우리에게 가장 익숙한 해서인 『한석봉천자문』이야말로 비록 모간摹刊일망정 석봉石峰 한호韓濩(1543~1605)가 쓴 글씨의 결정체라 할 수 있다. 농암 각자는 단정한 해서이다. 그런데 자세히 보면 글씨의 힘이 살아 있음을 느낄 수 있다. 글씨를 새긴 석공石工의 실력이 상당함을 알 수 있다. 비록 제자리를 떠나 쪼개지고 흩어졌지만 농암 각자에는 드높은 멋이 있다.

각자 위에 '애일당愛日堂'이 있다. 이현보의 산소는 안동시 예안면 신남리, 속칭 정자골에 있다. 엄청난 오지에, 그것도 매우 높은 곳에 있는 그의 산소는 이후 소개할 기회가 있을 것이다. 애일당을 비롯한 그의 행적 역시 이현보의 산소를 소개할 때 자세히 살펴보기로 하고 우선 부내로 내려가 보자. 부내로 내려가는 길의 끝은 차량이 더 이상 들어가지 못하도록 막아 놓았다. 차를 세우고 그 아래로 내려가면 도산서원과 시사단試士壇을 비롯하여 이황이 『도산잡영陶山雜詠』에서 설명하고 읊은 풍광들이 한눈에 들어온다.

『도산잡영』

부내를 지나 한 굽이를 돌면(16.3km) 도산서원으로 들어가는 길이 있다. 도산 길을 가면서 도산서원을 지나칠 수는 없지 않은가? 더구나 나는 풍수학인이라 이황이 손수 고른 도산서당陶山書堂의 자리가 궁금하여 몇 번이나 다시 가 보았다. 그러나 도산서당 자리에 대한 내 설명을 듣는 것보다는 〈도산서원 지도〉를 보면서 이황의 설명을 직접 듣는 게 더 나을 것이다.

영지산의 한 지맥이 동쪽으로 뻗어서 도산을 이루었다. 어떤 이는 그 산이 다시 산을 이루어 도산이 되었다고 하고, 또 어떤 이들은 산중에 오래전부터 기와를 굽는 가마가 있었기 때문에 도산이라 하였다고 한다. 산의 됨됨이가 너무 높지도 크지도 않은데 살 자리는 넓고 기세가 뛰어나며 차지한 자리가 치우치지 않아 그 곁의 봉우리들과 골짜기 그리고 시내가 마치 이 산을 빙 둘러싸고 읍하는 듯하다.
도산의 왼쪽 자락이 동취병이고 오른쪽이 서취병인데 동병은 청량산 지맥이 동쪽으로 내려와 산의 동쪽에 이르러 아늑한 봉우리들을 세워 놓았고 서병은 영지산 지맥이 서쪽으로 올라와 산의 서쪽에 다다라 우뚝한 봉우리들을 솟구쳐 놓았는데 병풍 같은 두 개의 산줄기가 서로 마주보며 남쪽으로 잇달아 뻗어 가다가 8, 9리쯤에서 빙 돌아 동병은 서쪽으로, 서병은 동쪽으로 이어져 아득한 들녘의 바깥에서 합해진다.

도산의 뒤를 흐르는 물이 퇴계, 남쪽 물이 낙천인데 시내가 산의 북쪽을 따라 흐르다가 동쪽에서 낙천으로 들어간다. 낙천이 동병에서 서쪽으로 달려가 산 발치에 이르면 출렁이고 넘실거려 배를 띄울 수 있을 정도로 깊은 물이 몇 리를 흐르는데 냇가의 모래는 금빛으로 빛나고 맑고 검푸른 물이 머무는 곳이 탁영담이다. 서쪽으로는 서병의 절벽에 닿았다가 드디어 남쪽의 넓은 들을 지나서 부용봉 아래로 들어가는데 부용봉이 바로 서병이 동쪽으로 이어져 합쳐지는 곳이다.[3]

위의 글은 이황이 이곳에 거처를 마련한 뒤 읊은 18수의 시, 『도산잡영』 「서문」의 첫머리 부분이다. 이황이 도산서당 3칸과 농운정사隴雲精舍 8칸을 조성하는 데 걸린 시간은 무려 5년이다. 그의 나이 쉰일곱이 되던 1557년에 시작하여 1561년에 끝마쳤으니, 이후 이곳에 거처하며 제자들을 가르친 기간은 8년여이다.

지금의 도산서원은 동병의 허리를 잘라서 낸 길로 들어가기 때문에 예전의 운치를 맛볼 수 없다. 하지만 서원 입구에 있는 매표소 건너의 '추로지향鄒魯之鄕' 석비 뒤로 나가면 서병을 볼 수 있고, '천광운영대天光雲影臺'에서 앞쪽을 바라보면 동서병이 이루어내는

---

3) 『陶山雜詠』, 「序文」, "靈芝山一支東出, 而爲陶山, 或曰, 以其山之再成, 而名之曰陶山也. 或云, 山中舊有陶竈, 故名之以其實也. 爲山不甚高大, 宅曠而勢絶, 占方位不偏, 故其旁之峰巒溪壑, 皆若拱揖環抱於此山然也. 山之在左曰東翠屛, 在右曰西翠屛, 東屛來自淸涼, 至山之東, 而列岫縹緲, 西屛來自靈芝, 至山之西, 而聳峰巍峨, 兩屛相望, 南行逶邐, 盤旋八九里許, 則東者西, 西者東, 而合勢於南野莽蒼之外. 水在山後曰退溪, 在山南曰洛川, 溪循山北, 而入洛川於山之東, 川自東屛而西趨, 至山之趾, 則演洋泓渟, 沿泝數里間, 深可行舟, 金沙玉礫 淸瑩紺寒, 卽所謂濯纓潭也. 西觸于西屛之崖, 遂竝其下, 南過大野, 而入于芙蓉峰下, 峰卽西者東而合勢之處也."

경치와 서로 만나는 지점도 볼 수 있다. 서원 정문에서 동쪽으로 난 길을 따라 왼쪽 절벽에 서면 발 아래로 낙천이 옛 모습 그대로 흐른다. 또 서원 앞을 흐르는 낙천은 안동댐의 최상류에 속하므로 물이 줄면 걸어서도 건널 수 있고 물이 많을 때는 나룻배를 운영하기도 하므로, 뜻이 있다면 시사단試士壇도 구경하고 물에 잠긴 들판에서 서원 좌우를 둘러보면 이황이 보았던 도산의 정취도 느낄 수 있을 것이다.[4] 도산의 산수山水를 기리며 『도산잡영』 첫 수인 「도산서당」을 감상해 보자.

순임금 몸소 질그릇 구우시니 즐겁고도 편안했네.	大舜親陶樂且安.
도연명도 손수 밭갈이하며 환한 얼굴 지었도다.	淵明躬稼亦歡顏.
성현의 심사를 내가 어찌 얻을 수 있겠는가.	聖賢心事吾何得.
흰머리 이고 돌아왔으니 산수 즐김을 시험하리라.	白首歸來試考槃.

병약한 이황이 세상에 나아가 뜻을 펴기보다는 산림에 은거하여 학문을 연마하고자 한 열망은 그가 지나온 삶의 곳곳에서 선명하게 드러난다. 이순耳順이 넘어서야 고반考槃[5]의 뜻을 이루고 복거卜居하여 읊은 『도산잡영』에는 그가 지향하고자 한 것이 무엇인지 분명하게 드러나 있다.

풍수에서 말하는 인걸지령人傑地靈 즉 좋은 땅이 훌륭한 인물을

---

4) 어쩌면 도산서원에서보다도 도산서원 부근의 산세와 물길을 감상하기에 더 좋은 지점이 부내일 것이다. 부내는 내려가기도 쉽고 도산서원에 가는 길목에 있으므로 부내에서 『도산잡영』에 묘사된 지점이 어디인지를 찾아보는 것은 각별한 즐거움이 아닐 수 없다.

5) '考槃'은 『詩經』 「衛風」에 나오는 말이다. 주희는 '考는 成, 槃은 槃桓'이라고 보아 '은거하는 집을 완성했다'는 뜻으로 풀었다. 대개 '명리를 떠나 유유자적하는 삶'을 가리킨다.

낳는다는 말은 틀릴지도 모른다. 하지만 훌륭한 인물이 땅을 더욱 영광스럽게 만드는 것은 분명하다. 이곳 도산의 신령한 기운 때문에 이황이 태어난 것은 아니라 하더라도 도산이 이황 때문에 더욱 영광스럽게 된 것은 확실하다. 그렇다고는 하나 이황이 없었다 하더라도 도산의 산수가 뛰어나다는 사실이 바뀌지는 않는다. 이 점에 대해서는 청화산인青華山人 청담淸潭 이중환李重煥(1690~1752)이 『택리지擇里志』를 통해 증명하였다.

도산 제일

『택리지』는 풍수 서적이 아니다. 비록 『택리지』에 풍수적 관점이 있다 하더라도 그것은 당시의 일반적인 지리관을 반영한 것일 뿐이다.[6] 『택리지』에는 스물셋 약관의 나이에 급제하여 정랑正郎의 요직을 담당했던 이중환이 지관地官 목호룡睦虎龍(1684~1724)의 무고誣告로 일어난 신임사화辛壬士禍[7]에 연루되어 유배를 당한 뒤 벼슬길에 대한 미련을 끊고 혈혈단신으로 30여 년 동안 전국을 떠돌며 보고 느낀 것들이 압축되어 있다. 당당한 조선의 사대부가 끼니

---

6) 擇里란 '마을을 가린다'는 뜻이다. 『論語』「里仁」편 첫머리에 나오는 "마을의 풍속이 어진 것이 아름다움이니 가려서 어진 마을에 살지 않는다면 어찌 안다고 하겠는가?" (子曰, 里仁爲美, 擇不處仁, 焉得知?)는 구절에서 책의 이름을 딴 것이다.

7) 숙종 말년부터 시작된 소론의 경종 보호와 노론의 영조 추대 문제로 신축년(1721, 경종 1)과 임인년(1722)에 걸쳐 일어난 사화이다. 1722년에 노론 측에서 경종을 시해하려 했다는 목호룡의 이른바 '삼급수설三急手說'의 무고로 인해 영의정 金昌集을 비롯한 노론 사대신이 주살되고 70여 명이 죽었으며 110여 명이 유배되었다. 이후 등극한 영조는 탕평책을 써서 당쟁을 막으려 하였으나 크게 성공하지는 못했으며, 노론의 세력이 점점 굳어졌다. 소론으로 분류된 이중환은 노론 천지의 조정에 출사하지 않고 평생을 떠돌다 죽었다.

도 거르고 잠자리도 얻지 못한 채 눈 덮인 산 속에서 뒹굴어야 했던 것은 무슨 운명의 장난인가? 그러나 그 과정에서 깨달은 국토에 대한 사랑과 민중의 삶에 대한 관심은 연암燕巖 박지원朴趾源(1737~1805) 등에게로 이어져 빛나는 업적으로 남게 되었음은 주지의 사실이다.

이중환은 『택리지』의 「팔도총론八道總論」에서 "경상도의 지리가 가장 아름답다"고 말했다. 이어지는 「복거총론卜居總論」 '산수山水' 조에서는 도산에 대해 다음과 같이 언급하였다.

우리 나라의 지세는 동쪽이 높고 서쪽이 낮으며 강은 골짜기에서 나오기 때문에 유원하고 한가한 뜻이 적고 늘 거꾸로 흐르거나 빠르게 쏟아지는 형세이다. 무릇 강가에 있는 정자나 집은 지리가 많이 어그러져 흥하고 스러짐이 일정하지 않다. 생각건대 시냇가에 사는 것이야말로 고요하고 안온한 아름다움과 산뜻하고 깨끗한 운치가 있으며 또 관개와 경작의 이로움이 있다. 그러므로 이르노니, "바닷가에 사는 것이 강가에 사는 것만 못하고, 강가에 사는 것이 시냇가에 사는 것만 못하다."
대저 시냇가에서 살 때는 반드시 고개로부터 멀리 떨어지지 않아야만 평시나 어지러울 때나 모두 오래 살기에 적합하다. 그러므로 계거溪居는 마땅히 영남 예안의 도산과 안동의 하회가 제일이다. 도산은 양쪽의 산이 합해져 긴 골짜기를 이루어 산도 너무 높지 않고 황지潢池에서 발원한 물이 이곳에 이르러 비로소 커지고 골짜기 바깥에 다다라 큰 시내가 되며 양쪽의 산줄기가 모두 석벽을 이루게 되는데 산의 발치가 물에 잠기어 경치가 뛰어나다. 냇물은 거룻배가 다니기에 넉넉하고 마을 안에는 오래된 나무가 많아 조용하고 아취가 있으며 산뜻하고 그윽한데 산 아래와 시냇가는 모두 평탄한 경작지이다. 퇴계가 거처하던 암서헌 두 칸과 옛 집이 아직도 있으며 그가 쓰던 벼룻집과 지팡이, 신을 비롯하여 종이로 만든 '선기옥형'이 집 안에 갈무리되어 있다. ……시냇가에 사는 것은 오직 이 두 곳(도산, 하회)이 나라에서 으뜸가는 곳이지만 땅이 특별

하기 때문에 사람이 귀하게 된 것은 아니다.[8]

그렇다. 땅 때문에 사람이 귀하게 되는 것은 아니다. 하지만 보다 살기 좋은 땅은 있는 법이다. 이중환이 우리 나라 안에서 가장 살기 좋은 시냇가라고 평가한 도산은 어디인가? 우리는 이제 영원히 그 곳의 풍광을 볼 수 없다. 이중환이 보았던 이황의 유품은 지금도 도산서원에서 볼 수 있지만 도산 시내와 냇가의 마을들은 댐 바닥으로 가라앉아 버렸다. 외내와 부내에 수백 년씩 세거하던 광산 김씨와 영천 이씨를 비롯한 여러 가문들은 삶터를 등져야 했다. 겨우 그들이 살던 집 몇 채만이 이곳저곳으로 옮겨져 그 옛날 그 집에서 살던 사람들의 자취를 전해 줄 뿐이다. 그래서 도산 길은 슬픈 길이다.

그러나 남은 것만으로도 도산 길은 아름답다. 굽이굽이 흐르는 시냇가를 따라 펼쳐진 그림같은 논밭과 산 아래에 기댄 작은 집들이 어깨를 겯고 있는 정다운 모습이야 더 이상 볼 수 없지만 산 따라 물 따라 흐르는 도산 길은 우리 나라 산수의 아름다움을 여실히 보여주고 있다. 그대 혹 뜻이 있거든 겨울날 도산에 와 보시게나. "하늘에서 흐르던 강물, 여기까지 내려와 강을 이루었"고 "그 하늘 그 언덕에 살던 소나무들, 여기까지 뿌리를 내려 숲을 이루"어 청청하게 서 있음을 가슴 벅차도록 느낄 수 있으려니…….

---

8) 『擇里志』,「卜居總論」, '山水', "我國之勢, 東高西低, 江自峽出, 少悠遠平穩之意, 恒有倒捲急瀉之勢. 凡臨江構亭屋者, 地理多舛, 興歇無常. 惟溪居有平穩之美, 瀟灑之致, 又有灌漑耕耘之利. 故曰, "海居不如江居, 江居不如溪居." 凡溪居必以離嶺不遠然後, 平時亂世, 皆宜久居, 故溪居當以嶺南禮安陶山安東河回爲第一. 陶山則兩山合爲長谷, 而山不甚高, 潢池之水至此始大, 到谷口外爲大溪, 而兩山足皆有石壁, 據水爲勝. 水足以容艓舸, 洞中古樹甚多, 從容閑雅, 瀟灑幽靜, 而山後溪南, 皆良田平疇. 退溪所居巖樓軒二間, 舊屋尙在, 內藏退溪硯匣杖履與紙製璇璣玉衡……溪居惟此二處實爲一國第一, 不特地以人貴也."

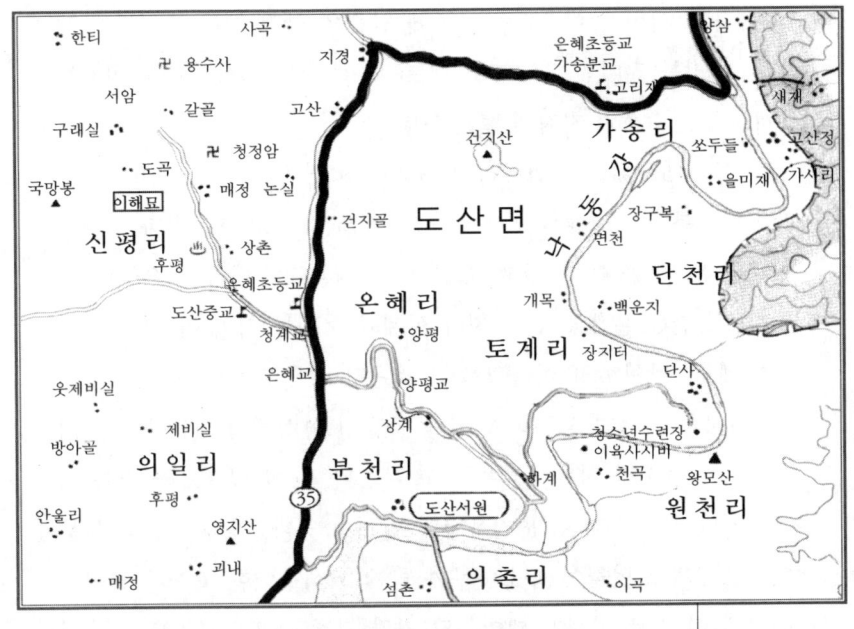

▲ 〈도산 지도〉

온혜리

도산서원에서 시작되는 가파른 오르막이 끝나는 고갯마루(17.2km)에 올라서면 눈 아래로 지금까지 보아 온 것과는 다른 경치를 만나게 된다. 사방을 둘러싼 높은 산 아래로 제법 넓은 분지가 펼쳐져 있는데, 그곳이 바로 도산면의 중심지인 온혜리溫惠里이다. 온혜리는 근래에 온천을 발견하고 개발하여 이름에 걸맞는 장소가 되었다. 고개를 내려가 만나는 다리가 온혜교이다. 다리에서 오른쪽으로 들어가는 갈림길(18.7km)에는 왕모산성王母山城, 이황 산소, 이육사 시비 등이 그 길 안쪽에 있음을 알리는 큰 표지석이 서 있다. 다리를 건너면 온혜 버스 정류장 못 미쳐 왼쪽으로 들어가는 청계교가 합수合水 지점에 걸려 있다.

〈도산 지도〉에 온혜천이라고 표기되어 있는 개울이 태자리太子里의 투구봉(608m)에서 내려오는 '청계淸溪'이고 용두산과 국망봉 쪽에서 내려오는 물이 '온계溫溪'이다. 청계·온계 두 물은 청계교 아래에서 만나 온혜교 밑을 지나 상계와 하계를 거쳐 이황의 『도산잡영』에서 '낙천洛川'이라고 부른 낙동강 상류로 들어간다.

청계교를 건너면 오른쪽 산밑에 마을이 형성되어 있는데 온혜리의 중심 마을이라 하여 '중마'라고 부른다. 중마 앞으로는 비록 크지 않지만 글자 그대로 문전옥답이 펼쳐져 있다. 마을의 중심 부분에는 오래되고 멋들어진 소나무와 함께 고색창연한 고가가 보이는데 그 집이 바로 이해가 태어나고 자란 '노송정고택老松亭古宅'이다. 노송정은 이해의 할아버지인 이계양李繼陽(1424~1488)의 아호이자 당호로, 처음으로 이곳 온혜에 자리를 잡은 인물이다. 이제 이해의 고향 마을에 도착했으니 그의 가계를 훑어본 뒤 중마를 구경하자. 그래야만 온혜리 주변에 있는 여러 기의 산소들이 어떤 관계에 있는지를 알 수 있기 때문이다.

진보 이씨

이해의 관향은 진보眞寶이다. 그러므로 진보 이씨의 득성시조得姓始祖가 진보 출신이거나 나라에 큰 공훈을 세워 진보를 식읍으로 받았다는 것을 알 수 있는데, 진보 이씨의 경우는 전자에 속한다. 득성시조인 이석李碩은 고려 말 진보현의 현리縣吏 즉 아전이었다.

그가 사마시에 합격하여 신분 상승을 이루고 그의 아들과 후대에 이르러 가문이 번창하였다.

　현존하는 우리 나라의 족보에 대해서는 그 진위 여부를 놓고 말들이 많다. 족보가 엄청나게 과장되어 있는 것도 사실이지만, 전세계적으로 볼 때 집안마다 족보를 갖추어 놓고 자신들의 뿌리를 이해하는 민족은 아마 우리 민족이 유일할 것이다. 그것이 좋으냐, 나쁘냐를 따지는 것은 어리석은 일이다. 각자가 이해할 나름이지만 나는 좋다고 생각한다.

　어떻든 대부분의 가문이 득성시조의 연원을 신라나 그 이전으로 잡고 있어 시조의 행적이 거의 전해지지 않고 있다. 비록 시조의 행적이 전해진다 하더라도 이어지는 계보는 단맥單脈으로 십여 대를 내려가다가 중시조에 이르러야 비로소 각 가문별로 제대로 된 가계가 이어진다. 그런 점에 비추어 보면 진보 이씨는 고려 말에 득성한 까닭에 대수가 짧고 시조와 이어지는 후손의 행적이 확실하기 때문에 다른 가문에 견주어 세계世系도 단촐하고 가계도 비교적 알기 쉽다. 시조부터 이해까지의 직계 계보를 살펴보자.

	碩	始祖
	子脩	二世
	云候 云具	三世
	禎	四世
	繼陽 興陽 遇陽	五世
堣	植	六世
滉 澄 瀣 漪 河 潛		七世

시조인 이석으로부터 이해까지는 7세대이다. 이해의 아버지대는 형제이고 조부대는 삼형제이다. 이해의 맏종조부인 이우양李遇陽은 안동시 와룡면 주하리周下里, 일명 두루에 세거하여 '두루종가'라 불린다. 종택 옆 경류정慶流亭 앞에는 뚝향나무가 600년이 넘도록 정정하다. 이해의 둘째 종조부인 이흥양李興陽은 안동시 풍산읍 망천輞川에 세거하여 '마래종가'라 불리는데, 마래의 경치는 일품이다. 셋째 종조부 노송정 이계양李繼陽은 처음 온혜에 자리를 잡은 분이다.

온혜의 노송정 종가로 가기 전에 진보 이씨 시조인 이석의 산소를 찾아 시조묘에 얽힌 사연을 알아보자.

신기리

진보 이씨의 시조인 이석의 묘소는 청송군 파천면 신기리新基里에 있다. 안동에서 동쪽으로 34번 국도를 따라 40킬로미터를 가면 진보가 나오는데 진보 우회도로의 중간쯤에서 오른쪽으로 청송 가는 31번 국도가 있다. 그 지점에서 청송 쪽으로 5킬로미터 지점에 오른쪽으로는 지동枝洞, 왼쪽으로는 옹점瓮店 가는 길을 알리는 도로 표지판이 서 있다. 그곳에서 바로 송강교松江橋가 이어지는데 오른쪽에 용전천龍纏川을 건너 지동으로 가는 큰 다리가 있다. 송강교를 지나자마자 도로 왼쪽에 '진성 이씨 시조 묘소 입구'라고 새긴 큰 표지석이 있다.

표지석이 있는 길로 좌회전해서 들어가다 700미터 지점에 이르면 삼거리가 나오는데 왼쪽 길로 접어들어 150미터를 가면 감곡교甘谷橋가 나오고, 다리 끝에서 왼쪽 방천 위로 난 길을 쭉 따라가면

▲ 〈신기리 지도〉

시조묘를 수호하는 기곡재사岐谷齋舍가 나온다. 재사 바깥마당에서 뒤돌아서 들어온 길을 보면 왼쪽 앞에 언덕으로 올라가는 길이 보인다. 그 언덕에 있는 시조의 산소를 감람묘甘藍墓라고 부른다.

감람묘

산소가 있는 언덕에 올라서면 상당히 가파른 능선에 묘소 네 기가 있다. 산소의 모양이나 자리는 일반적인 묘소와 별다른 점이 없다. 하지만 같은 묘는 없는 법이니 감람묘에서 몇 가지 구경거리를 찾아보자.

첫째, 묘전비의 위치이다. 감람묘는 축대를 쌓아 묘역을 만들고

5. 이해 산소 275

비석을 묘역의 왼쪽 끝에 세워 놓았다. 묘전비를 묘의 정면에 세우지 않는 경우가 드문 것은 아니다. 그러나 이곳은 묘 앞에 비석을 세우지 않아야 할 특별한 이유가 없는 듯한데도 한쪽으로 치우쳐 있다. 그것은 아마도 석축[9]으로 대를 쌓은 묘역의 앞부분 즉 후손들이 산소 앞에서 절을 할 수 있도록 널찍하게 닦아 놓은 제체祭砌[10]가 너무 가파르고 좁기 때문에 상대적으로 여유가 있는 오른쪽에 세운 듯하다. 그 결과 산소에 오르는 사람들은 자연히 비석이 서 있는 쪽으로 움직이게 된다.

둘째, 가까이 가서 비석을 살펴보면 아주 흥미 있는 몇 가지 사실을 보게 된다. 묘비의 크기나 모양 및 세우는 위치는 일정하지 않다. 그렇지만 어떤 식의 묘비든 아름답고 품위 있게 만들고자 하는 것은 인지상정이다. 감람묘의 묘비는 아주 훌륭하다. 나는 여러 묘비를 보았지만 감람묘의 묘비처럼 깔끔하고 아름다워 단정한 느낌을 주는 묘비를 본 적이 없다. 동심원을 새긴 향로석香爐石, 대리석의 상석과 비신, 돌꽃으로 치장한 비갓 등 전체적인 분위기가 몹시 고아하다. 비신의 정면에는 '고려봉익대부밀직사진성이공지묘' 라 새긴 두전頭篆 아래 바로 묘갈명이 이어진다.

그런데 묘비에 새겨진 내용이 일반적인 묘비의 내용과 확실하게 다르다. 신도비가 아닌 듯한데 두전頭篆이 있고 전면에는 작은 글씨로 마치 음기의 내용처럼 씌어 있다. 가끔 이런 경우를 보았으니

---

9) 시조묘의 석축에는 '甲辰築' 이라는 刻字가 선명하게 남아 있다. 「갈명」을 살펴보면 감람묘를 治山한 때가 효종 6년(1655)이고 이 해의 간지가 乙未이므로 처음 치산시에는 지금처럼 석축을 쌓지는 않았고 아마도 비석을 세울 때 쌓은 듯하다.
10) 祭砌를 흔히 '계절' 이라고도 발음하는데, '砌' 는 '섬돌 체' 자이다. 제체는 글자도 어려울 뿐더러 발음도 어려워 그냥 제절로 부르게 된 듯하다. 제절이라는 말이 더 많이 쓰이지만 여기서는 제체로 명명하겠다.

▲ 감람묘

그리 이상할 것은 없다. 하지만 뒷면에는 무덤의 주인공인 시조의 아들 이자수李子修·이자방李子芳으로부터 12대손 이령李坽까지의 가계가 마치 간략한 족보처럼 새겨져 있다. 더구나 영락 19년 (1421) 진사 김진金璡(1500~1580)이 쓴 이양호李養浩[11]의 묘지墓誌까지 병기되어 있다. 묘비에 쓰는 글의 내용을 규정한 법은 없으므로 어떻게 쓰든 관계없지만 그렇게 여러 내용을 쓴 묘비를 나는 어느 곳에서도 본 적이 없다.

셋째, 봉분이 네 기나 있는데 어느 봉분 앞에도 묘비가 없다는 것이다. 대체로 산소 앞에는 이 산소가 누구의 산소인지를 밝히는 묘비가 있는 법인데 감람묘에는 아래쪽에 하나가 있을 뿐이다. 그러

---

11) 李養浩는 李云具의 셋째 아들이다.

5. 이해 산소

므로 이곳에 있는 산소들이 누구의 산소인지 알 수가 없다. 묘갈명을 다 읽을 수 있는 사람이라야만 네 기의 무덤 주인을 정확하게 알 수 있다. 우선 10세손十世孫 반초당反招堂 이명익李溟翼(1617~1687)이 지은 시조의 묘갈명을 보자. 거기에는 시조묘를 찾게 된 과정과 이양호의 묘가 이곳에 있게 된 사연이 적혀 있다.

송안군이 안동으로 옮겨 가 살면서부터 자손들이 흩어지고 세대가 점점 멀어져 분묘가 있는 곳을 잃어버렸는데 산 중턱에 세 개의 큰 무덤이 연이어 있어 옛날부터 그 고을 사람들간에 전해오기로는 '이씨 시조묘'라 하였지만 표기로 이를 증명할 수는 없었다. 숭정 을유년(1616)에 원손 시립이 세 개의 큰 분묘 바로 뒤에서 시조의 증손인 주부 양호의 무덤을 파다 지석을 발견했는데 그 글에 '명귀(體魄)를 선조에게 붙여 제사를 받는다'고 했다. 이것으로써 세 분묘가 시조 및 전후비의 묘소이며 양호를 이곳에 합장했다는 것을 알게 되었다.[12]

시조묘와 배위配位의 위치는 확인되었다. 결국 맨 위의 묘가 이양호의 묘라는 것을 알게 되었다. 부인이나 후손의 산소가 선조의 산소보다 뒤에 있는 것을 '역장逆葬' 혹은 '도장倒葬'이라고 부르는데, 이는 일반인이 산소를 쓸 때 가장 꺼리는 것 중의 하나이다. 심지어 어떤 사람들은 '절대로 안 된다'고 주장하지만 그것은 아무 근거 없는 잘못된 믿음 중의 하나다. 물론 여러 기의 산소를 한 능선에 모실 때 후손이 선조보다 위에 올라가 있는 것은 보기에도 좋지 않고 기분도 나쁘다. 그러나 산소를 상하연분上下連墳으로 써도 되

---

12) 自松安君移居安東, 子孫散處, 世代浸遠, 失墳墓所在, 而山內中麓有連塋三大墳, 自古縣人相傳, 李氏始祖墓, 無表記可證. 崇禎乙酉遠孫時立, 於三大墳後數步許, 掘始祖曾孫主簿養浩墓, 得誌石, 其文曰, 命龜附先祖食. 以此知三墳爲先祖, 及前後妣墓, 而養浩祔焉.

는지 안 되는지, 후손이 뒤로 갈 수 있는 곳인지 없는 곳인지는 땅의 성격으로 결정할 문제이다. 연분이나 도장을 해도 되는 곳이 얼마든지 있고 실제로 그렇게 조성해 놓은 곳도 많다.

그러나 이곳은 안 된다. 안 되는 이유 중 가장 중요한 것은 묘역이 모두 같은 성격을 갖고 있는 땅이라는 점이다. 즉 용맥이 진행을 끝내고 혈장穴場을 만든 곳이기 때문에 집으로 비유하자면 안방이라는 것이다. 안방에 배위와 같이 있는 것은 아무런 문제가 없지만 후손은 곤란하다. 이양호의 묘가 있는 지점은 도두입수처到頭入首處이므로 건드리지 말아야 하는 곳이다. 그러므로 이어지는 갈명에서는 이곳에 매장된 유골을 다른 곳으로 옮겼다고 분명하게 기록하고 있다. 그럼에도 불구하고 산소가 있는 까닭은 무엇인가? 나는 그 무덤이 유골이 없는 '헛묘'라고 생각한다. 덜떨어진 사람들의 쓸데없는 욕심에 의해 빚어지는 밀장密葬을 방지하기 위해 만들어 놓았을 것이다.

감람묘의 전체적인 형국은 금계포란형으로 알려져 있다. 나는 형국에 별 관심이 없으니 독자 여러분 각자가 상상하기를 바라며, 그보다는 자리를 살펴보도록 하겠다. 감람묘의 뒤 즉 도두到頭는 매우 단단하다. 도두는 용맥에서 내려온 지기를 갈무리하여 혈처에 공급하는 부분으로 과일의 꼭지나 수도꼭지를 연상하면 된다. 일반적으로 도두는 불룩하고 단단하며 도두 앞으로 당판이 과일처럼 달리게 된다. 감람묘의 도두는 아주 튼튼하고 크다. 그러므로 감람묘로 내려온 지기地氣의 융성함을 알 수 있다. 다음으로 도두에 바로 이어지는 용맥 즉 입수일절룡入首一節龍의 변화를 살펴보자. 간인방艮寅方에서 내려온 용맥이 속기束氣와 지현之玄 변화를 하면서 도두처로 힘차게 솟아오르니, 이른바 비룡입수飛龍入首이다. 그러므로 당판에 이르는 용맥의 기세와 변화는 나무랄 데 없이 힘차다. 그것은 곧 제대로 혈을 이루었을 가능성이 크다는 뜻이다.

문제는 혈처가 자리한 당판의 힘과 생김새이다. 도두에서 앞으로 풍선처럼 퍼진 당판의 경사는 너무 심하다. 당판 즉 묘역이 동글동글하게 뭉쳐서 힘이 있어야 하는데 지나치게 앞으로 기울어 있다. 그렇게 되면 지기가 멈추었다고 판단하기 어렵다. 당판의 지기地氣를 갈무리하는 순전脣氈[13]도 너무 약하고 하수사下水砂도 보기 어려우며 당판을 받치는 지각支脚도 없는 듯하다. 결국 나무의 가지나 꼭지의 힘에 비해 달려 있는 과일의 크기와 상태가 약한 셈이다. 지기地氣의 누설이 많다는 뜻이다. 또한 감람묘 사진에서 볼 수 있듯이 안산案山이 지나치게 가깝고 높아 곧 능압凌壓에 걸릴 듯하다. 흠이 없는 묘소는 없다. 그 정도로 만족할 수밖에. 감람묘는 돌성묘처럼 비룡입수이기 때문에 당판의 사방이 혈처에 비해 낮지만 돌혈이 아닌 유혈이다.

감람묘 설화

시조묘는 특별하다. 풍수적으로 특별한 명당이라는 것이 아니라 시조묘가 후손들에게 갖는 의미가 특별하다는 말이다. 그러므로 어떤 사람보다도 시조에게, 어떤 묘보다도 시조묘에 여러 전설이 함께하는 법이다. 감람묘도 마찬가지다. 이몽일의 「영남신풍수기행」에 나오는 내용을 살펴보자.

---

13) 순전은 당판의 끝 부분에 형성되며 당판의 융결을 판단하는 穴證 중의 하나이다. 감람묘는 순전이 약하기 때문에 비록 석축을 조성했지만 祭砌를 설치할 수 있는 공간이 없어 묘전비가 한쪽으로 치우치게 된 것이다.

① 옛날 퇴계 선생의 6대조가 진보현 아전으로 있을 때, 풍수에 밝은 원님이 고을을 둘러보다가 감람골의 지세를 눈여겨보고 돌아와 아전에게 말하였다. "달걀을 가지고 가서 봉우리 위에 파묻고 자시子時까지 기다려 닭이 우는 소리가 나는지 들어보고 오라." 풍수를 약간 알았던 아전이 다른 생각을 품은 채 일부러 곪은 달걀을 묻고 아무 소리도 들리지 않았다고 아뢰고는, 후일 한밤중에 남몰래 달걀을 파묻고 몇 시간을 기다리니 이윽고 병아리가 되어 있은즉, 그곳이 명당이라는 것을 알게 되었다.

② 그러한 사실을 혼자만 알고 있었던 아전이 부친상을 당하여 시신을 그 산에 안장하였는데 아무리 깊이 파고 묻어도 자꾸만 시신이 땅 밖으로 튀어나왔다. 급기야 아전은 한양으로 옛 원님을 찾아가 사죄하니, 원님은 헌 관복 한 벌을 내주면서 "그 터는 큰 벼슬을 지낸 사람만이 묻힐 곳이니 시신에 이 관복을 입혀 묻으면 다시는 그런 일이 일어나지 않을 것이다"라고 하였다. 그대로 따랐더니 과연 아무런 탈이 없는지라, 그 일이 있은 후 6대 만에 퇴계 선생 같은 훌륭한 학자가 태어났다.

위의 풍수 설화를 편의상 '감람묘 설화'라고 명명하자. 감람묘 설화에는 풍수 설화의 대표적인 유형 세 가지가 들어 있다. 그 중 ①번에는 명당 판별과 명당 획득의 두 유형이 들어 있다. 먼저 명당 판별 유형을 살펴보자. 달걀을 가지고 명당을 판별할 수는 없다. 하지만 특정 땅이 생기를 얼마나 보존하고 있는지를 검증하기 위해 달걀의 부패 여부를 확인하는 것은 널리 알려진 이야기이다. 심지어 근래에도 모 방송국에서 혈처라고 주장하는 곳과 그렇지 않은 곳에 달걀과 생닭을 묻어 두고 부패 실험을 한 결과를 방영한 적이 있다. 결과는 지기地氣가 좋은 땅은 그렇지 않은 땅에 비해 상대적으로 부패를 느리게 하는 효과가 있음이 입증되었다. ①번 이야기는 그것이 과장되었을 뿐이다.

다음으로 명당 획득 유형을 살펴보자. 명당 획득 설화의 종류는 아주 다양하지만 크게 선행으로 얻게 되는 경우와 속이는 경우의 두 종류로 나눌 수 있다. 감람묘 설화는 속이는 유형에 속한다. 속이는 유형의 설화로서 대표적인 것이 광중壙中(시체를 묻는 구덩이)에 물을 붓는 경우이다. 멀쩡한 광중에 상주 몰래 물을 부음으로써 묘를 쓰려고 한 사람으로 하여금 포기하게 만드는 경우이다. 이는 가장 널리 알려진 속이는 경우의 명당 획득 설화이다.

②번은 이몽일도 지적했듯이, 명당은 선한 사람이 아니면 '하늘이 내려 주지 않으며 땅도 받아들이지 않는다' 는 '천불태지불수天不胎地不受' 의 풍수 금기 설화이다. 풍수 금기 설화는, 풍수를 믿는 사람들에게 일상 생활의 상당 부분에 걸쳐 풍수가 도덕적 기능을 수행했다는 점을 확인시켜 주는 설화이다. 흔히 '천장지비天藏地秘' (하늘이 갈무리하고 땅이 감추어 둔 땅)라는 표현으로 자주 등장하는 풍수 금기 설화는 풍수의 도덕적 기능을 가리키는 말이다. 풍수 금기 설화의 도덕적 기능은 주로 '같은 땅이라 할지라도 선한 사람과 악한 사람에 따라 명당의 소응召應이 달라진다' 는 이른바 '소주길흉론所主吉凶論' 으로 귀결된다. 그러나 감람묘 설화에는 그런 면이 약하다. 더구나 사회적 신분에 따라 명당을 차지하는 데 차별이 주어진다는 비생산적 논리가 들어 있다.

그러면 감람묘 설화의 사실 여부는 어떠한가? 즉 감람묘를 쓸 당시에 감람묘 설화에 나타나는 내용과 비슷한 일이 일어났을까? 내 판단은 최소한 두 가지 점에서 '아니다' 라는 것이다. 첫째, 감람묘 설화에는 너무 많은 사건이 들어 있다. 즉 거의 대부분의 풍수 설화 유형이 순서대로 들어 있다. 명당 판별과 획득, 소주길흉에다 명당 발복까지. 이렇게 되면 기승전결을 갖춘 풍수 설화가 되는 셈인데 이렇게 구성력을 갖춘 풍수 설화는 후대에 지어졌을 가능성이 아주 높다. 둘째, 감람묘는 당대에 완전한 설화를 탄생시킬 정도로 뛰어난 명당이 아니라는 것이다.

그러면 언제, 왜, 감람묘 설화가 이루어졌을까? 감람묘 설화의 시작과 끝에는 이황이 있다. 그러므로 감람묘 설화는 이황의 사후에 그를 추종하는 사람들과 이황의 영광을 음택발복으로 돌리려는 사람들에 의해 이루어졌다고 할 수 있다. 감람묘의 영광은 곧 이황의 영광이 풍수의 옷을 입은 것에 불과하다. 감람묘가 뛰어난 것이 아니라 이황이 훌륭하여 시조를, 나아가 감람묘를 유명하게 한 것이다.

이자수

어떤 사람이 훌륭한 업적을 남겨 후손에게 영광을 선물하는 경우를 찾아볼 수 있다. 대체로 한 가문의 시조나 중시조로 추앙받는 사람들이 그런 경우에 속한다. 그러나 반대로 후손이 훌륭하여 한미한 조상이 빛나는 경우도 다반사이다. 진보 이씨의 시조가 빛난 것은 후자의 경우에 속한다. 가장 먼저 진보 이씨를 빛나게 하여 시조를 빛내고, 명문의 기틀을 닦은 인물은 고려말 홍건적을 토벌한 공으로 송안군松安君에 봉해진 이자수李子脩인데, 그는 이석李碩의 아들이다.

이자수의 생몰년은 미상이다. 그는 충목왕 때 문과에 급제한 뒤 공민왕 10년(1361)에 홍건적이 고려를 침략하자 총병관 정세운鄭世雲의 부장으로서 수도 개경을 수복하는 데 큰 공을 세웠으며 이로 인해 공신에 책록되고 송안군에 봉해졌다. 그는 벼슬이 통헌대부通憲大夫 판전의시사判典儀寺事에 이르렀으나 왜구의 침탈로 나라가 어지러워지자 거처를 정하지 못하다가 고향에 가까운 안동으로 오게 되었으니, 그가 바로 진보 이씨 안동 입향조이다. 그가 처음 자리를 잡은 곳은 지금의 풍산읍 '마래'(輞川, 馬螺, 麻厓)이다. 병풍같은 절벽 아래로 낙동강이 휘돌아 흐르는 마래는 하회와는 또 다른 멋과 맛이 있는 아름다운 마을이다. 지금도 그곳에는 진보 이씨들이 세거하고 있는데 산수정山水亭 마루에 앉아 강변의 송림과 마래 절벽을 바라보는 경치가 일품이다. 이자수는 말년에 마래를 떠나 안동시 주하동의 두루로 옮겨 갔다.

 이자수의 산소는 안동시 서후면 명리鳴里, 속칭 진골이라고 하는 곳에 있다. 34번 국도를 타고 서쪽으로 솔밤다리를 지나 1.8킬로미터쯤에 이르면 '안동과학대, 서후(명리)'라는 도로 표지판이 있다. 표지판이 지시하는 옛길을 따라 오른쪽으로 명리에 들어서면 명리 마을 회관 건물과 명동 슈퍼마켓이 나온다. 마을 회관 쪽으로 광흥사光興寺 가는 길이 있는데 광흥사 길을 버려 두고 슈퍼마켓에서 직진하여 1.15킬로미터 지점에 이르면 왼쪽 길가에 '송안군 유허비'가 서 있는 샛길이 있다. 이 샛길은 지나치기 쉬우므로 조심해야 한다. 샛길을 따라가면 재사가 보이고 재사 뒤쪽을 돌아 북서쪽으로 난 밭길을 따라 얼마쯤 가면 산소가 나타난다.

 밭길의 끝에서 위쪽으로 산길이 시작되는데 그 입구에서 왼쪽을 보면 두 개의 작은 개울이 만나고 있는 것을 볼 수 있다. 그 지점이 수구水口이다. 수구 안쪽에 지기地氣가 갈무리되므로, 수구 안쪽이 이른바 명당明堂이다. 명당은 용이 행룡을 끝내고 머물러 있는 장소이다. 그러므로 수구의 모습을 보는 것이 명당을 판별하는 일차적 요소가 된다. 이곳의 수구는 지기地氣의 누설을 막기 위해 큰 바위가 수구를 막고 있다. 이러한 바위를 '요성曜星'이라 한다. 요성은 명당의 남은 기운이 뭉친 것으로 비교적 작은 바위일 때는 '요석

曜石'이라고도 한다. 이자수 산소는 수구가 잘 짜여진 명당이며 당판의 힘도 좋다. 내룡이 후덕하고 내외백호가 이중으로 감싸주었으며 조안朝案도 훌륭하다.

이자수 산소에는 모두 여섯 기의 산소가 있다. 당판에 두 개, 순전에 세 개, 도두 부분에 하나가 있다. 당판에 제체를 만들고 비석을 세운 상하 두 기의 산소 가운데 어느 것이 이자수 묘인지는 알 수 없다. 그래서 그냥 두 산소에 다 비석을 세워 놓았다. 앞쪽 순전에 있는 세 개의 산소는 별 문제가 없지만 가장 위쪽의 산소는 좀 곤란하다. 이미 감람묘에서 지적했듯이 없는 것이 낫다. 하지만 한번 쓴 산소를 함부로 옮길 수도 없는 노릇이니 처음 쓸 때부터 조심해야 한다. 이제 다시 온혜로 가자.

진보 이씨 온혜 입향조

온혜는 산골이다. 그것도 매우 궁벽한 산골이다. 첩첩산중이나 심산유곡이라고 말하기는 조금 거북할지 몰라도 거의 그 수준에 가깝다. 사실 안동의 이곳저곳을 다녀 보면 골짜기의 깊이에 놀랄 때가 많다. 골짜기 안에 사람이 살 것 같지 않은데 마을이 있고, 그만 끝날 듯하면서도 이어지는 골골에 또 마을이 있다. 그런 산골 마을들에 비해 온혜는 넓은 편이다. 하지만 사방이 막혀 있고 가장 가까운 안동으로 가는 길도 산을 넘고 물을 건너야 한다. 이처럼 궁벽한 산골에 처음 들어온 진보 이씨 온혜 입향조가 이해의 할아버지인 노송정老松亭 이계양李繼陽(1424, 세종 6~1488, 성종 19)이다. 그가 이곳 온혜에 들어오게 된 사연을 이황이 쓴 「사적事蹟」에서 살펴보자.

공은 처음 예안현 동쪽인 부라원(부포)에 살았는데 봉화현 교도가 되어 봉화로 가던 도중 온계를 지나다 그 산천의 아름다움을 좋아하여 이리저리 다니면서 살펴보고 갔다. 공이 신라 고개에서 쉴 때 한 중을 만났는데 그도 온계에서 오는 길이라 함께 쉬다가 온계 풍수의 아름다움을 말하게 되었다. 공이 중의 생각과 자기의 생각이 같음을 기뻐하여 드디어 중을 데리고 다시 온계로 돌아와 주위를 오르내리면서 두루 살펴보다 어느 한 집터를 가리키니 중이 "이곳에 자리를 잡으면 마땅히 귀한 자손을 볼 것입니다"라고 하니 공이 마침내 옮겨 살 것을 결심하였다. 그때는 단지 민가 한 채만이 시냇가에 있을 뿐 밭 사이가 묵어 있어 곳곳마다 경작을 할 수 있었다. 그러나 수목이 무성하고 골짜기는 깊고 그윽하며 시냇물은 맑고 달콤하여 피라미가 풍성하니 냇물을 끌어들여 논밭을 관개할 수 있었다.[14]

이런 유의 글을 볼 때마다 부러운 것은 자기가 살 곳을 발견했을 때 아무 주저 없이 그곳으로 가는 능력이다. 그 능력이 경제적인 것이든 신념이든 행동으로 옮기는 데 있어 어찌 어려움이 없겠는가. 그러나 이렇게 살 곳을 골라 그곳을 찾아가는 경우를 볼 때마다 나는 한없이 부럽다. 나는 능력이 없어 아직도 살 곳을 정하지 못하고 있다. 평생 이곳저곳을 기웃거리다 삶을 마감할 것 같아 안타깝다.

각설하고, 이계양은 어떤 인물이기에 이 궁벽한 온혜를 삶터로 삼았을까? 이계양은 단종 즉위년인 계유년(1450)에 사마시에 합격하여 봉화현 훈도가 되었다. 그러나 2년 뒤 단종이 수양대군에게 왕

---

14) 『眞城李氏上溪剡村派譜』, 「事蹟」, "公初居縣東浮羅村, 爲奉化縣教導, 一日將往奉化, 過溫溪, 愛其泉石之勝, 徘徊寓目而去. 憩于新羅峴, 遇一僧, 亦自溫溪來, 同憩, 語及溫溪風水之美, 公喜符所見, 遂携僧, 返抵溫溪, 陟降周覽, 指示宅基曰, '居此 當生貴子', 公乃決意移居. 時溪上只有居民一戶, 田疇間廢, 隨處可耕, 樹木茂密, 洞壑深窈, 溪水清甘, 多鯈魚, 可引而漑田灌圃."

위를 선양하자 그는 벼슬을 버리고 이곳 온혜로 들어와 집 앞에 소나무 한 그루를 심고는 자신의 집을 '노송정老松亭'이라 이름하였다. 그 뒤 그는 한번도 관직에 나아가지 않고 몸소 밭을 갈아 생계를 꾸리고, 온혜의 서쪽에 있는 국망봉國望峰(481m)에 단을 쌓고 매년 10월 24일이면 단에 나아가 북쪽을 바라보고 절하기를 30여 년 동안 하였다. 참으로 단종에 절의를 지킨 생육신에 비견되는 삶이라 할 수 있다. 더구나 그는 높은 벼슬아치가 아니라 한갓 진사일 뿐이었으니 임금에 대한 절의를 지키지 않는다 해도 전혀 부끄러울 게 없는 처지였다. 그래서 이황도 「사적」에서 "노송정(이계양)은 성품이 고요하고 한가로워 관직에 나아가기를 힘쓰지 않았으며 밭 갈고 고기 잡는 것을 즐거움으로 여기고 자손을 가르치는 것을 평생의 일로 삼으면서 세상을 마칠 뜻이 있었다"[15]고 서술하였다.

국망봉

온혜는 사방이 산으로 둘러싸인 산골의 분지이다. 동쪽에는 건지산, 북쪽에는 용두산, 앞에는 영지산이 솟아 있고 서쪽에는 국망봉이 있다. 국망봉은 온혜의 어디에서나 볼 수 있는데, 노송정에서도 고개만 돌리면 국망봉을 볼 수 있다. 임금에게 절의를 지켜 영남에 은거한 선비들은 주로 한양이 있는 북쪽으로 망배望拜를 하는 것이 일반적이었다. 그런데 이계양이 더 높고 가까운 북쪽의 용두산을 버려 두고 서쪽의 국망봉에 오른 것은 분명히 단종을 생각하기 위함이었다.

---

15) 같은 책, 같은 곳, "公性恬靜閒遠, 不務進取, 以耕釣爲樂, 敎子孫爲業, 有終焉之志."

국망봉에 오르는 길은 몇 가지가 있다. 이계양은 용수사 가는 길로 가다가 왼쪽으로 운곡雲谷을 거쳐 국망봉에 올랐다고 하는데, 그 길은 요즘은 가기 어려운 길이다. 그러므로 국망봉에 오르고자 하는 사람은 온혜 온천을 지나 도산면 의일리宜一里 '효잠孝岑 마을'로 가는 것이 나을 것이다. 효잠 마을에 이르면 11시 방향으로 보이는 우뚝한 봉우리가 국망봉이다. 바로 그 봉우리를 마을 뒤에서 바라보며 줄곧 올라야 한다. 뚜렷한 길이 없으므로 산 능선을 타고 무작정 올라야 하는데 정상 부근은 아주 가파르다. 여름에는 길을 잃기 쉬우므로 이른봄이나 늦가을 또는 초겨울에 오르는 것이 좋다.

국망봉 정상은 10여 평 정도의 넓이이다. 동쪽에 있는 세 개의 바위에 국망봉 석 자가 한 자씩 새겨져 있고 중앙에 '국망봉단비國望峯壇碑'가 서 있다. 그런 각자와 비가 아니라면 그곳이 국망봉 정상이라는 것을 알기 어려울 것이다. 이계양의 13대 손이며 한말 순국지사인 향산響山 이만도李晩燾(1842~1910)가 쓴 비명碑銘의 일부를 살펴보자.

예안의 국망봉은 판서에 증직되신 이 공이 절조를 숨기고 은거함으로 말미암아 얻은 이름이다.……매년 10월 24일 임금이 돌아가신 날 국망봉에 올라 멀리 바라보고 절하니 봉우리는 너무 높지 않고 북쪽으로 영월과의 거리가 수백 리이다. 첩첩한 여러 산들이 공손히 엎드려 맞이하니 백마 타고 돌아가신 단종께서[16] 아득한 듯 지척인 듯, 참으로 하늘이 만

---

16) 한성부윤을 지낸 秋益漢은 단종이 영월로 유배되었을 때 머루를 따다 진상하고 자주 문안을 드렸다. 그 날도 머루를 따 단종께 진상하러 영월 부중으로 내려오는 길에 곤룡포에 익선관을 쓴 채 백마를 타고 태백산 쪽으로 가는 단종을 만났다. 추익한이 "대왕마마, 어디로 행차하시나이까?" 하고 여쭈니, 단종은 "내가 태백산으로 가는 길이오"라고 말한 뒤 홀연히 사라졌다. 놀란 추익한이 급히 영월 부중에 다다르니 단종이 이미 변을 당한 뒤였다. 그 뒤로 영월·정선·태백산 일대에서는 백마를 탄 단종과 머루를 들고 있는 추익한의 그림을 그려 서낭당에 모시고 '단종대왕신'으로 모시게 되었다.

드심에 짝을 찾을 수 없다. 그러나 단종의 돌아가심을 내 홀로 아파함이요, 바라 뵙고 절함도 사사로이 나를 곧게 함일 뿐, 울음을 삼키고 눈물을 마시며 아픔을 견디고 참으면서 깊게 감추어야만 했으니 세상에서 '생육신'이라 부르는 사람들과 약속은 하지 않았으되 마음을 같이한 것이다.[17]

절개는 무슨 의미가 있는가? 사마시에 합격하여 미관말직인 종9품 훈도訓導로서 '구름 낀 볕뉘도 쬔 적이 없는' 이계양이 단종에 대한 절의를 지켜 국망봉에서 참배한 것이 그의 삶에 어떤 의미가 있었을까? 옛날에는 그저 그런 것들이 옛 선비가 지켜야 하는 삶의 규범이려니 여겼다. 이제 불혹을 훌쩍 넘긴 중년이 되어 다시금 국망봉에 올라 이곳에서 참배하던 그 옛날의 이계양을 생각해 본다. 그는 왜 이곳에 올라 눈물을 삼키고 있었을까? 아마도 그것은 삶의 '가치' 때문이 아니었을까?

생존 즉 살아남기는 '이런들 어떠하며, 저런들 어때' 해도 된다. 곳간이 넉넉해야 예절을 안다고 했다. 목숨을 부지하는 것이 최대의 과제가 되는 삶에서 이데올로기와 삶의 가치를 따질 수는 없는 법이다. 그러나 선비는 생존하는 사람이 아니다. 그는 인간다운 삶을 지향하는 사람이다. 인간다움은 의식의 넉넉함에서만 찾아지는 것이 아니다. 국망봉에 오르는 이계양의 모습에서 인간다운 삶을 살고자 한 그의 노력을 읽어내야 할 것이다.

---

17) 宣城之國望峰, 因贈判書李公隱操而得名也.……每年十月二十四日, 國諱, 登逢望拜, 峯不甚高, 北距越數百里. 疊疊群巒, 迎眼巽伏, 白馬仙馭, 洋洋咫尺, 實天作之不偶也. 然, 國吾私痛, 望吾私伸, 吞聲飮泣, 隱忍沈晦, 與世所稱生六臣者, 不約而同心也.

퇴계태실

이계양이 온혜에 자리잡고 1545년에 건축한 노송정고택은 '퇴계태실'이라는 명칭으로 경상북도 민속자료 제60호로 지정 보호되고 있다. 고택에는 '온천정사溫泉精舍'라는 당호가 걸려 있는데, 왜 '퇴계태실'이라는 이름으로 등록되었을까? 그것은 정침正寢 안채의 정면에 안마당으로 돌출한 태실이 있기 때문이기도 하지만 그 주된 이유는 그곳에서 퇴계 이황이 태어났기 때문이다. 물론 이황만이 그곳에서 태어난 것은 아니지만 이황을 능가하는 인물은 없었다. 이 글에서 나는 편의상 노송정고택 전체 건물을 가리키는 용어로 '온천정사'를 사용할 것이며 그 외의 건물명은 그때그때 편한 대로 임의로 지칭하겠다.

▲ 퇴계태실. 태실이 안마당으로 돌출되어 있다

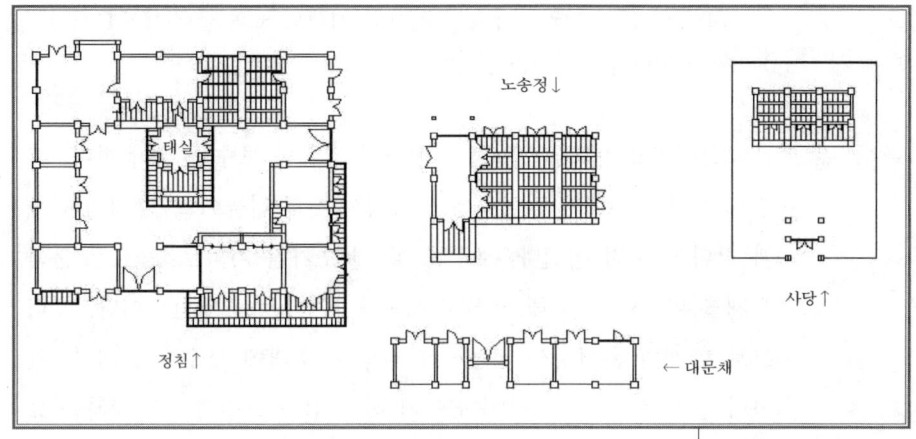

▲ 〈온천정사 평면도〉

　온천정사는 〈온천정사 평면도〉에서 보듯이 세 부분으로 이루어져 있다. 태실이 있는 정침과 중앙에 대문을 앞에 둔 노송정, 그리고 동쪽의 가묘 즉 사당의 세 부분으로 나눌 수 있다. 세 부분의 배치를 어떻게 하는지는 대지의 형태에 따라 결정된다. 이는 조선 중기 이후 사대부가의 아주 일반적인 살림집 형식이지만 온천정사는 이계양이 직접 현재의 규모와 형태로 완성한 것은 아니다. 각각의 건물을 살펴보기 전에 조선 사대부가의 집이 이런 형태를 갖게 된 시기를 건축가 김봉열金奉烈(1958~)의 설명을 통해 살펴보기로 하겠다.

　우리가 익숙해 있는 한옥의 구조 즉 안채와 사랑채의 분리, 가묘의 발달 등은 조선조 중기 성리학적 규범이 지방 사회를 지배하면서 특히 17세기 이후 『가례』와 같은 예학이 강력한 사회 규범으로 자리잡으면서 정착된 것들이다. 특히 남자와 여자의 공간을 분리하는 주생활 규범은 조선 초

까지만 해도 잘 지켜지지 않아 강제적 시행의 노력 끝에 16~17세기에 와서야 일반화된 내용들이다.[18]

모든 목조 건축물은 일정한 시간이 지나면 보수를 해야 한다. 그러므로 창건 연대가 앞설수록 오히려 현재의 건물이 그 당시의 건물과 같다고 보기 어렵다. 보수를 할 때 초가를 기와로, 중요 부분의 부재를 바꾸어 증축을 하거나 개축을 하는 것이 일반적이다. 그러므로 현재의 온천정사 건물들은 당연히 후대에 보수한 것이다. 얼마나 원형에 충실하게 보수했는가 하는 점이 고건축을 감상하는 요점 중의 하나이다.

태실이 있는 정침은 아주 독특한 구조를 하고 있다. 안동 지방의 일반적인 종가 건물 형태는 추위를 막기 위해 사방을 집과 담으로 둘러싸는 이른바 '口' 자 구조가 가장 흔하다. 〈온천정사 평면도〉의 정침 구성에서 그런 형태를 한눈에 볼 수 있다. 그런데 정침에는 안채의 마루에서 안마당으로 돌출한 방 즉 '태실胎室'이 하나 더 있다. 유수한 종가에는 태실 혹은 산실産室이라 부르는 방이 있는 경우는 많다. 하지만 태실을 이런 식으로 따로 배치한 집을 나는 이곳 이외의 곳에서 본 적이 없다.

그런데 안마당에 돌출된 태실로 말미암아 안채의 분위기는 갑갑하기 짝이 없을 뿐더러 불편하기 그지없다. 사방이 막힌 안마당에는 내리비치는 햇볕이 주는 따뜻함이 없으며, 안채에는 안사람들이 거처함으로써 자연적으로 우러나오는 아늑함이 없다. 그 모든 것들을 태실이 앗아간 것이다. 나는 안채에 들어서는 순간 갑갑하고 불편하며 뭐라 표현하기 어려운 음습함과 거북함을 느껴야 했다. 한

---

18) 김봉열, 『앎과 삶의 공간』(이상건축, 1999)

마디로 태실을 무리하게 배치했다는 것을 알 수 있는데 왜 이렇게 했을까?

내 판단은 역시 '명당발복' 때문이다. 명당의 발복을 믿는 사람 중에는 양택과 음택 중 어느 쪽이 더 발복의 효과가 큰가를 두고 심심찮게 논쟁을 벌이곤 한다. 어느 쪽을 믿든 자유이지만 조상의 유골이 후손에게 영향을 준다는 동기감응론의 입장에서는 음택발복론이 강하고, 땅 기운이 영향을 준다는 지기감응론의 입장에서는 양택발복론이 우세하다.

어떻든 이미 살펴본 대로 「사적」에 이계양이 온혜로 들어오는 두 가지 사유가 기록되어 있다. 첫째는 이계양이 온혜 '산천(泉石)의 아름다움'이 마음에 들었고 거기에 보태어 '풍수가 아름다워'(風水之美) 이거移居하기로 결심했다는 것이다. 이황은 온혜의 자연 경관이 좋은 부분에 대해 '천석'이라고 표현한 뒤 풍수의 아름다움을 따로 거론하였다. 이때의 풍수는 단순한 자연의 아름다움을 나타낸 표현이 아니다. 명당의 발복 가능성을 염두에 두고 쓴 말이다. 그러므로 이계양이 온혜로 이거移居한 결정적인 이유는 '마땅히 귀한 자식을 낳을 것'이라는 기대에 있었던 것이다.[19] 이계양은 온천정사를 건축하면서 그러한 바람을 집의 정중앙에 태실을 만드는 것으로

---

[19] 나는 이황에 대해 잘 알지 못하지만, 그는 지적 결벽성을 갖고 있었던 듯하다. 그 점은 大司成까지 지낸 그가 쉰여덟의 나이로 자신보다 무려 스물다섯 살이나 어린 후학 奇大升(1527~1572)과 8년여에 걸친 논쟁을 하는 가운데 자신의 주장을 수정·보완한 「四七論辨」을 내놓은 데서 확인할 수 있다. 또한 그는 사후에 자신의 행적이 과장되는 것이 싫어 스스로 묘갈명을 짓기도 하였다. 그러므로 이황은 선조의 「사적」과 「묘갈명」을 간단 명료하게 썼으며, 확실한 내용이 아니면 쓰지 않았다. 지적 결벽성은 학자가 가져야 할 당연한 덕목이다. 강준만의 『인물과 사상』(개마고원)을 통해 지금의 일부 지식인들이 저지르는 추악한 행태를 보면 이황의 결벽성이 더욱 돋보인다.

구체화시켰다. 그리고 그 방에서 이황이 태어난 것이다.

　둘째는 이계양이 부귀공명에 관심이 적은 인물이었기 때문이다. 그렇다고 하더라도 황무지나 다름없는 땅을 개간하는 일이 어디 쉬울 것이며 개간하더라도 경작지가 좁으니 생활이 여유 있을 리 없다. 아무리 양반이라 하더라도 없는 양반은 더 이상 양반이 아니다. 또 외부와 단절된 궁벽한 산골에 생활 터전을 잡는 것은 자식을 기르는 데도 하나 유리할 것이 없다. 비록 손수 자식을 가르친다고 하더라도 또한 그것이 쉬울 리 없다.

　제상에 꼭 올려야 할 과일 세 가지를 '삼실과三實果'라고 하는데 대추·밤·감이 그것이다. 그런데 왜 이 세 가지 과일을 올릴까? 내가 들은 가장 설득력 있는 해석은 이렇다. 대추에는 다산多産을 기원하는 뜻이 있다. 이는 대추나무에 대추가 달린 것을 본 사람이면 동의할 것이다. 밤에는 근본을 잊지 말라는 뜻이 있다. 씨앗은 대부분 땅에 떨어져 자신의 영양으로 싹을 틔우고 나면 곧 썩어 없어진다. 그러나 밤은 다르다. 정확하게는 모르겠지만 밤은 상당 기간 동안 부패되지 않고 뿌리에 달려 있다. 줄기에 잎이 난 2~3년생 밤나무를 캐어 보면 밤이 여전히 온전한 형태를 유지한 채 뿌리 끝에 있는 것을 볼 수 있다. 감은 스승을 찾아 자식들을 교육시키라는 뜻이다. 감나무는 다른 나무에 접을 붙이지 않으면 제대로 된 감이 달리지 않는다. 그렇듯이 내 자식을 내가 가르칠 것이 아니라 다른 사람 곧 선생에게 보내 가르침을 받게 해야만 제대로 된 사람으로 성장할 수 있다는 뜻이다. 결국 이계양이 온혜로 이거하고 태실을 만든 이유는 '명당발복'에 있는 셈이다.

▲ 성림문 현판

성림문

산을 기대고 앉은 온천정사로 다가가면 정문인 숫을대문에 '성림문聖臨門' 현판이 달려 있다. '성림'이라……. 성인이 임하신 문이든 성인을 대면한 문이든, 어쨌든 대단한 자부심이다. 누가 이처럼 대단한 이름을 붙였을까? 이황일 리는 만무하고 후손들도 감히(?) 그렇게 하지는 못했을 것이다. 작명의 주인공은 바로 이황의 제자 학봉鶴峰 김성일金誠一이다. 우리는 '성림'이라는 이름을 통해 김성일의 독특한 성격의 일면을 느낄 수 있다. 성림문에 걸려 있는 「성림문중수기」의 일부를 읽어보자.

예안현의 용두산 아래 온계리에 있는 문을 '성림'이라 한 것은 그 꿈의 상서로움을 알리기 위한 것이다.……연산군 7년(신유) 11월 기해 진시에 퇴계 이 선생께서 온계리 집에서 태어나셨는데 전날 밤 선생의 어머니인 춘천 박씨 부인께서 공자님이 대문에 다다르시는 꿈을 꾸셨으니 크도다, 꿈이여![20]

---

20) 門於禮安縣之龍頭山下溫溪里, 名之曰, 聖臨者, 識其夢之祥也.……燕山七年辛酉十一月 己亥辰時, 退溪李先生, 生于溫溪里第, 前日夜, 先生妣貞敬夫人春川朴氏, 夢孔子臨門, 大哉, 夢也!

이황의 어머니인 춘천 박씨가 이황을 임신할 때, '공자孔子께서 대문으로 들어오는' 태몽을 꾸었다. 그래서 김성일이 '성인이 들어온 문'이라는 뜻으로 '성림'이라 명명한 것이다. 즉 공자가 들어온 문이라는 뜻이다. 그러므로 김성일의 작명에는 별 문제가 없다.

그러나 어느 누가 성림문에 다다랐을 때 대번에 그렇게 이해를 하겠는가? 이황을 성인이라고 이해하기가 쉽지 않겠는가? 어떻게 보면 이황을 성인이라고 불러도 무방할 것이다. 가톨릭에서는 온갖(?) 사람이 다 성인이니 거기에 비하면 이황에게 성인보다 더한 칭호를 붙인다 해도 하등 이상할 것은 없다. 그러나 유학에서 말하는 성인은 가톨릭에서와는 차원이 달라도 한참 다르다. 나는 처음 성림문을 보면서 자칫 오해를 살 수도 있는 이름이 자신이 태어난 집 문 위에 매달려 있는 것을 보고 이황이 어떻게 생각할지 궁금했는데, 이황의 성품을 염두에 둘 때 아마 그는 다소 떨떠름함을 느꼈을 것 같다.

노송정

각설하고, 성림문을 지나면 넓은 마당을 앞에 두고 노송정이 오연하게 서 있다. 지금도 늙은 소나무가 가묘의 동쪽에서 지키고 있는 노송정은 최근에 말끔하게 보수되었다. 이 노송정은 여러모로 재미있는 건축물이다.

우선 〈온천정사 평면도〉의 노송정 부분과 〈오량가 가구도〉를 참고하면서 노송정 건물 구경을 해보자. 노송정은 이중 기단 위에 세워졌다. 첫째 기단은 석 자 높이로, 대여섯 걸음 뒤에 다시 두 자 높이의 기단을 쌓고 그 위에 건물을 세웠다. 건물 형태는 〈온천정사

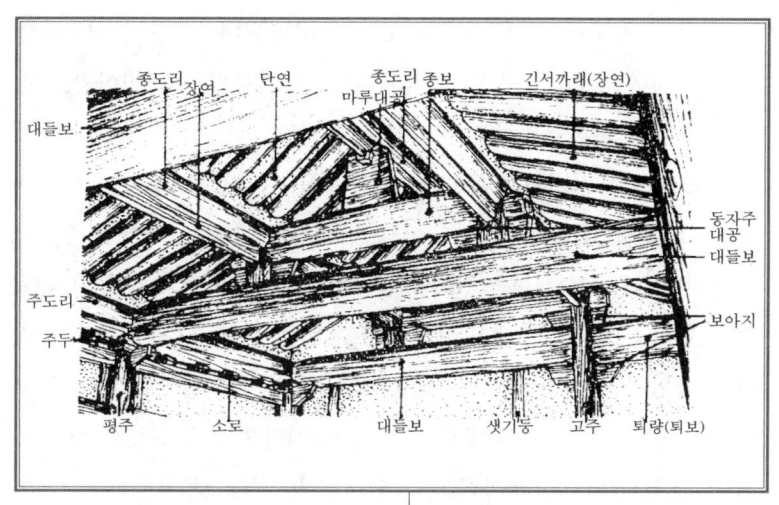

▲ 〈오량가가구도〉(『한국의 살림집』에서 전재)

평면도)에서 보듯이 'ㄱ'자 형태이다. 여섯 칸의 마루와 한 칸의 누 그리고 두 칸의 방이 있다. 앞으로 돌출한 날개채를 누로 만들었으며, 누 부분과 건물의 전면에는 문을 설치하지 않았다. 그 대신 마루에서 창방(대청 위 장여 밑에 대는 넓적한 도리)까지 열 자(3m)에 이르는 높은 기둥을 세웠다. 일반적인 기둥의 높이는 여덟 자 정도이다. 더구나 주도리 아래에 창방만을 받치고, 보아지도 생략하고, 장혀와 소로 등 일체의 장식을 배제한 전면이 이루어내는 공간의 높이는 실제보다 더 높아 보인다. 이 때문에 노송정을 보는 사람들은 그 건물이 매우 우뚝하다는 인상을 받게 된다.

실제로 노송정이 우뚝하게 보이도록 하기 위해 기울인 노력은 노송정 마루에서 천장의 가구架構를 보면 더욱 분명해진다. 일반적으로 천장의 가구에 의해 지붕의 모양이 결정된다. 지붕의 경사각인 물매와 처마의 선, 지붕의 크기와 모양 등 지붕의 구성이야말로 한옥의 아름다움을 결정하는 핵심이다.

노송정은 오량가五梁架이다. 서까래를 직각으로 받치는 도리의 수가 다섯 개 있는 집이다. 그러므로 도리를 받치는 보가 이중으로 설치된다. 대들보 위에는 또 하나의 보 즉 종보가 설치된다. 자연히 종보를 기준으로 서까래가 아래위로 나뉘게 된다. 다시 말하면 일반적인 삼량가는 서까래가 용마루에서 처마까지 연결되는데 비해 오량가는 용마루에서 종보까지, 종보에서 처마까지 장연長椽(긴 서까래)과 단연短椽(짧은 서까래)이라 부르는 두 개의 서까래가 분리되어 설치된다. 그 서까래의 경사가 바로 지붕의 물매[21]를 결정한다.

지붕의 물매를 부드럽게 하기 위해서 대개의 경우 대들보와 종보는 일정한 거리를 두고 동자기둥이라 부르는 나무토막으로 연결되는데 노송정은 동자기둥의 길이가 매우 짧아서 대들보와 종보가 붙어 있는 듯하다. 그러므로 종보와 종도리까지의 거리는 상대적으로 멀어지게 되고, 지붕의 물매는 '싸게' 된다.[22] 노송정에서 천장을 보면 천장 꼭대기에 있는 종도리와 종보의 거리가 멀어서 종도리를 받치는 마루대공이 상당히 높다는 것을 알 수 있다. 아울러 그 사이에

---

21) 물매는 '지붕의 경사각'으로 '지붕의 길이 대 높이'를 가리킨다. 예를 들어 길이가 10일 때 지붕 높이가 3 내지 4의 비율로 나타나는 것이 일반적인 기와 지붕의 물매이다. 측정 방법은 마루대공 즉 용마루에서 대들보까지의 '높이'와 대들보 중앙에서 처마까지의 '길이'를 재면 된다.

22) 물매가 급한 것을 '싸다'고 하고 완만한 것을 '뜨다'고 표현한다. 물매가 싸면 처마가 깊어지고 뜨면 처마가 얕아진다. 처마의 깊이는 기둥과 처마 끝까지의 사이를 말한다. 처마가 깊으면 지붕의 크기 즉 '갈비'도 커지는데 지붕의 하중을 견디기 위해서는 기둥 위에 栱包를 설치해야 한다. 가장 간단한 공포가 '보아지'이며 주심포·다포·익공 등의 용어는 공포의 형식을 가리킨다.

▲ 노송정

이루어진 서까래의 경사가 가파르다는 것을 알 수 있다. 이 때문에 노송정은 실제의 높이에 비해 더욱 우뚝하게 높아 보인다. 왜 그랬을까?

   그것은 지형에 맞추기 위해서였다. 노송정이 있는 자리는 바로 산밑이다. 그런데 그 산은 집이 기대고 있는 산치고는 낮은 산이 아니다. 당연히 건물이 낮으면 산의 높이에 눌려 보는 사람이 불안해진다. 그러므로 산간에 자리한 사찰은 건물의 높이를 강조하고 평지에 위치한 절은 건물의 평면성을 강조하는 것이 일반적이다. 노송정도 그렇다. 노송정에 들어선 사람들은 노송정의 높이에 눈이 가기 때문에 노송정 뒤의 산이 높다는 생각을 할 겨를이 없다. 즉 노송정은 뒷산이 주는 능압凌壓을 벗은 훌륭한 건축이다.

하지만 노송정과 같이 정자 형태의 건물이 집 안에 있는 것은 안동에서는 좀처럼 보기 힘들다. 노송정의 기능은 크게 두 가지로 볼 수 있다. 첫째는 여름용 별장 기능으로 더위를 피하는 것이고, 둘째는 제청祭廳 기능으로 조상의 제사를 받드는 것이다. 그런데 사실 노송정은 이 두 기능에 다 적합하지 않은 듯하다. 안동은 상당히 추운 지방에 속한다. 비록 남향 마을이라고 하지만 온혜는 위도상 안동에서도 추운 지역에 속한다. 그러므로 여름용 별장으로 사용하더라도 노송정처럼 고스란히 앞면을 틔우면 너무 추운 건물이 되기 십상이다. 이런 식의 정자는 주로 우리 나라 남부 지방에서 볼 수 있으며 중부 이북에서는 보기 어렵다. 또한 노송정을 제청으로 사용할 때도 앞면이 너무 개방되어 있기 때문에 제사의 엄숙함이 줄어들 가능성이 높다. 그러나 그 자리에서는 그렇게 짓는 것이 더 어울린다.

추로낙민

노송정 마루에 올라서면 삼면에 다섯 개의 현판이 걸려 있다. 그 가운데 동쪽과 서쪽의 벽면에는 각각 '해동추로海東鄒魯', '산남낙민山南洛閩'의 현판이 걸려 있다. 이 현판이 노송정에 걸려 있기는 하지만, 그 내용은 성림문 현판처럼 노송정을 칭송하는 것은 아니다. 이곳에서 태어난 이계양의 손자 즉 이황을 기리며 동시에 이황에 대한 진보 이씨의 자부심이 가득 담겨 있다. 만약 노송정이 아닌 다른 곳에 그런 현판이 걸려 있다면 사람들은 고개를 외로 꼬게 될지 모른다. 그만큼 편액의 내용이 엄청나기 때문이다.

'해동추로'에서 '해동'은 조선이며 '추로'는 맹자와 공자가 난

나라이므로, 이는 곧 조선이 공맹의 적통을 이은 나라라는 자부심을 표현한 것이다. 또한 '산남낙민'에서 '산남'은 영남, 그 중에서도 태백산과 소백산의 아래인 양백지간兩白之間을 뜻하는데, '낙민'에 대해서는 좀더 구체적인 설명이 필요하다.

공자가 형태를 잡은 유학은 맹자에 이르러 구체화되었고 전국의 난세를 일통한 진시황에게는 배척되었으나 곧 이은 한漢나라(기원전 206~기원후 220) 때에 국시國是로 정해지면서 국가의 제반 제도가 유학의 이념에 의해서 재편성되었다. 그 결과 400년에 걸친 한의 치세기를 통해 유학은 중국 역사에 화려한 자취를 남기게 되었다. 그러나 달도 차면 기우는 법, 당唐나라(618~907)에 이르러 인도에서 전래된 불교가 유학을 누르고 국교로 채택되면서 유학은 점차 잊혀져 갔다. 한유韓愈(768~824)가 도학으로서의 유학을 부활시키려고 노력했지만 그것은 미약한 외침으로 끝나고 말았다. 송대宋代(960~1279)에 이르러서야 본격적인 유학 부흥 운동이 일어났으며, 그 대미를 장식한 사람이 바로 신유학이라 부르기도 하는 성리학을 집대성한 주희朱熹였다.

'낙민'은 '염락관민지학濂洛關閩之學'에서 유래한 말이다. 여기에서 '염'은 중국 불교 즉 선종에 눌려 있던 유학을 새롭게 해석하고 『태극도설太極圖說』을 저술하여 유학에 철학적 자양분을 수혈하여 송대宋代 신유학의 개조開祖가 된 염계濂溪 주돈이周敦頤(1017~1073)를 가리킨다. '낙'(락)은 주돈이의 제자로 낙양洛陽에서 활동한 이정二程 즉 명도明道 정호程顥(1032~1085)와 이천伊川 정이程頤(1033~1107) 형제를 가리킨다. 특히 정이는 중국 경서 중 가장 철학적인 경향이 농후하다고 자타가 인정하는 『주역』을 유학적으로 재해석함으로써 주희에게 막대한 영향을 끼쳤다. '관'은 관

중關中에서 활약한 횡거橫渠 장재張載(1020~1077)를 가리킨다. 장재는 『정몽正蒙』을 저술하여 우주의 모든 것은 오직 '기氣'의 집산集散에 의해 이루어진다는 '기일원론적 세계관'을 설파하고 이정과 교유하여 서로에게 깊은 영향을 끼친 인물이다. '민'은 지금의 복건성인 민중閩中을 뜻하는데, 이는 곧 민중이 고향인 주희朱熹(1130~1200)를 가리키는 말이다.

지금까지 논의된 것을 정리해 보면, '추로'는 유학의 조종인 공맹을, 그리고 '낙민'은 유학의 중시조 격인 주돈이와 신유학의 완성자인 주희를 가리킨다. 그러므로 노송정에는 2500년 유학의 모든 것이 담겨 있다고 할 수 있다. 안동에서 그 정도의 찬사를 받을 수 있는 사람은 이황뿐이다.

노송정 마루의 북쪽 벽 중앙에 노송정 편액이 걸려 있고 그 좌우에는 두 개의 시판이 있다. 동쪽 시판은 이해가 전라도 관찰사, 이황이 풍기군수로 있을 때 잠시 이곳에서 만나 사당을 배알하고 느낀 바를 읊은 내용이고, 서쪽 시판은 이계양이 온혜 뒤에 있는 용두산龍頭山 아래 용수사龍壽寺에 들어가 공부하는 두 아들 이식李埴과 이우李堣의 노고를 위로하는 시이다.

세월은 빨라서 한 해가 저무는데,	節序駸駸歲暮天,
눈 덮인 산자락 산문을 안았구나.	雪山深擁寺門前.
차가운 방에 있을 너희를 생각하니,	念渠苦業寒窓下,
좋은 꿈이 문득문득 눈앞에 어린다.	淸夢時時到榻邊.
일흔을 바라보는 늙은 부모가,	年將七十老爺孃,
날마다 너희를 그리며 출세를 바란다.	日日憐渠望立揚.
오늘 같은 고생을 힘들다 말아라,	莫嘆如今勤苦業,
뒷날에는 알리라, 너희가 효자임을.	定知他日孝無疆.

공부란 정말로 쉬운 일이 아니다. 하는 당사자도 그렇거니와 보는 부모도 그에 못지 않다. 예나 지금이나 부모 마음이야 어디 다를 것이 있으랴. 자신의 입신양명立身揚名이야말로 곧 어버이에 대한 최고의 효도일진대 일찍 깨닫지 못하고 헛되이 세월만 보낸 나는 나이가 들수록 아쉬움만 더해 간다.

이식

이계양은 2남 2녀의 자식을 두었는데, 장남이 이식(1463, 세조 9~1502, 연산군 8)이고 다음이 이우(1469, 예종 1~1517, 중종 12)이다. 이식의 자字는 기지器之로 막내아들인 이황이 태어난 신유년(1501)에 서른아홉의 늦은 나이로 진사시에 합격했으나 다음 해 임술년에 일찍 세상을 떠났다. 이식의 행적을 이황이 지은 「행장行狀」에서 살펴보자.

돌아가신 아버지께서는 젊었을 때부터 아우인 참판공 우와 함께 뛰어난 재질이 있었고 배우기를 기뻐하여 뜻을 돈독히 하고 정밀함에 힘써 부지런하기가 마치 굶주리고 목마른 듯이 하셨다.……먼저 예조정랑 한철[23]의 따님이신 문소 김씨를 맞이하셨는데 정랑공의 집에는 서적이 매우 많았다. 정랑공이 일찍 별세하시고 부인이신 공인[24] 남씨께서는 여러 자식들이 학문에 힘쓰지 않음을 늘 한탄하셨는데, 아버지께서 배움을 좋아하시매 이를 기뻐하시어 아버지께 이르시기를, "내가 듣건대 '책은 공공의

---

23) 金漢哲은 안동에서 세칭 '내앞 김씨'라 불리는 의성 김씨이다. 김한철은 앞서 살펴본 金洊의 둘째 아들인 金永命의 둘째 아들인데, 생몰년은 정확히 알 수 없다. 김한철은 成化 기축년(1469)에 문과에 급제하고 예조정랑을 역임했다. 안동의 유수한 가문들은 일찍부터 서로 혼인으로 맺어져 따지면 거의 모두가 인척 관계인 셈이다.

24) 恭人은 外命婦 즉 문무관의 아내를 지칭하는 5품 벼슬의 품계이다. 1품이 貞敬夫人이다.

물건이며 반드시 선비에게 돌아가야 하는 것'이라고 했다. 내 아들들은 이 보물을 가지기에 부족하다" 하시고 드디어 모든 책을 아버지께 드렸다. 아버지께서는 이 일 때문에 공부에 큰 힘을 얻으시어 경서와 역사 및 제자백가를 불철주야 연구하고 분석하여 학업을 이루시었다. 당시 사람들은 아버지와 참판공을 함께 추앙하고 성심껏 순종하였는데 그들은 아버지를 더 박식하다고 여겼다.

돌아가신 아버지께서는 일찍이 자식들에게 "내가 책을 대함에 먹을 때도 함께 먹고 잘 때도 함께 꿈꾸어 앉아 있을 때나 다닐 때나 늘 책과 함께하여 잠시라도 마음에서 잊어 본 적이 없다. 너희들은 이렇듯이 느긋하게 세월만 보내고 있으니 어찌 능히 성취하기를 바랄 수 있겠느냐?"라고 훈계하셨다.[25]

책을 주는 일은 옛날이나 지금이나 어려운 일이다. 더구나 옛날의 책이란 것이 요즘처럼 흔한 것이 아닐 뿐더러, 대다수의 책들은 일일이 손으로 베껴야 하는 것이었으니 「행장」의 표현처럼 '보물'임이 분명하다. 그런 보물을 자식들도 즐비한데 자식을 제치고 사위에게 줄 때는 사위가 보물을 받을 만한 인물임을 알았기 때문이다.

이식의 부인인 문소 김씨는 천순天順 경진년(1460)생으로 이식보다 세 살 위였다. 문소 김씨는 맏아들인 이잠李潛과 둘째 이하李河를 비롯한 2남 1녀를 낳은 뒤 1488년 스물아홉의 젊디젊은 나이에 그만 세상을 떠났다.

---

25) 「行狀」, "先君, 少與弟參判公㙉, 俱有異質, 喜爲學, 篤志勵精, 勤X.如飢渴……先府君, 先娶聞韶金氏, 禮曹正郎漢哲之女, 正郎家畜書籍甚富, 而正郎早世, 恭人南氏, 常恨諸子不文, 而喜先君之嗜學也. 謂先君曰, '吾聞, 書籍公器, 必歸儒者之家, 吾諸兒, 不足以有此寶物', 遂盡以書籍付先君. 先君因得大肆力於稽古, 經史百家, 研究搜抉, 晝夜不輟業成. 與參判公皆爲時輩所推服, 而其稱博覽, 則以先君爲多. 先君嘗訓子曰, '吾於書, 食與俱嚥, 寢與俱夢, 坐與俱坐, 行與俱行, 未嘗頃刻而忘于懷. 汝輩, 乃如此悠悠度日, 何能有望於成就哉?'"

춘천 박씨

문소 김씨가 별세하자 이어서 이식이 맞아들인 계실繼室이 춘천 春川 박씨(1470~1537)이다. 춘천 박씨는 성화成化 경인년(1470)생으로 이식보다 일곱 살 아래였다. 춘천 박씨가 네 아들을 낳으니 차례로 의猗·해瀣·징澄·황滉이다.

이해의 아버지인 이식은 서른아홉의 비교적 늦은 나이에 진사시 進士試[26]에 합격하였다. 예나 지금이나 고시 공부하는 사람들이 그러하듯이, 이식은 거의 가사를 돌보지 않았으며 그 몫은 고스란히 춘천 박씨에게 돌아왔다. 더구나 이식은 진사시에 합격한 이듬해 마흔 살의 나이로 세상을 떠났다. 막내 이황이 돌을 갓 지났을 때이므로 홀로 여러 명의 자식을 키워야 했던 춘천 박씨의 고생스러움을 짐작하는 것은 어려운 일이 아니다. 이황은 춘천 박씨의 「묘지墓誌」에서 그녀가 짊어진 삶의 무게를 소상하게 밝혀 놓았다.

아버지께서 병으로 돌아가실 때 맏형이 겨우 장가를 갔고 나머지는 모두 어린애였으니, 어머니께서는 아들은 많고 일찍 홀로 되신 것을 뼈저리게 느끼시고 장차 집안을 부지하지 못하고 여러 자식들이 가정을 이루지 못

---

[26] 조선 시대 과거는 小科와 大科로 나뉘고 각 과는 다시 1차 시험인 初試와 2차 시험인 覆試를 거친다. 소과는 司馬試·監試라고도 하는데, 일종의 자격 시험으로 生員科와 進士科가 있다. 생원·진사시에 합격한 사람을 생원·진사라고 부르는데 서열상의 차이는 없고 초기에는 생원, 후기에는 진사를 우대하였다. 소과의 초시는 鄕試로 전국에서 700명을 뽑고, 향시 합격자들이 다시 예조에서 복시를 치러 최종적으로 100명을 선발한다. 이들에게 합격증인 白牌를 수여하고 생원과 진사의 칭호를 준 뒤 성균관에 입학할 수 있는 자격을 주었다. 이들이 성균관에서 공부한 뒤에는 대과에 응시하거나 지방의 말단 관직을 받았다. 연 평균 100명이 안 되는 생원·진사가 갖는 사회적 지위는 매우 높다. 관직에 나아가지 않더라도 학자로서의 공인된 지위를 확보하게 되며 나아가 깨끗한 선비로서의 위신을 누릴 수 있었기 때문에 70~80의 고령에도 불구하고 응시하는 이가 많았으니, 평균 연령이 대과의 문과 급제자보다 오히려 높았다.

할까 크게 근심하셨다. 삼년상을 마치신 뒤 어머니는 제사를 맏자식에게 맡기시고 그 곁에 집을 짓고 살면서 더욱 농사와 길쌈에 힘쓰셨다. 갑자 을축년[27]에 세금을 혹독하게 걷자 파산하고 이사하는 사람들이 많았으나, 어머니께서는 어려울 때를 미리 생각하여 준비하셨기 때문에 가업을 잃지 않으셨다. 여러 아들들이 점차 장성함에 이르러 가난에서 벗어나 자급하게 되었으며 자식들을 멀리, 가까이에 보내 공부를 시키셨다.

어머니는 언제나 '다만 글읽기와 재주 닦음을 옳은 일로 여기지 말고 몸가짐을 바로잡고 행실을 삼가는 데 치중하라'고 가르치셨으며, 사물마다 비유를 들어 깨우쳐 주시고 일을 좇아 가르침을 내리셨다. 또한 어머니는 미상불 꼭 간절하게 경계하고자 하실 때는 "세상 사람들은 늘 '과부의 자식은 교양이 없다'고 비방하는데 너희들이 백 배 노력하지 않는다면 이러한 조롱을 어찌 면할 수 있겠느냐?"고 하셨다. 뒤에 두 자식이 과거에 합격하여 벼슬길에 오르는 것을 보시고도 어머니는 높은 지위에 오르고 귀하게 되는 것을 기쁨으로 여기지 않으시고 늘 세태가 위태로움을 근심으로 삼으셨다.

비록 어머니는 글을 익히지 않으셨으나 평소 아버지의 가정 교육과 여러 자식들이 서로 익히는 것을 들으시고 자주 깨닫는 바가 있으시어 의리를 깨우치시고 일의 형편과 까닭을 밝게 아시니, 그 학식과 사려가 선비나 군자와 같았다. 그러나 어머니는 그 모든 것을 속으로만 쌓아 두시고 집 밖의 일을 거론하지 않으셨으며 항상 고요히 자신을 지킬 뿐이셨다.[28]

---

27) 갑자년은 연산군 10년(1504)으로 폭정이 심해져 세금 징수가 가혹해졌다.
28) 「墓誌」, "先君病歿, 時伯兄僅授室, 自餘幼稚滿前, 夫人痛念多男而早寡, 將不克持門戶, 遂婚嫁成就諸子, 大以爲憂戚. 哭三年畢, 以祀事付冢嗣, 築室其旁而居之, 益修稼穡蠶桑之務. 當甲乙之際, 賦斂酷急, 人多破産零替, 而夫人能圖難慮遠, 不失舊業, 及諸子漸長, 則又賑貧資給, 令就學於遠邇. 每加訓戒, '蓋不惟文藝是事, 尤以持身勤行爲重', 遇物設譬, 因事爲教. 未嘗不丁寧警切曰, '世常訾寡婦之子不教, 汝輩非百倍其功, 何以免此譏乎?' 後見二子決科登仕, 則夫人又不以榮進爲喜, 而常以世患爲憂. 雖未曾習文字, 平日慣聞先君庭訓及諸子相講習, 往往有所悟解, 唯義理, 曉事情, 識慮類士君子, 然含章而無外事, 恒守靜悒而已."

이식이 둔 자식은 모두 7남 1녀이다. 의성 김씨 소생이 2남 1녀이며 춘천 박씨 소생이 5남인데, 장남 이서린李瑞麟과 셋째 이의李漪는 일찍 세상을 등졌다. 이계양은 이황이 태어나기 3년 전에 별세하였으므로 춘천 박씨는 시어머니 영양 김씨(1430~1488)의 보살핌을 받았다. 시아버지와 지아비를 여읜 춘천 박씨에게는 시숙인 송재松齋 이우李堣가 집안의 어른이었지만 이우는 벼슬살이 때문에 외지에 나가 있었으므로 집안을 꾸리는 것은 온전히 박씨 부인의 몫이었다.

이황이 서술한 어머니의 생활은 이 땅의 여느 어머니들이 겪었던 삶과 한 치의 어긋남도 없다. 박씨 부인의 행적을 읽으면서 나는 줄곧 내 어머니의 삶이 겹쳐지는 것을 느꼈다. 그렇다. 이 땅의 어머니들의 삶은 500년 전이나 50년 전이나 판에 박은 듯이 똑같은 것이다.

이우

이우李堣는 호가 송재松齋이다. 이우는 예종 1년(1469)에 태어나 1492년 나이 스물넷에 사마시에 합격하고 6년 뒤인 1498년에 서른 살의 나이로 문과[29]에 급제하였다.

---

29) 문과는 소과인 사마시와 구별하여 大科라고도 부르는데 명실공히 최고의 시험이었다. 대과 초시는 4년마다 한 번씩 寅申巳亥년의 가을에 정기적으로 열리는데 이를 式年科라 한다. 대과 초시에는 소과의 생원 진사시에 합격한 자와 일정한 자격을 갖춘 사람들이 응시했는데 전국에서 약 240여 명을 선발하였다. 대과 초시에 합격하면 합격증서로 紅牌를 수여하고 마지막 시험인 대과 覆試에 응시할 자격을 갖게 되었다. 복시는 子午卯酉년의 봄에 정기적으로 열린다. 최종 선발 인원은 33명뿐이니 시험의 어려움을 충분히 짐작할 수 있을 것이다. 이외에 필요에 따라 수시로 과거를 보아 인재를 등용했지만 대과의 권위는 실로 대단하였다. 요즘은 거의 누구나 시험을 친다. 그러나 옛날에는 시험을 통해 관리를 등용하는 것이 중국과 우리 나라에만 있었던 아주 특별한 제도였다.

시험에는 어느 정도 운이 따라야 한다 하더라도 형인 이식이 서른아홉 살에 사마시에 합격한 것과 비교해 보면 이우의 영특함을 짐작할 수 있다. 이우는 승문원 부정자副正子(종9품)로 벼슬살이를 시작하여 1517년 안동 부사를 끝으로 세상을 떠났다.

이우의 일생에서 영욕이 교차되는 시기는 1506년의 중종반정 때이다. 주지하다시피 중종반정은 포악하고 어두운 연산군燕山君(재위 1495~1506)을 몰아내고 진성대군晉城大君이 중종中宗으로 즉위한 사건이다. 당시에 이우는 승정원承政院의 승지承旨(정3품)였다. 승정원은 임금의 명령을 출납出納하는 기관이므로 오늘날의 대통령 비서실과 그 기능이 같다. 승지는 왕명 출납의 책임을 맡은 비서로서 왕을 가장 가까이서 모시기 때문에 왕의 특별한 신임과 총애를 입어야만 그 직책을 맡을 수 있었다. 그러므로 승지에 임명되는 것은 신하된 자의 영광이었다. 하지만 연산군이 누구인가? 연산군 밑에서 승지의 직책을 맡았다는 것은 결코 영광스러운 일이 아니었다. 이우가 사간원의 사간司諫으로 있다가 승지에 임명된 것이 1506년 7월이었으니 중종반정(1506년 9월 1일) 두 달 전이었다. 비록 짧은 기간 동안 승지의 직책에 있었으나 결과적으로 그것은 이우에게 있어 욕됨이라 할 수 있다.[30]

그런데 이우는 실로 기이한 일로 반정공신에 책록되어 청해군青海君에 봉해지고 아버지인 이계양은 진성군眞城君에 추증되었

---

30) 연산군의 대표적 학정으로 평가되는 것이 연산군 4년의 무오사화(1498)와 갑자사화(1504)이다. 사화의 의의와 평가에 대해서는 아직 연구가 미흡하지만, 한낱 당쟁이 아니라 당시의 사회 경제적 변동과 깊은 관련을 갖는 정치 현상으로 이해해야 한다는 점에서는 의견의 일치를 보고 있다. 이우가 두 번의 사화에서 아무런 영향을 받지 않은 것은 아마도 그가 훈구와 사림의 어느 쪽에도 영향을 미칠 수 없는 신참의 관리이기 때문이었을 것이다.

다.³¹⁾ 그 기이한 일의 전말을 이황이 쓴 「묘갈墓碣」에서 알아보자.

이날 밤 변고가 있음을 알았으니 입직 승지는 마땅히 나가서 변고를 살펴야 하지만 승정원의 신료들이 바깥으로 나가는 것을 꺼려 부군을 떠밀다시피 하였으므로 부득이 부군께서 밖으로 나가시게 되었다. 이미 밖으로 나온즉 안팎이 단절되어 다시 들어갈 수가 없었고 반정의 결과도 이미 정해졌다.³²⁾

이황이 언급한 것처럼 이우가 중종반정에 참여한 것은 연산군의 폭정을 끝내기 위해 자발적으로 선택한 행위가 아니었다. 하늘의 보살핌인지 아니면 운명의 장난인지 그냥 참여하게 된 것이었다. 어떻든 임금을 지근 거리에서 모시는 승지가 반정에 참여한 것은 보통 일이 아니었으며 또한 승지의 직책이 품계가 높은 것이었기 때문에 반정 이후 이우는 군君에 책봉되었다. 그러나 이우가 반정에 참여한 일의 정당성을 놓고 말이 많아지자 이우는 벼슬을 버리고 온혜로 돌아왔다. 1512년의 일이었다. 3년여에 걸친 논란이 끝나고 1515년에 이우는 다시 안동부사로 배명되어 2년 뒤 세상을 뜰 때까지 안동을 다스리게 되었다.

이황을 거론할 때 빠지지 않고 등장하는 이야기 중의 하나가 어려서 숙부인 이우에게 가르침을 받았으며 달리 다른 스승을 모신 적

---

31) 진보 이씨를 흔히 진성 이씨라 부르는데 진보의 다른 이름이 진성인 것은 아니다. 정확하게 고증하기에는 내 역량이 부족하지만, 아마도 이계양이 진성군에 봉해진 뒤부터 '진성 이씨'라는 별칭이 비로소 쓰이기 시작했을 것이다. 그러므로 이우가 바로 진성 이씨라는 별칭을 만든 장본인이라 할 수 있다. 어떤 이들은 眞城이 眞寶城의 줄임말이라고 주장하기도 한다.

32) 「墓碣」, "蓋是夜, 聞有變, 入直承旨, 當出偵變, 僚員以出外爲憚, 而推之府君, 府君不得已而出. 旣出, 內外隔絶, 無緣復入, 而大議已定."

이 없었다는 것이다. 이제 이우의 일생을 참고하여 이황이나 이해가 이우에게 가르침을 받은 때가 언제인지 재구성해 보자. 이우가 대과에 급제하여 벼슬살이를 시작한 때는 연산군 4년(1498)으로 이해는 세 살, 이황은 아직 태어나지도 않은 때였다. 이우가 관직에 있으면서 얼마나 자주 안동에 왔는지는 알 수 없지만 그가 1512년 온혜로 낙향하여 두문불출한 기간은 3년이었다. 당시 이해는 열일곱 살, 이황은 열두 살이었으니 아마도 이 때에 그들은 이우로부터 집중적인 가르침을 받았을 것이다.[33)]

애련정

온혜에서 두문불출하던 이우는 1515년에 다시 안동 부사로 임명되었다. 이우는 안동부 부청사 옆에 자신의 아들과 이해·이황 두 조카를 공부시키고 거처시키기 위해 집을 지었는데, 그 집이 바로 '송당松堂'이다. 송당은 송재종택松齋宗宅으로 알려져 있는데 현재 안동시 옥정동 명당 빌라 옆에 있다. 그런데 송재종택은 방화벽防火壁이었을 다섯 칸 대문채의 바깥벽을 시멘트로 발라 놓아서 주의 깊게 살피지 않으면 지나치기 십상이다. 솟을대문을 들어서면 비좁은 공간에 사랑채로 쓰였던 건물이 있다. 건물의 당호는 '애련정愛蓮亭'이다. 마루에는 기문을 비롯한 몇 개의 시판이 걸려 있는데, 그 중 이우의 시를 감상해 보자.

거문고 맑은 소리 빗소리에 섞이고,	琴韻冷冷雜雨聲,
뿌리 없이 시든 연꽃 깨끗함이 더하네.	敗荷無藕尙含淸.

33) 일설에는 이해가 여덟 살 때 이우에게서 가르침을 받았다고 하는데 그렇다면 이우가 벼슬하는 곳에 가서 배웠을 것이다

서쪽 담 밑 대나무와 옮겨 심은 접시꽃,	移葵間竹西牆下,
스스로 드러나는 붉고 푸른 제 색깔.	紅綠分明各自旌.

비오는 여름날 정자에 앉아 거문고 소리에 화답하는 연못의 연꽃과 빗소리, 그리고 담장을 두른 대나무와 접시꽃이 빗속에 더욱 제 빛을 드러내는 정경이 그림처럼 묘사되어 있다. 나는 언제쯤 그와 같은 청복淸福을 누릴 수 있으려나?

마루에 걸려 있는 또 다른 시,「안동애련당安東愛蓮堂」의 작자는 이황이다. 그런데 시 앞에 병기해 놓은 서문에 다음의 내용이 씌어 있다.

> 애련당은 옛날에 정자였는데 연못 가운데에 있었다. 숙부 송재공께서 안동 부사로 임관하던 날 시를 지었다.……뒤에 농암 이 선생이 부사가 되었을 때 정자를 고쳐 당으로 만들고 송재의 시를 벽에 걸었다. 지금 보니 대나무는 북쪽 담장에 있고 접시꽃은 간 곳이 없다.[34]

그러므로 원래 애련정이 있던 자리는 오늘날과 같지 않다. 그러나 언제 무슨 연유로 현재의 위치로 옮겨서 송재종택의 사랑채로 쓰이게 되었는지는 알 수 없다. 안타깝게도 애련정은 아직까지 문화유산으로 지정·보호되지 못하고 있다. 애련정 뒤의 안채에는 반듯하고 힘있는 해서체의 당호, 송당松堂 편액이 걸려 있다.

이우가 두문불출했던 3년 동안과 안동 부사가 된 1515년부터 세상을 떠나기 전까지의 3년 동안 그는 이해와 이황을 가르쳤을 것이다. 이우의 학식으로 6년이라면 이해와 이황의 공부가 자리를 잡는 데에 충분하지 않았을까?

---

34) 堂舊爲亭, 在蓮池中, 叔父松齋府君莅官日, 嘗有詩.……後聾巖李先生繼爲府, 改構爲堂, 仍掛松齋詩于壁. 竹移于北檣, 而葵無處矣.

수곡

 이상에서 살펴본 이계양과 그의 아들 이식과 이우, 그리고 이식의 부인인 춘천 박씨의 산소는 모두 온혜리 뒤쪽, 속칭 수곡樹谷에 있다. 노송정에서 나와 동쪽으로 난 길을 따라 송재신도비가 있는 온혜 초등학교 쪽으로 가다 보면 왼쪽으로 보이는 산의 가파른 능선에 몇 기의 산소가 위아래로 모셔져 있는 것을 볼 수 있다. 그 산소들 중 맨 위의 것이 이해의 아버지인 이식의 산소인데 아래에는 진성 이씨의 후대 산소가 세 기 더 있다. 그 골짜기가 바로 수곡이다.

 골짜기로 난 길을 따라 올라가면 재사가 보인다. 재사의 이름은 수곡암樹谷庵인데 명종 8년(1553)에 준공하여 중들로 하여금 관리하게 하였다. 재사의 서쪽 능선으로 난 길을 따라 얼마쯤 가면 돌계단이 설치된 가파른 길이 나온다. 그 길이 끝나는 지점에 서면 능선 위에 세 기의 산소가 있다. 산소마다 비석이 서 있기 때문에 누구의 묘인지 쉽게 알 수 있다. 맨 앞이 이해의 어머니인 춘천 박씨의 산소이며, 중간에 망주와 문인석이 설치된 것이 이계양의 산소이며, 맨 뒤가 이계양의 부인인 영양 김씨의 산소이다.

 능선을 따라 여러 기의 산소를 쓰는 경우는 아주 흔하다. 그것은 산소를 쓸 수 있는 좋은 땅이 드물기 때문이다. 아무리 노력한다 하더라도 집안의 모든 산소를 일일이 따로 쓰는 것은 거의 불가능하다. 그래서 좋은 능선 곧 용의 힘이 제대로 갈무리된 곳을 찾아서 능선을 따라 여러 기의 산소를 쓰는 것이다. 이계양의 산소가 있는 능선에 모셔진 산소는 모두 일곱 기이다. 물론 그 일곱 기 중에는 보다 좋은 장소와 그렇지 못한 장소가 있지만 그런 것을 따지는 것은 전문가들이나 할 일이다. 산소들이 죽 모셔져 있는 능선을 볼 때는 그 능선에 서린 힘과 변화를 느끼는 것으로 충분하다.

재사에서 동쪽에 있는 능선에 이우와 그의 아내인 월성 이씨의 산소가 합장으로 모셔져 있다. 풍수 격언에 "땅은 주인이 따로 있다"는 말이 있다. 산소를 돌아보면 그 말을 실감할 때가 많다. 즉, 한 곳에 산소를 모시거나 아니면 조금 떨어져 있다 하더라도 산소가 자리한 곳은 조금씩 다르다. 다시 말하면 조금 더 낫고 조금 더 못한 곳이 있는 법인데 꼭 어른이라고 해서 좋은 땅에 자리를 잡는 것은 아니다. 수곡에서 제일 좋은 자리를 차지한 사람은 이우이다. 그러니 땅은 주인이 따로 있을 수밖에.

이해

온혜 구경을 마쳤으니 이제 이해의 산소를 찾아가야 할 때이다. 그 전에 이황이 쓴 「묘갈墓碣」을 통해 그의 생애를 간략히 살펴보자. 이해는 1525년 사마시를 거쳐 1528년 서른세 살의 나이에 대과에 합격하여 이후 여러 관직을 두루 경험하게 된다. 1537년 어머니가 돌아가시어 삼년상을 치렀고, 1540년에 다시 홍문관 사간司諫에 제수되었다. 그런데 그가 직제학直提學(정3품)으로 있을 때인 임인년(1542)에 나라에 큰 흉년이 들었다.

임인년에 충청·전라·경상도에 큰 기근이 들어 조정에서는 명망 있는 신하를 나누어 보내 굶주린 백성들을 구제하게 하였다. 공은 경상도를 맡아 농경지의 경계를 확실히 하고 매사를 처리함에 있어 마음과 힘을 다하여 서로 나누어주기를 권하고 물자를 이동시켜 모두가 마땅함을 얻도록 하였다. 공은 여염집에 출입하는 것을 조금도 꺼리거나 수고롭게 여기지 않으니 여러 읍이 안정을 찾아 온전히 살게 된 백성들이 매우 많

왔다.[35]

"가난 구제는 나라도 못한다"는 속담이 있듯이 백성들의 가난을 구제하는 목민관으로서의 임무를 달성하는 것은 어렵고도 어려운 일이다. 이해는 그 임무를 무사히 달성하였고 그 공으로 이듬해 도승지에 제수되었으며, 1544년에는 사헌부 대사헌과 사간원의 대사간을 역임하고 예조참판에 이른 뒤 다시 대사헌에 나아갔다. 국정을 논하고 백관의 행실을 감찰하여 기강을 세우고 백성의 풍속을 바로잡는 양사兩司의 대간臺諫이었던 이해는 인종仁宗(재위 1544~1545) 원년에 권신權臣 이기李芑(1476~1552)를 우의정에 발탁하려는 것을 반대하고 탄핵하였다.

인종이 재위 8개월만에 승하하자 당시 열두 살의 어린 명종明宗(재위 1545~1567)이 즉위함으로써 명종의 어머니 문정왕후文定王后가 수렴청정을 시작하자 이기는 문정왕후의 동생인 윤원형尹元衡(?~1565)과 손잡고 을사사화乙巳士禍(1545)를 일으켜 윤임尹任(1487~1545)·유관柳灌(1484~1545) 등 이른바 대윤大尹을 제거하였다. 1549년 영의정에 오른 이기는 자신을 반대한 사림士林의 거의 대부분을 숙청시켰다. 그러나 윤원형과 함께 '이흉二凶'이라 불리던 이기는 선조宣祖 초년(1567)에 모든 훈록勳祿이 삭탈되어 역사의 심판을 받았다.

이해는 이기의 발탁을 극력 탄핵했으니, 이기가 어찌 그를 그냥 두려고 했겠는가? 그러나 이해가 워낙 청렴하고 강직한 관직 생활을 했기 때문에 이기도 허물을 잡을 수 없었다. 그리하여 이해는 을

---

35) 「墓碣」, "壬寅, 下三道大饑, 朝廷分遣名臣, 賑飢民, 公受慶尙之畫命, 乃爲之區措處, 極盡心力, 勸分移粟, 咸得其宜, 出入閭閻, 不憚勞勤, 列邑不擾, 而全活甚衆."

사사화가 지난 1547년 황해도 관찰사를 거쳐 1549년에는 충청도 관찰사, 이듬해 1550년에는 한성부 우윤이 되었다. 이기는 눈엣가시 같은 이해를 제거하기 위해 역모에 가담했다는 무고誣告로 얽어 이해를 죽이고자 하였으니 그 사정을 정조正祖의 총신이자 명신인 번암樊庵 채제공蔡濟恭(1720∼1799)이 찬술한 『온계신도비명』에서 살펴보자.

이리하여 공은 이치와 함께 조옥에 갇혔고 고문이 매우 혹독하여 이치는 죽고 공도 위급하여 죽을 지경이 되었다. 사람들이 혹 '거짓으로 자복自服할 것 같으면 죽지는 않을 것'이라고 하자 공은 '범한 바가 없는데 거짓으로 자복해서 삶을 구하는 것은 내가 부끄러워하는 바'라고 화를 내었다. 윤원형이 추관이 되어 억지로 공초供招를 갖추어 임금의 뜻이라 일컬으면서 서명하도록 협박하였다. 그러나 공은 신색을 바꾸지 않으며 "사건은 모두 아는 바가 아니니 감히 서명하지 못한다"고 하였다. 옥중에서 공은 소장을 초해서 올리고자 하였으나 윤원형이 이를 거절하여 임금에게 올리지 않았으나 임금께서 공의 원통함을 살피시고 갑산부에 유배하도록 명했다. 가마에 매여 양주의 점사에 도착했을 때 형독이 터져 8월 14일에 별세하니 공의 나이 쉰다섯이었다. 9월에 온계리 고향으로 운구하여 12월 12일 예안현의 북쪽 연곡에 장사지냈다.[36]

이해의 억울함을 규명하는 대신들의 상소는 모두 이기와 윤원형에 의해 차단되었으나 명종은 이해의 사람됨을 알고 함경남도 갑산

---

36) 『溫溪神道碑銘』, "於是公與李致, 同下詔獄, 拷掠甚酷, 李致死, 公亦危及死, 人或言, '若誣服, 可得不死.' 公慨然曰, '無所犯而爲服求活, 吾所恥也.' 元衡爲推官, 勒具供, 稱上旨脅署, 公神色如平日, 徐曰, '事皆非所知, 不敢署.' 草獄中疎, 欲上, 元衡拒不入已, 而上察其寃, 命流甲山府, 舁及楊州店舍, 刑毒發以八月十四日卒, 享年五十五, 九月返櫬溫溪故里, 用十二月十二日, 葬于縣北燕谷."

甲山에 유배시키도록 하였다. 그러나 이해는 갑산으로 가는 도중 경기도 양주楊州에서 형독으로 세상을 떠나니 향년 쉰다섯 살이었다.

사람은 무엇으로 역사에 이름을 남기는가? 이해는 훌륭한 목민관이었음에도 아는 사람이 드물고, 이황은 벼슬을 싫어하여 백성을 다스린 치적이 이해만 못하건만 청사에 이름이 드높다. 결국 학문이 오래가는 법인가? 그것은 지금 세상에서도 그러할까?

이해 산소

온계, 당시 연곡으로 불리던 제비실은 이해의 아들이 3년간 지성으로 시묘를 하여 지금은 '빈소골'(殯所谷)로 불린다. 온혜 마을 앞길을 따라 용수사 쪽으로 가다 보면 온혜 온천으로 들어가는 다리가 있다. 다리를 건너면 바로 가겟집이 있다. 그 가게 오른쪽은 온천으로 가는 길이며 왼쪽으로는 도랑을 따라 농로가 있다. 도랑을 따라서 난 농로로 들어서 300미터쯤 가면 오른쪽 산자락에 오래된 한 채의 기와집이 있는데 그 집이 바로 '취미헌翠微軒'이다. 취미헌은 온계고택이라 알려져 있으며 일반적인 가정집은 아니다. 안채가 있었던 흔적도 없는 듯하니 아마 별도로 지은 정자이거나 재실이었을 것이다. 취미헌의 왼쪽, 산수유로 둘러싸인 비각 안에는 이해의 신도비가 모셔져 있다.

취미헌을 지나 한 굽이를 돌면 길 왼쪽에 못이 있고 거기서부터 시작된 포장도로를 따라 500여 미터쯤 가면 〈이해 산소 지형도〉에 '가'로 표기된 집이 있다. 전에는 이 길이 비포장이고 산길이라 나름대로 운치가 있었다. 어차피 길이란 게 사람의 편리를 위해 있는 것인 만큼 도로에 포장하는 일을 나무랄 수는 없다. 더구나 그 길 주

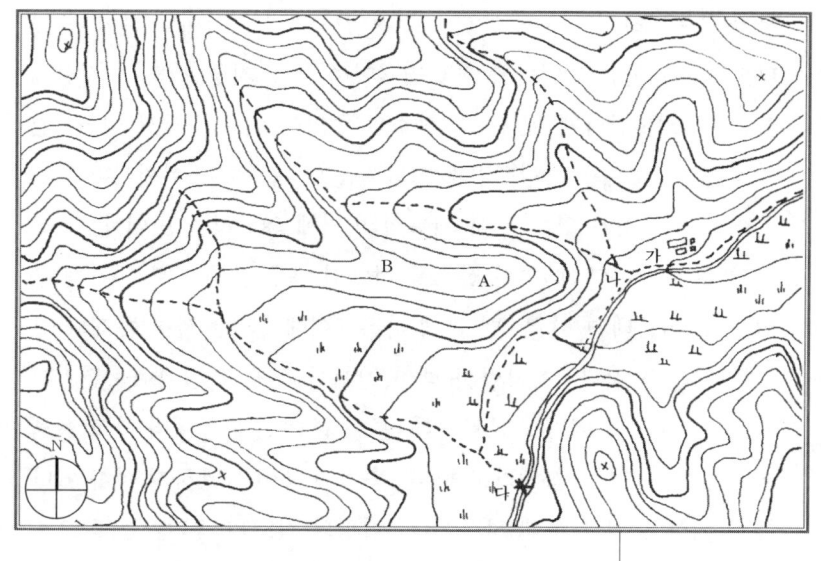

▲ 〈이해 산소 지형도〉

위에서 생활하는 사람들의 입장에서는 두 말할 필요가 없다. 하지만 고즈넉하고 운치 있는 길들이 점점 없어지는 것은 아쉬운 일이다. 내가 이해 산소에 갈 때에는 석양의 역광 속에 환상적으로 드러나는 이 길의 운치를 감상하고 싶어 일부러 저녁 때에 갔었는데 이젠 그 모두가 도로 포장으로 물거품처럼 사라져 버렸다. 참으로 아쉬운 일이다.

이해 산소에 가기 위해서는 〈이해 산소 지형도〉의 '가' 지점에 있는 집을 지나 '나' 지점에서 왼쪽으로 능선을 올라야 한다. 지형도의 점선이 물길이자 계곡이므로 이해 산소가 있는 능선은 '가' 지점에 있는 집과의 거리를 생각하고 지형을 살피면 찾을 수 있다. 입

5. 이해 산소 317

구가 불분명하지만 왼쪽 능선으로 진입하면 나무 사이로 길이 나 있다. 가파른 산길을 얼마쯤 오르면 〈이해 산소 지형도〉의 A 지점에 있는 산소를 만나게 된다. 그 산소의 주인이 이해의 둘째 아들[37]인 지례현감知禮縣監 이영李甯과 그의 부인인 경주慶州 이씨이다.

이영의 산소가 있는 곳이 거북의 머리에 해당하는 곳이다. 그곳이 바로 유혈이다. 이영의 산소를 지나면 아주 잘록한 부분을 볼 수 있는데, 이를테면 이 장 맨 앞에 나온 〈이해 산소〉 사진 아래의 잘록한 부분과 같다. 이처럼 용맥이 잘록한 것을 과협過峽·결인結咽·속기束氣 등이라고 부르는데, 용이 클 때는 과협이라 하고 용맥이 작을 때는 주로 속기라고 한다. 속기는 용이 쌩쌩하게 살아 있다는 유력한 증거 가운데 하나이다. 이영의 산소의 속기처는 참으로 볼 만하다. 어떻게 땅이 이처럼 잘록할 수 있을까 하는 의심이 들 정도이다. 그 자리에 서서 이영의 산소가 있는 앞쪽 땅을 살펴보면 마치 풍선을 보는 듯하다.

속기처를 지나 이해의 산소에 오르면 그곳이 바로 거북의 등에 해당하는 곳이다. 〈이해 산소 지형도〉에서는 B로 표시되는 지점이다. 지형도가 비록 1:5,000의 대축척 지도이지만 현장의 기묘함을 도저히 등고선만으로는 나타낼 수가 없다. 그곳에는 두 기의 산소가 있는데 뒤의 것은 이해의 부인인 연안延安 김씨의 묘이다. 산소의 좌우에는 네 개의 다리, 즉 현침사懸針砂가 있다. 돌혈 당판에 네 개의 현침사가 고스란히 있는 것은 매우 드문 경우이므로 자세히 살펴보기를 바란다.

---

[37] 이해는 5남 1녀를 두었는데 차례로 宓, 甯, 窩, 寘, 寏 이다. 맏아들 이복은 이해가 성절사로 중국에 갈 때 따라갔다가 通州에서 죽어 후사가 없다. 이영의 자는 魯卿인데, 그 역시 후사가 없어 이교의 아들인 有道가 뒤를 이었다.

산소 뒤쪽은 불룩하게 솟아 있는데 그 지점이 도두到頭·두뇌頭腦·승금乘金·구첨 등으로 부르는 입수처入首處이다. 도두 아래로 들어오는 내룡은 위로 솟구쳐 있는데 이렇게 솟구치는 용을 '비룡飛龍'이라 한다. 비룡의 형상으로 입수하는 것은 입수오격入首五格 가운데 '비룡입수飛龍入首'에 해당한다. 이해 산소의 입수처로 들어오는 내룡은 흡사 거북의 꼬리처럼 느껴진다. 머리와 네 다리에 꼬리까지! 그러므로 나는 이 글의 시작에서 이해 산소를 '온전한 한 마리 거북'이라고 표현한 것이다. 앞에서부터 계속해서 돌혈에 대한 설명을 많이 했으므로 이곳 이해 산소에서 돌혈에 대한 지식과 느낌을 남김없이 익혀야 한다. 아마도 돌혈처를 공부할 수 있는 장소로 이곳보다 더 좋은 곳은 안동 어디에도 없을 것이다.

내룡

산은 여기저기 떨어져 홀로 있는 것이 아니다. 산은 흐른다. 높은 곳에서 낮은 곳으로 흐르면서 더욱 우뚝해지기도 하고 때론 가지도 치면서 끝없이 흐른다. 산줄기 하나가 물을 만나 흐름을 멈출 뿐이지 산 전체는 연결되어 있다. 마치 지상의 모든 땅이 맨틀(mantle)이라는 판으로 연결되어 있고 지상의 모든 물이 바다와 연결되어 있는 것과 같다.

이러한 산의 흐름을 '행룡行龍'이라고 하며, 행룡을 살피는 일을 '간룡看龍'이라고 한다. 땅에는 만물을 자라게 하는 생기生氣가 있다. 그것을 '지기地氣'라고 한다. 지기는 길을 따라 흐른다. 그것이 '용맥龍脈'이다. 이러한 용맥이 이어지는 것을 '내룡來龍'이라고 하는데, 내룡은 직선으로 이어지지 않으며 구불구불하게 방향을 바

▲ 이해 산소 내룡

꾼다. 내룡이 방향을 바꾸는 곳은 '용절龍節'이라 부른다. 마디를 이루며 이어지는 용맥 중에는 좋은 맥과 나쁜 맥이 있기 마련이다. 결국 산을 보고 지기가 흐르는 좋은 내룡을 구분한 뒤 산이 머문 자리 곧 혈처穴處를 찾는 것이 바로 풍수이다.

세상의 그 무엇이 저 홀로 존재할 수 있는가. 산을 보고 행룡의 계보를 밝히는 것은 사람의 족보를 밝히는 것과 똑같다. 사람의 족보를 밝혀야만 그 사람을 이해할 수 있는 것은 아니다. 하지만 그 사람을 이해하는 데 도움을 주는 것은 분명하다. 사람의 직계 존비속 尊卑屬의 관계를 밝히는 것이 족보라면 산의 흐름을 밝히는 것이 간룡이다. 족보에 시조가 있듯이 산에도 시조산이 있는데, 그 산을 '태조산太祖山'이라 한다. 중시조는 중조산中祖山이고, 할아버지산은 조산祖山이며, 부모산은 주산主山이다. 어느 조상이 중요하지 않겠는가마는 그래도 나에게는 부모가 가장 중요하듯이 산도 주산 즉 현무봉玄武峰이 가장 중요하다.

주산은 혈장을 만든 산이다. 마을이나 고을처럼 명당판이 큰 경우에는 주산을 진산鎭山이라고 부른다. 산소는 명당판이 적기 때문에 주로 산소 뒤의 봉우리가 주산이 되기 쉽다. 그러나 산소 뒤의 봉우리를 따로 현무봉이라 부르고 주산과 구분하는 경우도 흔하다. '이해 산소 내룡' 사진의 '가' 지점은 주산으로 보지 않는다. 그곳을 현무봉으로 간주하면 주산은 국망봉이 된다. 물론 엄격한 구분은 없다.

주산에서 혈장까지 들어오는 내룡의 흐름이 '입수入首'이다. 이런 경우 입수가 너무 길어질 가능성이 있기 때문에 현무봉에서 혈장까지의 내룡을 입수로 보는 견해가 지배적이다. 그럴 경우 내룡을 '입수일절룡入首一節龍'이라 하는데, 현무봉에서 출발한 내룡이 도두처에 이르는 것을 가리킨다. 이 입수일절룡의 입수룡에서 온갖 변화가 일어나고 그 변화를 파악하는 것이 내룡을 파악하는 요체가 된다. 즉 '이해 산소 내룡' 사진의 '가' 현무봉에서 '나' 혈처까지의 변화가 바로 입수일절룡의 변화이다. 사진에서 볼 수 있듯이 내룡은 아래로 진행하다가 '나' 지점의 혈처로 들어올 때 위로 솟구친다. 이렇게 위로 상승하는 입수룡의 변화가 입수오격入首五格[38] 중 '비룡입수飛龍入首'이다.

---

[38] 입수오격은 直龍·橫龍·回龍·飛龍·隱龍을 말한다. 글자 뜻 그대로 직룡은 곧바로, 횡룡은 옆으로, 회룡은 한 바퀴를 돌아 주산을 바라보는 형태이고, 비룡은 위로 솟구치는 형태이며, 은룡은 용맥이 지상에서 모습을 감추었다가 일어나는 형태이다. 혹자는 오격에 閃龍入首를 추가하여 육격으로도 보는데, 섬룡은 불현듯이 혈처를 만드는 용맥을 가리킨다.

이해 산소의 입수룡은 〈이해 산소 지형도〉에서 그 대강의 모습을 짐작할 수 있다. 입수룡을 직접 보기 위해서는 〈이해 산소 지형도〉의 '다' 지점에서 왼쪽을 보면 사진에서와 같은 내룡의 흐름을 볼 수 있다. 이처럼 입수룡의 흐름과 변화를 한눈에 볼 수 있는 기회는 흔치 않으므로 꼭 한번 보아 두기를 바란다.

〈도산 산수경도〉

이제 이해 산소로 들어오는 내룡의 흐름을 살펴보자. 우리 나라의 모든 산은 백두산을 시조산으로 삼는다. 중조산과 조산은 백두대간과 정맥에 있는 산을 잡으면 된다. 백두산에서 흘러온 용맥은 태백산에 이르러 크게 힘을 모은 뒤 내륙으로 몸을 튼다. 대간상의 옥돌봉(1,242m)에서 출발한 안동기맥安東岐脈은 문수산·갈방산·감의산을 거쳐 온혜 북서쪽의 용두산에 이른 뒤 복두산을 거쳐 봉수산으로 진행한다. 이해 산소는 용두산과 복두산의 사이인 꿈고개재에서 갈라져 나온 국망봉의 한 자락에 자리잡고 있다.

"백 번 듣는 것이 한 번 보는 것만 못하다"고 했다. 〈대동여지도〉를 만든 고산자 김정호의 환생이라 일컬어지는 지도 전문가 광우당 이우형이 〈대동여지도〉의 잘못을 모조리 보완하고 현대 지도의 축척으로 새롭게 제작한 신판 〈대동여지도〉가 바로 『우리 땅, 산줄기 물줄기』(미출간)이다. 그 가운데 도산 부근 지도에서 국망봉으로 들어오는 내룡의 흐름을 살펴보자.

〈도산 산수경도山水經圖〉를 보면 우리가 지금까지 살펴보았던 영지산·국망봉을 비롯한 온혜 주변의 물줄기와 산줄기가 어떤 식으로 연결되는지 아주 자세하게 나와 있다. 이것이 바로 〈산수경도〉

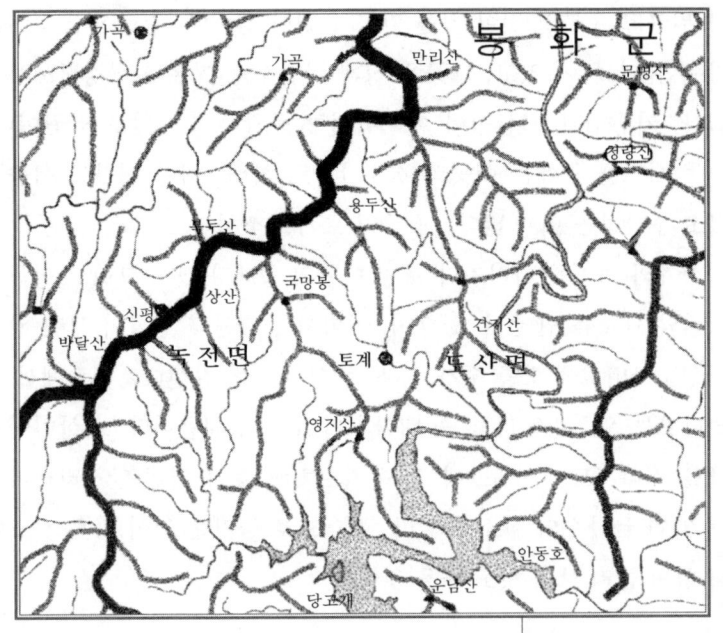

▲ 〈도산 산수경도〉

의 자랑이며, 이런 식으로 우리의 산천을 인식한 것이 〈대동여지도〉의 국토 인식 체계이다.

온혜 주변

앞에 나온 〈도산 지도〉와 〈도산 산수경도〉를 참고하여 온혜에서 봐야 할 것들 몇을 소개해 보도록 하겠다. 우선 온혜에서 35번 국도를 따라 북쪽에 있는 청량산淸凉山을 구경해야 한다. 청량산은 내가 뭐라고 덧붙일 것이 없을 만큼 유명한 산이다. 청량산 초입에는 가송협嘉松峽이 있고, 그곳에 성재 금난수가 지은 고산정孤山亭이 있다. 가송협과 고산정이 이루어내는 풍광은 그야말로 압권이다. 안동 사람들 중에는 이곳의 경치야말로 '안동 제일'이라고 서슴지 않고 주장하는 이가 많다. 꼭 들러 보기를 권한다.

상계와 하계를 따라가다 보면 이황의 종택과 산소 그리고 이육사 시비와 묘소를 만날 수 있으며, 이어서 공민왕의 전설이 서린 왕모산성王母山城에 오를 수가 있다. 산성의 중턱 갈선대葛仙臺에서 내려다보는 원천리遠川里 즉 내살미의 모습이 일품이다. 내살미에서 물을 건너 〈도산 지도〉에 '백운지白雲池'로 표기된 단천리丹川里에 가면 금난수의 산소가 있다. 여러모로 놀라운 점이 많은 산소이니 한번 들러 보는 것도 좋을 것이다.

하늘강

온혜는 도산에 있다. 도산은 이황을 상징한다고 해도 지나친 말은 아니다. 나는 이해의 산소를 소개하기 위해 이 글을 썼고 그래서 가능하면 이황에 대한 언급을 줄이려고 노력하였다. 하지만 어떻게 도산에서 이황을 언급하지 않을 수 있겠는가? 독자 여러분은 이황의 자취를 좇아 나름대로 답사 계획을 세운 뒤 알뜰하게 도산을 둘러보기 바란다.

안동팔경의 일곱 번째는 '도산의 밝은 달'이라는 '도산명월陶山明月'이다. 미천 안상학 시인이 도산에서 느낀 감회를 읊은 시, 「하늘강 · 도산명월」을 듣는 것으로 나머지 도산 구경을 대신하자.

하늘에서 흐르던 강물
여기까지 내려와 강을 이루었네.
그 하늘 그 언덕에 살던 소나무들
여기까지 뿌리를 내려 숲을 이루었네.
어제 하늘에서 건듯 불던 바람도
여기까지 따라와 물결로 자고
더러는 솔바람으로 뒤척이고 있네.
강과 소나무와 바람
하늘 모든 것 다 내려와 빚은 산 위로
가을달만이 하늘살이 하며 떠 있네.
하늘강 마른 지 오래인가 기러기 한 떼
쉬는 것 잊은 듯 스쳐 가고 다만
흐르는 물결 속에 달 그림자 서성이고 있네.[39]

---

39) 안상학, 「하늘강 · 陶山明月」

예문서원의 책들

원전총서

북계자의 陳淳 지음 · 김충열 감수 · 김영민 옮김 · 295쪽 · 값 8,000원 · 『北溪字義』
역학계몽 — 주희 도서역의 해설 朱熹 지음 · 김상섭 해설 · 288쪽 · 값 7,000원 · 『易學啓蒙』
고형의 주역 高亨 지음 · 김상섭 옮김 · 504쪽 · 값 18,000원 · 『周易古經今注』
열선전 劉向 지음 · 김장환 옮김 · 392쪽 · 값 15,000원 · 『列仙傳』
열녀전 劉向 지음 · 이숙인 옮김 · 447쪽 · 값 16,000원 · 『列女傳』
왕필의 노자 王弼 지음 · 임채우 옮김 · 336쪽 · 값 13,000원 · 『老子王弼注』
서경잡기 劉歆 지음 · 葛洪 엮음 · 김장환 옮김 · 416쪽 · 값 18,000원 · 『西京雜記』
박세당의 노자 박세당 지음 · 김학목 옮김 · 312쪽 · 값 13,000원 · 『新註道德經』
주자가례 朱熹 지음 · 임민혁 옮김 · 496쪽 · 값 20,000원 · 『朱子家禮』
신서 劉向 지음 · 임동석 옮김 · 728쪽 · 값 28,000원 · 『新序』
한시외전 韓嬰 지음 · 임동석 역주 · 868쪽 · 값 33,000원 · 『韓詩外傳』
고사전 皇甫謐 지음 · 김장환 옮김 · 368쪽 · 값 16,000원 · 『高士傳』
율곡 이이의 노자 이이 지음 · 김학목 옮김 · 152쪽 · 값 8,000원 · 『醇言』
홍석주의 노자 홍석주 지음 · 김학목 옮김 · 320쪽 · 값 14,000원 · 『訂老』

강좌총서

강좌중국철학 周桂鈿 지음 · 문재곤 외 옮김 · 420쪽 · 값 7,500원 · 『中國傳統哲學』
강좌인도철학 Mysore Hiriyanna 지음 · 김형준 옮김 · 240쪽 · 값 4,800원
강좌한국철학 — 사상 · 역사 · 논쟁의 세계로 초대 한국철학사상연구회 지음 · 472쪽 · 값 12,000원

한국철학총서

한국철학사상사 朱紅星, 李洪淳, 朱七星 지음 · 김문용, 이홍용 옮김 · 548쪽 · 값 10,000원 · 『朝鮮哲學思想史』
조선, 예의사상에서 법의통치까지 이재룡 지음 · 272쪽 · 값 7,500원
기호학파의 철학사상 충남대학교 유학연구소 편저 · 665쪽 · 값 18,000원
실학파의 철학사상 주칠성 지음 · 288쪽 · 값 8,000원
윤사순 교수의 신실학 사상론 — 한국사상의 새 지평 윤사순 지음 · 350쪽 · 값 10,000원
실학의 철학 한국사상사연구회 편저 · 576쪽 · 값 17,000원
조선 유학의 학파들 한국사상사연구회 편저 · 688쪽 · 값 24,000원
윤사순 교수의 한국유학사상론 윤사순 지음 · 528쪽 · 값 15,000원
실학사상과 근대성 계명대학교 철학연구소 홍원식 외 지음 · 216쪽 · 값 7,500원
조선 유학의 자연철학 한국사상사연구회 편저 · 420쪽 · 값 15,000원
한국유학사 1 김충열 지음 · 372쪽 · 값 15,000원
해월 최시형과 동학 사상 부산예술문화대학 동학연구소 엮음 · 304쪽 · 값 10,000원
퇴계의 생애와 학문 이상은 지음 · 248쪽 · 값 7,800원
율곡학의 선구와 후예 황의동 지음 · 480쪽 · 값 16,000원
退溪門下의 인물과 사상 경북대학교 퇴계연구소 지음 · 732쪽 · 값 28,000원
한국유학과 리기철학 송영배 · 금장태 외 지음 · 304쪽 · 값 10,000원
圖說로 보는 한국 유학 한국사상사연구회 지음 · 400쪽 · 값 14,000원
다카하시 도루의 조선유학사 — 일제 황국사관의 빛과 그림자 다카하시 도루 지음 · 이형성 편역 · 416쪽 · 값 15,000원

카르마총서

불교와 인도 사상 V. P. Varma 지음 · 김형준 옮김 · 361쪽 · 값 10,000원
파란눈 스님의 한국 선 수행기 Robert E. Buswell Jr. 지음 · 김종명 옮김 · 376쪽 · 값 10,000원
학파로 보는 인도 사상 S. C. Chatterjee · D. M. Datta 지음 · 김형준 옮김 · 424쪽 · 값 13,000원
불교와 유교 — 성리학, 유교의 옷을 입은 불교 아라키 겐고 지음 · 심경호 옮김 · 526쪽 · 값 18,000원
유식무경, 유식 불교에서의 인식과 존재 한자경 지음 · 200쪽 · 값 7,000원

강의총서

김충열 교수의 유가윤리강의 김충열 지음 · 182쪽 · 값 5,000원
김충열 교수의 노장철학강의 김충열 지음 · 336쪽 · 값 7,800원

일본사상총서

일본신도사 무라오카 츠네츠구 지음 · 박규태 옮김 · 312쪽 · 값 10,000원 · 『神道史』
도쿠가와 시대의 철학사상 미나모토 료엔 지음 · 박규태, 이용수 옮김 · 260쪽 · 값 8,500원 · 『德川思想小史』
일본인은 왜 종교가 없다고 말하는가 아마 도시마로 지음 · 정형 옮김 · 208쪽 · 값 6,500원 · 『日本人はなぜ 無宗敎なのか』

동양문화산책

공자와 노자, 그들은 물에서 무엇을 보았는가 사라 알란 지음 · 오만종 옮김 · 248쪽 · 값 8,000원
주역산책 朱伯崑 외 지음 · 김학권 옮김 · 260쪽 · 값 7,800원 · 『易學漫步』
죽음 앞에서 곡한 공자와 노래한 장자 何顯明 지음 · 현채련, 리길산 옮김 · 290쪽 · 값 9,000원 · 『死亡心態』
공자의 이름으로 죽은 여인들 田汝康 지음 · 이재정 옮김 · 248쪽 · 값 7,500원
중국, 예로 읽는 봉건의 역사 王琦珍 지음 · 김응엽 옮김 · 260쪽 · 값 8,000원 · 『禮與傳統文化』
동양을 위하여, 동양을 넘어서 홍원식 외 지음 · 264쪽 · 값 8,000원
서원, 한국사상의 숨결을 찾아서 안동대학교 안동문화연구소 지음 · 344쪽 · 값 10,000원
중국의 지성 5인이 뽑은 고전 200 王燕均, 王一平 지음 · 최종세 옮김 · 408쪽 · 값 11,000원 · 『國學名著200種』
안동 금계 마을 – 천년불패의 땅 안동대학교 안동문화연구소 지음 · 272쪽 · 값 8,500원
녹차문화 홍차문화 츠노야마 사가에 지음 · 서은미 옮김 · 232쪽 · 값 7,000원 · 『茶の世界史』
이 땅에서 우리 철학 하기 윤천근 지음 · 280쪽 · 값 8,500원

연구총서

논쟁으로 보는 중국철학 중국철학연구회 지음 · 352쪽 · 값 8,000원
논쟁으로 보는 한국철학 한국철학사상연구회 지음 · 326쪽 · 값 10,000원
논쟁으로 보는 불교철학 이효걸, 김형준 외 지음 · 320쪽 · 값 10,000원
김충열 교수의 중국철학사 1 – 중국철학의 원류 김충열 지음 · 360쪽 · 값 9,000원
反논어 – 孔子의 논어 孔丘의 논어 趙紀彬 지음 · 조남호, 신정근 옮김 · 768쪽 · 값 25,000원 · 『論語新探』
중국철학과 인식의 문제 方立天 지음 · 이기훈 옮김 · 208쪽 · 값 6,000원 · 『中國古代哲學問題發展史』
문제로 보는 중국철학 – 우주 · 본체의 문제 方立天 지음 · 이기훈, 황지원 옮김 · 232쪽 · 값 6,800원 · 『中國古代哲學問題發展史』
중국철학과 인성의 문제 方立天 지음 · 박경환 옮김 · 191쪽 · 값 6,800원 · 『中國古代哲學問題發展史』
중국철학과 지행의 문제 方立天 지음 · 김학재 옮김 · 208쪽 · 값 7,200원 · 『中國古代哲學問題發展史』
중국철학과 이상적 삶의 문제 方立天 지음 · 이홍용 옮김 · 212쪽 · 값 7,500원 · 『中國古代哲學問題發展史』
현대의 위기 동양 철학의 모색 중국철학회 지음 · 340쪽 · 값 10,000원
동아시아의 전통철학 주칠성 외 지음 · 394쪽 · 값 13,000원
역사 속의 중국철학 중국철학회 지음 · 448쪽 · 값 15,000원
일곱 주제로 만나는 동서비교철학 陳衛平 편저 · 고재욱, 김철운, 유성선 옮김 · 320쪽 · 값 11,000원 · 『中西哲學比較面面觀』
중국철학의 이해 김득만, 장윤수 지음 · 318쪽 · 값 10,000원
중국철학의 이단자들 중국철학회 지음 · 240쪽 · 값 8,200원
유교의 사상과 의례 금장태 지음 · 296쪽 · 값 10,000원
공자의 철학 蔡仁厚 지음 · 240쪽 · 값 8,500원 · 『孔孟荀哲學』
맹자의 철학 蔡仁厚 지음 · 224쪽 · 값 8,000원 · 『孔孟荀哲學』
순자의 철학 蔡仁厚 지음 · 272쪽 · 값 10,000원 · 『孔孟荀哲學』
서양문학에 비친 동양의 사상 한림대학교 인문학연구소 엮음 · 360쪽 · 값 12,000원
유학은 어떻게 현실과 만났는가 – 선진 유학과 한대 경학 박원재 지음 · 216쪽 · 값 7,500원

근현대총서

현대신유학 鄭家棟 지음 · 한국철학사상연구회 논전사분과 옮김 · 400쪽 · 값 7,800원 · 『現代新儒學槪論』
모택동 사상과 중국철학 畢劍橫 지음 · 이철승 옮김 · 312쪽 · 값 10,000원 · 『毛澤東與中國哲學傳統』

노장총서

도가를 찾아가는 과학자들 — 현대신도가의 사상과 세계 董光璧 지음 · 이석명 옮김 · 184쪽 · 값 4,500원 · 『當代新道家』
노자철학과 도교 許抗生 지음 · 노승현 옮김 · 232쪽 · 값 6,000원 · 『老子與道家』
유학자들이 보는 노장 철학 조민환 지음 · 407쪽 · 값 12,000원
노자에서 데리다까지 — 도가 철학과 서양 철학의 만남 한국도가철학회 엮음 · 440쪽 · 값 15,000원

성리총서

양명학 — 왕양명에서 웅십력까지 楊國榮 지음 · 정인재 감수 · 김형찬, 박경환, 김영민 옮김 · 414쪽 · 값 9,000원 · 『王學通論』
상산학과 양명학 김길락 지음 · 391쪽 · 값 9,000원
동아시아의 양명학 최재목 지음 · 240쪽 · 값 6,800원
범주로 보는 주자학 오하마 아키라 지음 · 이형성 옮김 · 546쪽 · 값 17,000원 · 『朱子の哲學』
송명성리학 陳來 지음 · 안재호 옮김 · 590쪽 · 값 17,000원 · 『宋明理學』
주자학의 인간학적 이해 이강대 지음 · 200쪽 · 값 7,000원

역학총서

주역철학사 廖名春, 康學偉, 梁韋弦 지음 · 심경호 옮김 · 944쪽 · 값 30,000원 · 『周易研究史』
주역, 유가의 사상인가 도가의 사상인가 陳鼓應 지음 · 최진석, 김갑수, 이석명 옮김 · 366쪽 · 값 10,000원 · 『易傳與道家思想』
왕부지의 주역철학 — 기철학의 집대성 김진근 지음 · 430쪽 · 값 12,000원
송재국 교수의 주역 풀이 송재국 지음 · 380쪽 · 값 10,000원

예술철학총서

중국철학과 예술정신 조민환 지음 · 464쪽 · 값 17,000원
풍류정신으로 보는 중국문학사 최병규 지음 · 400쪽 · 값 15,000원

동양문학총서

이야기 小說 Novel — 서양학자의 눈으로 본 중국소설 김진곤 편역 · 416쪽 · 값 15,000원

동양사회사상총서

주역사회학 김재범 지음 · 296쪽 · 값 10,000원
유교사회학 이영찬 지음 · 488쪽 · 값 17,000원

한의학총서

한의학과 유교 문화의 만남 林殷 지음 · 문재곤 옮김 · 344쪽 · 값 10,000원 · 『儒家文化與中醫學』

잡지

오늘의 동양사상(제1호 · 1998) 예문동양사상연구원 펴냄 · 385쪽 · 값 10,000원
오늘의 동양사상(제2호 · 1999) 예문동양사상연구원 펴냄 · 318쪽 · 값 8,000원
오늘의 동양사상(제3호 · 2000) 예문동양사상연구원 펴냄 · 360쪽 · 값 10,000원
오늘의 동양사상(제4호 · 2001) 예문동양사상연구원 펴냄 · 412쪽 · 값 10,000원

전집

이상은선생전집 이상은 지음 · 전4권 · 값 120,000원
이을호전서 다산학연구원 편 · 전9권 · 값 300,000원